本书受到云南省哲学社会科学学术著作
出版资助专项经费资助出版

中国农业保险
经营模式的选择研究

郭树华 蒋冠 王旭 ／ 著

人民出版社

目　录

第一篇
中国农业保险经营模式的选择——一般性分析

绪　论

农业保险是稳定农业生产和农村社会生活的重要措施,但目前我国农业保险的发展仍然非常缓慢,严重影响了农业产业的发展。究其原因,一个重要的方面是中国当前还未能找到适合自身情况的农业保险经营模式。由此,本书对中国农业保险的经营模式选择问题进行研究。

第一节　研究背景、研究目的和
拟解决的关键问题

一、研究背景

从客观上讲,农业存在着各种各样的风险,如干旱、洪涝、冰雹、病虫害、台风、雷击、火灾等自然风险和政策、制度等社会风险以及市场、价格等经济风险。

这些风险的发生有可能给农民的生产和生活带来一定的困难,严重的甚至会造成生产中断或农民破产。农业保险是一种化解上述风险、减少损失的经济而有效的好办法。

中国的农业保险自20世纪80年代得以恢复以来,其发展经历了两个阶段,即1982—1992年的由低速增长到高速增长的发展

阶段,和从 1993 年至今的由高速增长到低速增长的阶段。目前,中国的农业保险仍在低谷中徘徊,仍然没有摸索出一条很好的发展农业保险的道路,仍然没有找到一种适合中国农业保险发展的经营模式。但是,农业保险理应得到人们更多的关注和重视,这主要是因为:

1. 农业保险在农村经济发展中的地位越来越重要

随着中国社会主义市场经济体制的建立和发展,保险业在国民经济中的作用和地位不断提高,大力发展保险业已成为中国社会经济发展不可逆转的趋势。中国保监会确立的"十一五"期间的战略目标是到 2010 年,基本建成一个业务规模较大、市场体系完善、功能作用突出、服务领域广泛、偿付能力重组、综合竞争力较强、充满生机和活力的保险市场,保险业年均增长速度将达到 15%。而对于巨大的农村潜在市场,在保险行业 15% 的增速中,农业保险将成为闪现的亮点。中国保监会主席吴定富认为,中国保险的下一个增长点是农业保险。他特别强调,发展"三农"保险不是政治任务,而是一个巨大的商机,国家对农业和农村的支持给"三农"保险带来了机遇,保险公司可以从中既获得经济效益又获得社会效益。

农业保险是农业和农村经济补偿体系的重要组成部分,在市场经济体制下,是稳定农村社会的重要手段,是确保城市农副产品有效供给的重要途径,绝不是可有可无的事,也不仅仅是农业部门或保险部门的事,而是全社会的共同责任。

2. 农业保险是政府减轻灾害补贴压力的重要手段

发展农业保险是防范自然风险、迅速恢复灾后农业生产的需要。农业的生产过程也是动植物培育生长的过程,农业的生产周期几乎等同于农产品生长的自然周期,因此受自然因素制约严重,许多自然因素人们还不能有效控制,干旱、洪水、台风、冰雹、早霜、病虫害等时有发生。中国是世界上农业自然灾害较严重的国家之一,幅员辽阔的广大农村,自然灾害频繁发生,灾害种类多,受灾面积广,成灾比例高。每一次自然灾害或意外事故的发生,都给人民的生命财产造成巨大损失,严重地影响了农村经济的稳步增长和人民生活的安定。

中国现行的社会救济制度,还不能对农业灾害所造成的损失给予足够的补偿。灾后农业生产的恢复如果仅依靠财政补贴,资金方面的压力会很大,因此客观上要求建立新的农业风险分散、损失补偿制度,农业保险就是适应这一需要产生的。

3. 发展农业保险是广大农民的迫切要求

农村改革给农村经济带来巨大变化,这些变化对农业保险提出了更为迫切的要求。富裕起来的农民碰到的难题之一就是"三年致富,抵不上一次事故",如何解决生产致富和自然灾害、意外事故造成损失的矛盾问题日渐突出。由于农村家庭联产承包经营制度相对稳定,因此具备一定经营规模的农户在农业生产中不断增加基本建设投入,而且农业再生产过程中所需要生产资料的价值越来越大,一旦遭受自然灾害和意外事故,其物质的损失将会越来越大,原有的建立在小农经济基础上的灾害救助办法已远远不能解决问题。所有这些变化了的情况,已经不是一家一户靠其自身的能力所能解决的,必须采用标志着人类社会进步的一种新的制度安排——保险来解决。

4. 发展农业保险是在 WTO 框架下应对国际竞争的需要

在 WTO 框架下,外资保险公司已经逐渐进入中国的农业保险市场,中国农业保险面临着新情况。在 WTO 框架下,农业竞争的范围扩大,对手更多,增加竞争力的手段之一就是涉足新领域、开发新产品,但是开发新产品就会有新风险,而保险可以分散和化解风险。因此,在 WTO 框架下,应对国际竞争更加需要发展中国的农业保险。

5. 发展农业保险是政府扶持和保护农业发展的重要措施

农业具有自然和经济再生产相交织的特征,因而农业生产经营者承受着自然和市场的双重风险。发展农业保险,是防范市场风险、保护农业和农民利益的客观需要,它离不开国家财政的支持。农业保险是国际上最重要的非价格农业保护工具之一。在WTO《农产品协议》的附件 2《国内支持:免除削减承诺的基础》中的第 7 条和第 8 条中就明确制定了政府可以在财政上参与农业保险以支持本国农业发展的具体规定,这些规定非常有利于中国对农业实施合理保护。采用农业保险的措施支持农业的发展,完全符合 WTO 规则和世界经济发展潮流。因此,许多国家均对农业保险给予政策上、经济上和法律上的支持。根据世界多数国家和中国 20 世纪 80 年代农业保险经营试点的经验,农业保险在政府稳定农业生产和保护农民利益中收到不少社会效益,已成为其支持农业发展的重要措施。但是,中国目前在农业保险的法律法规、经营模式、扶持政策等方面,都不能适应国民经济和农业发展对保险的需求。

二、研究目的

当前对农业保险经营模式进行研究,有利于促进中国农业保险的发展。国内目前对保险的理论和实践的研究已经有一些成果,本书力图在前人研究的基础上,结合国家"十一五"规划的要求,探索出一种适合中国农业保险发展的经营模式。本书研究的具体目的是:

1. 探索中国的农业保险如何才能更好地适应农村经济发展的客观需要,提高农业抵抗风险的能力

中国农业保险的发展还比较落后,一方面有潜在的自然需求,另一方面则是供给的不足。探索一种适合的经营模式,解决这一供需矛盾,更好地服务农村经济,是本书研究的目的之一。

2. 总结农业保险的经验和教训，为农业保险理论研究开拓新的思路

一般来说，经济制度是由于交易活动的不确定性而形成的，而保险制度则是由于交易活动结果的不确定性而形成的，保险制度的应用不仅降低了交易费用，而且确保了交易成果的稳定性。因此，它对整个经济的运行起保障作用，且与经济发展水平密切相关；反过来，经济发展水平客观上也要求有与其相适应的保险组织制度。保险组织制度水平过高，对低水平的保险需求来讲是一种奢侈品，难以继续下去；保险组织制度水平过低，或者无组织，则又难以满足保险需求，对经济发展和保险业本身的发展都是一个损失。农业保险的发展依然遵循这个规律。

中国的农业保险已经恢复（1982 年）试办了二十多年，取得了一定的实践经验和研究成果，希望本书的研究能系统地总结中国农业保险发展的经验和教训，为政府支持农业保险的发展提供一定的理论依据，为今后的农业保险理论研究开拓新的思路。

三、研究所要解决的关键问题

一些国家尤其是发达国家在农业保险经营模式上的经验，有很多值得中国借鉴的地方。而且国外对农业保险的研究比较全面，有关农业保险的发展理论和实务方面的研究成果比较丰富，我们应充分学习和借鉴，但同时也要紧密结合中国的国情。

近年来，国内一些部门和专家学者对农业保险问题的研究做过一些探索。但是，随着社会主义市场经济体制的不断建立和完善，以及国民经济和农业的快速发展，中国的农业和保险业都发生了很大的变化，而且还将发生更多的变化，因此本书将结合这些变化对中国农业保险的经营模式进行研究，以期探索出一种适合中国农业保险发展的经营模式。

第二节　文献综述

从 19 世纪后半叶至今,中外许多学者都对农业保险提出了自己的观点和看法,关于农业保险的文献著作数不胜数,本节将分别对国外和国内这一领域的研究成果进行简单的综述。

一、国外文献综述

维也纳学派代表人物之一的庞巴维克(Bohm－Bawerk)在他的博士论文中研究了与保险有关的条件型索赔。19 世纪后半叶,奥地利和德国的精算学家创立了风险理论。在洛桑从事学术活动的瓦尔拉斯(Walras)将保险看做一种从经济活动中消除不确定性的工具,这样他就能够在确定性条件下建立一般均衡理论。阿罗(Arrow)在 1953 年所做的研究是保险经济方法论方面的一个重大突破,他证明了市场力量如何决定索赔。后来,很多的经济学家也对农业保险问题进行了研究,美国学者 Luz Maria Bassoco 等人对农业保险的补贴问题进行了深入研究,Glauber 和 Collins 对强制投保所造成的社会福利损失进行过探讨,还有加拿大的一些学者探讨过农业保险对农民收入的保障作用,这些研究多集中在国家干预理论和宏观调控理论方面,强调利用政府财政政策、保险政策等经济、行政、法律手段,配合市场机制、价格机制共同支持农业保险的运作,确保农业的实际利益得到保障。

Mark Wenner 和 Diego Arias 认为由于存在很高的管理成本、逆向选择和道德风险等问题,使得传统的农业保险计划无法维持,政府的介入不能从根本上解决问题,还会产生新的问题,保险的创新工具才是解决的最佳途径。创新工具包括利用资本市场的巨灾债券、保险期货、天气指数合同等。

Jerry R. Skees 认为,如果把效率作为绩效的标准,世界上没有一个政策性的农业保险是成功的,因此农业保险是否需要政府的介入是值得怀疑的。[1] 他认为,很多国家都把美国农业保险的发展模式作为一个范本来学习,其实美国的农险模式成本太高而且扭曲了正常的市场机制。他建议一种政府与市场混合的发展模式,政府提供巨灾援助,并建立应对农业系统性风险的基金,市场则经营单一责任风险。

欧盟委员会农业及农村发展部的工作论文认为,农业的价格风险和产出风险随着贸易自由化和自然气候条件恶化而不断上升,当然农户还要面临其他很多的风险,在这种情况下他们会运用各种风险的管理工具,而农业保险是其中的最佳选择。但由于在需求和供给两个方面都存在"市场失灵"问题,因此需要政府的介入。欧盟各国的实践也证明了这一点。但是即便有政府的参与,欧盟的农业保险还是存在一些问题,如农产品的保险覆盖率和农户的参保率都比较低,政府补贴容易导致政策寻租,补贴政策鼓励了农户进行高风险生产等。

Shri Nicolas Chatelain 认为农业保险是发展中国家保护农业生产、稳定社会经济的重要工具。[2] 他分析,随着国际贸易竞争的日益加剧和新兴产品市场的快速发展,对农业保险将有新的更大的需求。农业保险已经不能仅仅局限于传统的可保风险,而要关注更多新的复杂的险种。这些险种不能单靠市场进行经营,需要政府的介入,主要有两种方式:补贴和提供再保险。同时发展中国

7

---

① Skees, Jerry R.:"Agricultural Insurance Programs: Challenges and Lessons Learned, Workshop on Income Risk Management", Session 4: From risk—Pooling to Safety Nets: Insurance Systems OECD, May, 2000, pp. 15—16.

② Shri Nicolas Chatelain: "Challenges in Implementing Agricultural Insurance & Reinsurance in Developing Counties", *The Journal of Insurance Institute of India*, January—June, 2004.

家由于受到经济发展水平的限制在推行农业保险计划时,要关注以下问题:注重发挥互助社及地方政府的作用;重视银行和农业保险之间的互动作用;加强相关机制的建设,如风险控制机制、损失评估机制和气象指数的建立等。

Shri R. C. A. Jain 分析了由于农业的基础地位和弱质性,可以保护农业生产的农业保险对于发展中国家具有重要的意义。但是因为缺乏经验数据、土地非私有化、农民收入水平低和缺乏相关的人才和保险资源等原因,农业保险在发展中国家难以推行。在这种情况下,农业保险发展框架的搭建非常重要。他认为应该分成三个层次:第一层,基础框架;第二层,具体框架;第三层,可持续发展框架。

由此可见,国外有关农业保险发展的理论与实务方面的研究成果较多,农业保险的理论也较完善,这为研究中国农业保险问题提供了重要的基础条件。

8

二、国内文献综述

目前国内已出版的著作中,关于农业保险这一主题的专著并不多,且农业保险的基础理论现在都是以介绍性为主。任素梅在其著作《农业保险概论》中,对农业保险问题做了较为系统的介绍。还有一些著作也介绍了农业保险的理论和实践,高文平、郭晓航、李军、庹国柱等都有这方面的专著,但农业保险的理论体系仍不完善。尤其是在中国已经加入 WTO 的背景下,中国的农业保险业面临着新的挑战和机遇,农业保险理论亟待充实和更新。

对于农业保险的属性,刘京生博士在《中国农业保险制度论纲》一书中从商品性和非商品性的角度讨论了农业保险的属性,提出农业保险具有商品性和非商品性双重属性的观点,这种观点对于后来农业保险的属性研究具有指导性的意义。李军在《农业保险的性质、立法原则及当前的发展思路》一文中提出农业保险在具有一定排他性特征的同时又明显地具有公益性特征,应当属于准公共物品。庹国柱教授在《中国农业保险与农村社会保障制度研究》一书中提出农业保险产品是介于私人物品和公共物品之间的一种物品,但更多地趋于公共物品。由此可见,虽然国内学者关于农业保险属性研究的角度有所不同,但结论基本上是一致的,即他们都认为农业保险是一种准公共产品,一方面具有排他性、竞争性等私人产品的性质,另一方面又具有正外部效应这个典型的公共产品的性质。

关于中国农业保险经营模式的选择在中国理论界争议很大,总结起来主要有以下两种观点:第一,以政府为主导,建立政策性的农业保险。但对于如何建立政策性农业保险制度、是否专门成立政策性的农业保险公司及农业保险公司业务范围的界定仍存在争议。常保平等认为,中国的农业保险公司应该是不以赢利为目的的政策性保险机构,实行一级法人制度,按照行政区划分设置分支机构,自成系统。刘京生等提出财政支持型的农业保险发展之路,国家财政不对保险费率直接补贴,而是对经营主体的经营亏损进行补贴,经营农业保险的主体必须建立同中国再保险公司的再保险业务关系,中国再保险公司作为国家独资公司通过再保险方式,代行国家支持农业保险的职能。郭永利等认为,中国农业保险公司要以农户的互助为基础,是进行独立核算和自主经营的非商业性企业法人。第二,以市场为主导,政府给予适当支持的农业保险经营模式。但在组织构架上也有一定的分歧。一种观点是建立互助制的农业保险模式,主要有两种形式,即较为初级的农业保险互助社和较高层次的农业相互保险公司。庹国柱等主张以县为基础设立,由董事会领导和决策,董事会下设精干的办事机构具体组织全县农业保险的经营;在省一级设立联合会或联社,统一规划和协调组织全省的农业保险,并建立系统内的再保险机制;国家建立农业再保险机构,在省或中央一级设立"巨灾风险准备基金"。同

9

时认为,农业相互保险公司是一种比较理想的组织形式,但相互保险公司对中国来说还是一个全新概念,缺少实践经验,理论上的优势能否在现实条件下发挥出来尚不可知。对此,还应进行深入的可行性研究。钱立秀等则主张应以乡为基础设立,省一级设立联社机构,但不开展业务,主要负责辖区保险互助社的再保险,在更大范围内分散风险。另一种观点是发展商业性保险公司。谢家智、王和、皮立波等认为农业保险的市场主体应是私人的商业性保险公司。

第三节　研究思路及研究方法

一、研究思路

本书采用由理论到实践、由一般到特殊、规范分析与实证分析相结合的思路开展研究。基于这一研究思路,本书首先对国内国外农业保险理论进行梳理总结,在对比分析不同农业保险理论的基础上,对农业保险的性质和特点作出研判,并结合我国农村实际,分析说明开展农业保险的意义和作用。其次,本书以农业保险的一般理论为指导和依据,对我国农业保险的发展历史进行回顾和评价,并对全国各地的农业保险实践进行案例分析与经验总结,在此基础上对我国农业保险的发展现状及主要矛盾进行总体描述,并对矛盾的成因进行探讨。最后,本书以农业保险经营模式的构建为研究重点,探讨以经营模式创新为主要特征的农业保险发展思路,研究如何将各地农村实际与农业保险经营模式计设相结合,以化解我国农业保险发展中的主要矛盾,并以云南农业保险为案例,提出构建符合我国国情的农业保险经营模式构建的具体方法和政策措施。

二、研究方法

为了达到研究目的,本书主要采取如下研究方法:

1. 定量分析与定性分析相结合

在农业保险经营模式的研究中,定量分析与定性分析都有不可替代的作用,如对中国农业保险的供求现状的研究需要用定量分析的方法,对各国农业保险的发展模式评述则需要用定性分析的方法。

2. 静态分析与动态分析相结合

一种方法的应用有其特定的产生环境和应用方式的选择。如果要弄清楚某一问题由什么决定的,需要采用静态分析的方法;而如果要弄清一项制度或政策的由来,并要对其进行评判时,则需要采用动态分析的方法。在本书中,笔者把这两种分析方法结合起来,对农业保险的经营模式进行研究分析:对中国农业保险供求矛盾的成因分析采用的就是静态分析的方法;对中国农业保险实践及国外农业保险经验的分析则是采用动态分析的方法。

第一篇

中国农业保险经营模式的选择——
一般性分析

第一章　农业保险的相关理论分析

本章将从农业保险的概念入手,对农业保险的特点、农业保险的地位和作用、农业保险经营模式的基本内容以及开展农业保险的必要性和迫切性进行分析,为下文的研究提供理论依据和指导。

第一节　农业保险的概念

本书所指的农业保险就是指在农业生产经营过程中,为有生命的动植物因自然灾害或意外事故所造成的经济利益损失,提供经济保障的一种保险。

农业保险不同于农村保险。农村保险是一个地域性的概念,是指在农村经济活动中,对于生产经营者、劳动者的人身福利及其所有的财产和所从事的生产经营活动,如农业、牧业、林业、渔业、工业、商业、建筑业、服务业等,所提供的各种保险的总和。农村保险不仅包括农业保险、农民的家庭财产保险和人身保险,还包括乡镇企业的财产保险等。可见,农业保险只是农村保险的一部分。农业保险按其保险对象不同可分为种植业保险和养殖业保险两大类。种植业保险是指以各种粮食作物、经济作物、林木、果实等为主要对象的保险,一般分为农作物保险和林木保险两类。养殖业

保险是指以饲养、繁殖的各种畜禽、水生动物为主要对象的保险，它包括大牲畜保险、家畜家禽保险、水产养殖保险和其他养殖保险。由于本书所研究的重点是农业保险的经营模式，因此所涉及的范畴主要集中于农业保险的参与者的行为分析、农业保险的运营管理、农业保险的经济机制等宏观制度层面，而不是针对农业保险中具体的保险产品或险种研究。

第二节　农业保险的特点与农业保险属性评析

一、农业保险的特点

农业保险最基本的特点是不以赢利为目的、体现政府行为的一种风险保障措施或政策。具体来讲，农业保险具有以下几个特点：

1. 农业保险的双重正外部性

农业是一国的基础产业，农业稳定，受益者不只是农民，而是整个社会；农业歉收，受损的也不只是农民，而会涉及全社会的每个成员。所以农民购买农业保险、保险公司提供农业保险，保证农业生产顺利进行，可使全体社会成员享受农业稳定、农产品价格低廉的好处，而社会其他成员在享有农业稳定所带来的好处时，并不用支付额外的费用，因而农业保险是一种具有正外部性的准公共产品。农业保险的正外部性体现在农民对农险"消费"（或需求）和保险公司对农险"生产"（或供给）两个方面，具有供给和需求双重的正外部性。

农业保险"消费"的正外部性，表现为农民购买农业保险的边际私人收益小于边际社会收益，而边际私人成本大于边际社会成本，私人成本收益和社会成本收益出现了差异，从而导致正外部性产生。

2. 农业保险的保险标的风险单位大,风险难以分散

对于农业保险来说,一个风险单位往往涉及数县甚至数省,特别是洪涝灾害、干旱灾害,这些风险事故一旦发生则涉及千千万万农户、成百上千公顷的农田;一次流行性疫病,受传染的牛、猪和禽等将是成千上万。

按照大数法则的要求,被保险的保险标的的数目要足够大,才能使风险得到分散,使风险损失接近其期望,保险的财务才可能稳定,但农业风险单位之大,使其在一县一省甚至一个国家的空间内都难以得到有效分散。

美国学者巴兹来等人在研究私人保险公司不愿意经营农作物保险的原因时指出,农场与农场之间的产量风险是正相关的,因此保险公司的承保风险不易在空间上分散。因为保险精算依据的是大数法则,大数法则要求风险损失事件(随机事件)之间是相互独立的,如果农场的风险损失事件之间是正相关,他们就属于同一个风险单位。在一个风险单位内,无论有多少农场,有多大作物面积,他们之间的损失事件肯定是正相关的,因为灾害发生使同一个风险单位内的农场会同时受损。这一特点给农业保险经营带来特殊的困难,也为农业保险在大范围开展和农业保险的国际再保险的必要性提供了重要依据。

3. 农业保险的标的物和标的物受灾风险的区域差别大

农业灾害具有明显的区域性,不同地区的主要灾害不同,风险类型、风险频率和风险强度差异也很大。同时,由于各地区的地理和气候条件不同,使得不同地区的主要农产品也具有很大差异,有的地区以粮食作物为主,有的地区以经济作物为主,有的地区以养殖业为主。因此,地理和气候的差异性就成为农业保险区划的重要依据。

4. 农业风险具有广泛的伴生性

一种风险事故的发生会引起另一种或多种风险事故的发生,

因此农业风险损失也容易扩大,而且由于这种损失是多种风险事故的综合结果,很难区分各种风险事故各自的损失后果。例如,台风灾害往往伴有暴雨灾害,山区的暴风雨灾害还可能导致山洪和泥石流的发生等。在这种条件下,单一风险的保险理赔就会遇到麻烦,这也许是许多国家开办多重风险或一切险农作物保险的理由之一。

5. 风险事故与风险损失的非一致性

在很多情况下,农业风险事故甚至重大的农业风险事故,最终不一定导致损失,反而会导致丰收,或者一个地区的风险事故会使相邻地区受益。有关这一特点的典型案例是陕西省商县(商州市)在 1998 年经历的一场严重的冰雹灾害,当时该地区的玉米被砸得东倒西歪,但出乎人们预料的是,这一年该地区的玉米获得空前大丰收。后据农业技术专家分析,这是因为冰雹虽然给苗期的玉米带来灾害,但由于农作物有较强的再生能力,冰雹袭击作物的同时,也给土壤增加了水分和氮肥(冰雹中含有氮),后期如果加强田间管理就不会因灾害减产。类似的现象还有很多。

6. 农业灾害发生的频率较高,损失规模大

保险产品的费率的厘定以风险事故发生的频率和损失规模为基本依据,保险标的所面临的风险事故发生的频率越高,损失规模越大,那么对应的保险产品的保险费率就越高。农业保险所承保的标的,一般都面临高出其他险种很多的事故频率和损失规模。以一般财产火灾保险为例,正常情况下,财产遭遇火灾发生的几率在万分之五左右,而人身意外伤亡险中因飞机失事而发生赔付的几率是二百万分之一。但农业风险发生的频率却很高,按历史统计数据,从 1950 年到 2002 年,中国农业受灾面积平均达 29.7%,成灾面积平均为 12.81%。世界上大多数国家农作物产量低于平均产量的年份大都在 20% 以上,由此可见农业保险标的发生损失的可能性和损失规模均高于普通的保险种类。

二、关于农业保险属性相关理论解释的评析[①]

从包括中国在内的世界各国经营农业保险的经验和实施效果看,无论是政府经营或政府补贴型农业保险,还是商业化或者合作化农业保险,在实施中都面临着一些难以克服的困难,尤其是纯商业化经营的农业保险,除了少数国家的少数险种,其经营普遍不成功。造成农业保险经营面临困境的原因很多,诸如有效需求不足、经营难度大、赔付率高、保险公司不愿经营等多种现实原因,而农业保险内在性质的特殊性则是其深层次原因。关于农业保险性质的特殊性,国内外不少学者从不同角度在理论上对此进行了分析论证。国内外学者主要从不对称信息条件下的逆向选择和道德风险、准公共产品特性及供给和消费的外部性特征加以分析,也有学者从农业保险具有商品性和非商品性的"二重性"以及农业保险主体面临的博弈困境加以分析,由此得出农业保险经营的市场失灵并需要政府大量补贴的结论,应当说上述理论及其分析都有一定的合理性,但由此得出农业保险市场严重失灵及政府应当大量补贴还有待商榷。

1. 不对称信息条件下的农业保险经营中的逆向选择与道德风险分析

保险业的经营是典型的不对称信息条件的经济主体之间的交易行为。无论是一般商业保险还是农业保险,投保人对保险标的的了解程度远远高于保险人,各方的信息不对称就很容易会产生投保时的逆向选择和投保后及理赔时的道德风险,保险人只能根据最大诚信原则并采取各种措施来避免这两种风险。逆向选择和道德风险是保险业经营中面临的主要风险。虽然农业保险标的主要是生长中的动植物,受各种不确定因素的影响较大,风险相对于

19

[①]　参见黎已铭:《农业保险性质与农业风险的可保性分析》,《保险研究》2005 年第 11 期。

一般财产较为复杂和特殊,相对而言更容易导致道德风险和逆选择,但由此认为农业保险就难以商业化经营则有些牵强,因为一般的商业保险同样也面临着这两大难题,即使在保险业发达的美国,每年由于道德风险而被骗赔的保险金大致达到了保险金总额的10%—20%,但美国的商业保险经营总体上仍然相当成功,虽然农业保险经营具有一定的特殊性,两类风险相对较大一点,但还远没有达到严重阻碍农业保险开展的程度,而且农业保险经营机构也可以采取一些有效措施减轻这些风险。例如,要求一个地区或者一个农户的所有农作物和所有地块实行统保,可以大大减小逆向选择的机会;保险条款尽量明确细化保险责任,加强理赔环节,可以减小道德风险的发生。因此,由于信息不称而导致的逆向选择和道德风险虽然是农业保险经营困难的成因之一,但并不能据此得到农业保险市场存在严重"市场失灵"的结论。

2. 农业保险的准公共产品特性的理论评析

不少学者在研究中都提到甚至分析了农业保险产品的准公共特性及其外部性特征,应当说他们的提法和分析还是基本合理的,但关键问题是准公共产品其公共性有多高、外部性程度有多强。农业保险这种物品在取得和消费过程中确实存在一定的非竞争性和非排他性。由于农业保险标的的特殊性,其经营更加注重预防风险和灾害这一环节,所以对于诸如防雹与灭蝗等防灾环节,确实很难排除一部分未投保农户会"搭便车",农业保险具有的一定程度的非排他性使得农业保险具有某种准公共产品特性。但是,农业保险的另一特点是农业保险合同具有"双务有偿性",即只有缴纳保费参加农业保险,出险后才能得到保险金赔付,不投保者不能享受。根据保险的经济理论,防灾防损只是保险的派生职能,而损失补偿才是保险的基本职能。因为未加入农业保险体系者无法得到保险赔付,所以农业保险在消费上首先是具有排他性的私人物品,其次才具有某种公共产品特性。因此,农业保险是私人物品性质较强的准公共物品。一方面,具有一定程度非排他性和外部性的农业保险可以通过统保或法定保险方式将外部问题内部化,将其公共物品性私人化。另一方面,具有较强公共性和外部性特色的"雹灾"保险却是农业保险商业化经营中少有的成功例子,这说明即使具有较高公共性和外部性的农业保险并不必然导致市场失灵和政府补贴。因此,过于强调农业保险的准公共产品性质并由此推出其严重市场失灵是没有根据的。

3. 农业保险外部性理论评析

国内一些文献在分析农业保险经营困境时都十分强调农业保险的外部性特征,进而推出农业保险经营面临严重市场失灵。他们的推理简单如下:农业是我国的基础产业,如果农业稳定,受益的不只是农民,而是全社会,而农业保险的消费可以使全社会成员享受农业稳定、农产品价格低廉的好处;由于农业保险赔付率和经营成本较高,农业保险商业化经营亏损严重,农业保险经营的私人成本高于社会成本,因而农业保险具有消费和生产的双重正外部性,因而农业保险市场失灵,需要政府补贴。这种分析及结论有一定的合理性,然而这一推理并不严谨。上述分析将农业对农民和全社会的外部性及农业保险对农业的外部性不加区分而混为一谈。而只有将农业保险的作用在上述两个层面上加以分析才能真正地分析农业保险的外部性。

在第一个层面上,农业对于全社会确实具有一定程度的外部性。首先,从福利经济学角度,对于农民,尤其是广大中国农民,农业的稳定及对农业的补贴将有助于较均衡地分配国民收入,有助于保障大量处于弱势地位的农民的利益,增进社会公平和社会福利;其次,农业的稳定发展不仅有助于保持农村的稳定,也有助于全社会的稳定和国家的长治久安;最后,农业将长期是我国的基础产业,农业的稳定发展有利于其他产业的发展。综合以上三个方面,农业对全社会确实具有一定的正外部经济性。当然农业的发

展也可能会产生诸如农药等化学污染在内的负外部性,只不过相对于其正外部性要小很多。同时,对于农业的正外部性也不宜过分夸大,毕竟农业产品是一种私人物品,其直接的主要受益人还是农民。

在第二个层面上,关于农业保险对农业的作用问题。农业保险的开展目的首先是保障农民免受或减轻农业风险带来的灾害影响,虽然在诸如防灾防损等环节可能会产生一定的外部性,但它毕竟是只有投保农民才可最终享受的更具私人物品特性的准公共产品。而且农业保险也只是我国农业保护体系所用工具当中的一个而已。

因此,从以上两个层次的分析可以看出,认为农业保险对于整个社会具有较大的外部性,并由此推出农业保险市场严重失灵及需要政策性补贴的理论并不严密。

第三节　农业保险的地位和作用

一、农业保险的地位

农业的稳定对于整个国民经济的发展至关重要,而农业保险又是确保农业生产稳定的重要措施。农业保险是国家对农业乃至整个国民经济进行宏观调控的具体政策,农业保险在农业中的地位主要表现在以下三个方面:

1. 农业保险是国家对农业投入的一个重要渠道,是国家扶持农业发展的一种重要方式

农业稳产与增收的最终受益者不仅仅是农业的生产者,农产品的消费者受益更多。因此,对农业风险的投入应该是社会化、多元化的,既应该包括直接进行农业生产经营的农业部门,又应该有间接应用农产品的社会成员和其他产业部门,只有这样,才能使以

政府为调节中枢,投入主体多元化的农业风险投入机制得以实现。农业风险投入作为农业总体投入的重要组成部分,在市场经济中必须以其特定的保险方式进行。国家对农业保险的投入和补贴主要基于以下几个原因:

第一,农业是弱质产业,需要国家扶持和保护,农业保险作为对农业风险进行分散和管理的行业,从属于农业,同样具有先天的弱质性,也需要国家扶持。

第二,农业的主体即广大农民对保险费的承受能力不高,难以承受实际保险费。因此,帮助农民建立风险机制就必须补贴一部分保险费。

第三,公平性。非农产业的保险费,大部分由国家或市场负担,企业或个人承担很少一部分,而由农牧民经营的农牧产业所交保险费不存在税前列支,这部分开支不可能进入成本,因此也就没有向市场转嫁的可能性,实际是由农民自己承担了。这显然不合理,需要提供补贴。

2. 农业保险是国家进行产业扶持、引导生产要素积极投入、调整产业结构的一项重要政策,是促进农业发展的一个重要手段。

在市场经济条件下,生产要素总是流向具有较高生产效率和要素报酬的行业。农业由于其比较利益和比较劳动生产率均低于其他产业,因此在生产要素的市场化配量过程中处于不利地位。当农民在农业上的投入回报明显低于其他行业时,在市场机制的调节下,以资金、劳动生产力为代表的农业生产要素会不可避免地流出农业,从而导致农业缺乏后劲,发展受阻。为避免这一现象发生,政府可通过开办农业保险,为其提供经济补偿,以保障和鼓励其发展农业生产。

同时,自然风险和市场风险也会对农业生产产生不利的影响。据有关分析表明,自然灾害对粮食的减产幅度平均每年为 5%,可使粮食减产 250 亿千克,远远超过中国平均每年进口粮食 150 亿

23

千克的水平。市场风险如市场比价和价格弹性均会对农业生产产生极为不利的影响。越是关系到国计民生的基础产品,其需求价格弹性就越小,生产得越多,遭受的市场风险就越大。因此,中国农业在市场机制面前无法与其他产业竞争,如果得不到政府切实有效的保护与扶持,农业的萎缩甚至停滞将不可避免。20世纪90年代中期,中央农村工作会议上,曾多次提出农业的保护政策除实行农业价格保护外,还有五项政策,其中一项就是实行农业保险,健全农业风险补偿机制。

3. 农业保险是国家对农业实施风险管理、保护农业发展的重要措施

在农村市场经济体系完善的进程中,中国农业保障制度的安排与创新至少应包括:产权保障、耕地保障、价格保障、投入保障和风险保障五个方面。实践证明,只有形成模式建全、体系完整的农业保险制度,才能为农业的持续发展提供可靠的风险保障,从而有利于保障农业的持续性投入,推动农业的更进一步发展。

二、农业保险的作用

1. 在市场经济条件下,农业保险有利于分散和化解风险,保证农业生产持续稳定的发展

《国家企业成本管理条例》规定,保险费可以计入成本。因此,企业用于投保的保险费,大部分由国家财政(税前记入成本)和社会(通过成本记入物价部分)负担了。真正由企业承担的只是很少一部分,而农业却缺少这种合理的扣除,这种扣除只有进入再分配,通过农业保险才能发挥其社会效应。

2. 农业保险可以稳定国家财政支出,促进保险资金流转

农业保险以农业的补偿作用体现在两方面:一方面,农业保险可以减少政府财政救灾支出,缓解政府资金压力;另一方面可以减少被保险人的实际损失,使被保险人有能力恢复生产,通过税收形

24

式为国家增加财政收入。同时，还可保证保险资金归还和正常流转。

3. 农业保险有利于加强农业风险管理，减少农业灾害损失

农业风险管理通过核保、验险、防灾防损等项措施，提高农民的风险意识，并通过保险公司的相关防损服务增强风险事前管理，以逐步提高农业抵御自然灾害的能力，减少灾害造成的损失。

4. 农业保险有利于调整农村产业结构，有利于国民经济协调发展

不同的农业保险政策可以引起保费支出与收益对比关系的改变，使享受不同农业保险政策的农产品收益率发生改变，从而促使和引导农民调整农产品的种类和规模，达到调整农村产业结构的目的。

第四节　农业保险经营模式的基本内容

25

一、农业保险的经营主体、客体及投保人

农业保险的经营主体，包括政府、商业公司和农户，政府又分为地方政府和中央政府。经营主体的组织形式有国有独资公司、股份制公司、相互合作制公司等，经营主体的经营方式包括政策性经营、商业性经营、合作性经营三种。国有独资公司，如美国的农业部的联邦保险公司、中国的中国人民保险公司，进一步细分又可分为商业股份制公司、国有股份制公司、国有和商业混合股份制公司。

农业保险的经营客体即农业保险所指向的标的，分为常规农副产品和特种农副产品。常规农副产品就是农林牧副渔业中的粮、棉、油、猪、牛、羊、鱼等普通的、价值低的传统农副产品，这些农产品价值相对较低，生产技术比较成熟，产量大，其中粮、棉属于国家战

略贮备部分。特种农副产品是指附加值高、单位产品价值高的特种养殖和种植,它的商业化程度高,市场运作成熟,如鲜花、名贵药材。

投保人是指与保险标的具有直接经济利益的农户、公司、农场主、专业户,如烤烟保险中的烟农、烟草公司。

二、农业保险制度安排

农业保险作为一种农业发展和保护制度,它对相关法律的依赖相当强。制度学派认为,人类存在于一个不确定性的未来,它的经济活动也不例外。制度可以通过一系列规则安排,界定人们行为的边界,约束人们之间的相互关系,降低不可预期性,降低交易成本、机构成本,如家庭、企业、保险等一般的经济制度是由于交易活动的不确定性所形成的。而农业保险制度则是由于农业经济活动结果的不确定性而产生的,通过在时空上分散局部风险来补偿具体的风险损失,以确保交易成果的稳定性。农业保险制度着眼于农业和农村的稳定,有一定农业内部分配微调作用,由此需要一系列制度安排来实施农业保险。其中,最重要的是立法,通过立法来厘定中央政府、地方政府和保险人、被保险人等各自的责任和权利以及交易规则、市场规则等运作规则。

第五节　开展农业保险的必要性与迫切性

一、开展农业保险的必要性

农业保险的必要性源于对农业保护的要求,对农业保护的必要性主要出于以下原因:

1. 农业产业在国民经济中的地位和作用,是政府对农业实行保护的经济依据

农业是国民经济和社会发展的基础。农业无论是作为社会之

26

源、生存之本的基础作用,还是对国民经济各部门所做的资本积累,都不可能因为市场经济发展和农业产值在国民经济中的份额下降而改变。中国是一个人口大国,人均农业资源较少,农业的基础地位和作用比任何国家都重要。如果中国的农产品不能保持较高的自给率,随着人口增长和人民消费需求的不断增加,农业所承受的压力越来越大,农业的波动对人民生活、经济发展和社会安定等都会带来影响。因此,没有农业的健康发展,也就没有国民经济的健康发展;没有农业的稳定,也就没有农村的稳定,乃至国家的稳定。这就要求在挖掘农业自身潜力的同时,加强政府对农业的扶持和保护。

2. 农业的天生弱质性和在市场竞争中的不利地位,是政府对农业保护的直接原因

农业是一个自然再生产与经济再生产交织的过程,各种自然条件对农业生产的影响很大,使农业具有明显的不稳定性和脆弱性。农业生产不仅面临自然风险而且还常常遭受各种经济和社会的不确定因素造成的市场、技术、社会等风险。由于农业本身的特点,承担风险的能力又远远低于其他产业,其在市场竞争中处于不利地位。具体表现在:其一,农业生产周期长,资金周转慢,技术进步滞后,因而社会效益大而经济效益低,投资于农业往往得不到平均利润。在市场经济条件下,金融体系的逐利动机,不仅使农业很难获得外部资金的投入,还使农业部门的资金通过金融体系流入利润率较高的第二、第三产业,造成农业部门资本积累和资本投入低,长期发展的后果就是农业比较利益低,农业在市场竞争和产业升级中处于弱势地位。其二,农产品作为人们基本生活必需品,需求弹性小,可替代性低,因此农产品供求波动所造成的危害远超过其他商品,市场风险大。而农业再生产由于受复杂多变的自然因素的影响,供给稳定性差,加剧了本已存在的市场风险。

3. 中国农业正处在向市场经济转轨的过程中,面临的形势十分严峻,强化农业保护迫在眉睫

首先,面对市场经济的快速生成,大量剩余劳动力仍滞留在农村,使得农村土地要素的流动缓慢。这一切使得中国农业受到资源和需求的制约,扩张空间小造成投资效益差、产业利益低,从而在资源要素特别是资金要素的竞争中缺乏足够的实力和吸引力。其次,中国市场经济正处于发展阶段,市场机制本身和宏观调控还不完善,农村社会化服务体系和市场中介组织也不健全,农民缺乏联合互助,农民在市场中缺乏农产品和生产要素的定价权,无力抗衡非正当竞争,使得短时期内农产品市场和要素市场处于无序失衡的状态。而扭曲的农业生产要素配置机制,进一步强化了农业不利的竞争地位。最后,长期以来,国家对工业实行倾斜政策,对农业基础设施和农村公共产品投入严重不足,全国农业投资一直呈下降趋势,而且国家把发展农村公益事业和建设基础设施的经济负担,大部分转移给农民,导致农民负担过重,收入增长缓慢,严重地影响了农民生产的积极性。

二、开展农业保险的迫切性

在原有的计划经济体制下,中国的农业风险保障基本上是以村为单位的集体经济为载体,靠国家的救灾资金和物资下调办法支持的。实践证明,这种带有行政色彩的风险保障机制,由于受国家财力和实施途径的极大限制,即使只是应付中国频繁发生的自然灾害,其保障能力已经十分有限,更不用说解决因农业经济体制变革、市场经济发展而带来的一系列新的问题、新的风险了。

随着农业的发展,市场化的生产经营活动日益活跃,在自然与市场双重风险威胁下的农民,迫切要求风险体系的完善。一方面,随着改革的深入,农村经济体制发生了根本性的变化。目前农村实行的是家庭联产承包责任制,农业生产经营主要以农户为单位进行,生产规模小,经营分散,资本积累率低,使得农户对农业投入的比重逐年下降,基础设施老化,综合生产力难以提高。而原来可由集体经济承担的风险则转移到了分散的农户个人身上,使其风险的承担能力降低。另一方面,随着高产、高效、优质农业的发展,要求农业生产向集约化方向发展,经营规模必须相应提高,必须增加农业投入,并采用先进的农业科技,这必定会带来较高的投资风险、技术风险和市场风险,如果缺乏相应的风险保障机制,则难以吸引外部资金投资现代化农业。因此,探讨新形势下中国农业的风险保障问题,是十分必要而迫切的。

三、政策性农业保险的必要性

对于可供选择的两类农业保险模式(政府支持下的商业性保险模式、政府主导下的政策性保险模式),各有利弊,但总体上,无论从农业保险的属性还是从各国的实践经验来看,由于商业性保险与农业保险固有的一些矛盾,不可能单独依靠商业性保险为整个农业产业化进程提供农业保险支持,这本身既不符合商业性保险的本质,也不符合政府在农业产业化过程中应承担的主导作用,本书认为,在农业产业化的大背景下,应当以政策性的保险模式作为主导。

1. 建立政策性农业保险是基于"三农"现实情况的选择

首先,农业的基础地位和弱质特性需要有保护性的农业政策支持。仅就云南省而言,农业人口 3000 多万,占总人口的近 80%,而云南的农业总产值仅占全省总产值的 18.3%,农村人均纯收入 2634 元,仅为全国平均水平的 65%,在这样一个农业人口占大多数、收入水平又非常低的省份,商业性保险的有效需求非常低,而政策性的农业保险则可以发挥支农、扶贫等多重功效。其次,农业产业化风险的特殊性也要求建立政策性农业保险。农业产业化风险具有单位风险大、风险具有伴生性和关联性,这决定了

农业保险不宜采用商业性模式而应采用政策性模式。最后,农业保险准公共物品的属性和正外部性要求政府提供政策支持以解决市场部分失灵造成的农业保险供给不足。

2. 建立政策性农业保险是 WTO 规则框架允许的农业支持措施

WTO 规则是允许各国政府采取不会引起价格扭曲的机制来扶持农业,作为 WTO 成员国,我国原有的一些农业补贴政策和措施都将被 WTO 规则取代。政策性的农业保险作为 WTO 规则允许的"绿箱政策",已经成为世界上多数农业发达国家扶持和保护农业的政策措施。我国政府也应积极借鉴国外经验,转变农业扶持政策,积极探索建立符合我国国情要求的政策性农业保险体系。

3. 没有政府的政策性支持,以商业化为主的农业保险无法持续

从改革开放后的 1982 年恢复农业保险到现在,在这二十多年的时间里,政策性农业保险时办时停。政策支持到位,农业保险规模发展就好,政策支持稍有松动,农业保险就开始萎缩。这可以从我国农业保险的保费收入的变化上看出政策对于农业保险的决定性作用,1982 年恢复农业保险是在政府的政策支持下起步的,保费收入从 1982 年的 23 万元猛增到 1992 年的 8.1707 亿元,年均递增 127%。1996 年,政府将中国人民保险公司的农业保险完全市场化后,农业保险失去了政府的支持,农业保险业务出现了全面萎缩,到 1999 年保费收入不到 5 亿元,下降近 50%,农业保险险种由原来的六十多个险种,下降到现在的不足三十个,许多省份的农业保险已经完全消失。2003 年,我国农业保险保费收入仅占保费收入总额的 0.081% 和财产险保费收入总额的 0.5%,按全国 2.3 亿农户计算,户均投保费用不足 2 元,商业化操作已使农业保险陷于停顿。2004 年,中央决定启动农业保险试点,农业保险又开始恢复,2007 年中央财政拿出 10 亿元,在吉林、内蒙古、新疆、

江苏、四川和湖南进行政策性农业保险试点,当年全国农业保险保费收入就达到 51.94 亿元,同比增长 6 倍以上。

4. 政策性农业保险是多数农业发达国家的选择

目前,在四十多个已建立了较为健全的农业保险制度的国家中,无论是农业产业化水平很高的欧美国家,还是生产力水平与我国相近的亚洲国家,没有一个国家的农业保险是依靠纯商业化运作的,政府在整个农业保险的经营过程中都或多或少地提供不同程度政策补贴和优惠。在一些农产品出口额较高的国家,农业保险甚至成为政府提高农产品竞争力、扩大出口的主要政策工具。

5. 政策性农业保险是基于我国农村社会现实的选择

第一,农业保险具有社会福利的属性,需要政府以行政强制力从法律上对农业保险的这种福利属性予以确认,确保应保尽保,以发挥大数法则的作用;第二,我国农村社会化程度低,农民的自我组织能力弱,开展农村工作需要利用政府基层行政组织,才能调动各种资源。

31

第二章　中国农业保险的供求现状、存在的问题及其成因分析

本章将对中国农业保险的供求现状进行分析,找出中国农业保险发展中存在的供求矛盾,并进一步探讨这些矛盾形成的原因,为下文的研究奠定基础。

第一节　中国农业保险的供求现状分析

中国是于 1982 年恢复农业保险业务的。1983—1993 年,在计划经济体制背景下,该项保险由国家财政兜底,保险公司对农业保险的成本和盈亏考虑较少,根据各地需要开办了多项种植业、养殖业险;农业保险业务有较快发展,保费收入从 1982 年的 23 万元增至 1993 年的 5.6 亿元。1982—1994 年,中国农业保险承担了4600 亿元的农险责任,对保障农业生产、促进农村经济发展起了积极作用。但从 1994 年起,各保险公司开始商业化转型,农业保险开始走市场化经营之路。保险公司作为自主经营、自负盈亏的商业性经济实体决定其追求利润的最大化的特性,保险费率的制定、险种的选择、条款的设计以及经营等都要遵循市场原则。这种商业化农业保险模式与农业保险的政策性、非营利性的经营特性

相背离,使农业保险市场矛盾重重,出现发展缓慢甚至是萎缩停滞的局面。

一、中国农业保险的供给现状分析

农业保险是处理农业非系统性风险(如天灾人祸等)的重要财务安排,是市场经济条件下现代农业发展的三大支柱(农业科技、农村保险和农业保险)之一,是WTO允许各国支持农业的"绿箱"政策之一,日益受到各国政府的重视。

在中国,农业是基础产业,也是弱质产业,面临市场和自然双重风险的威胁。加入WTO后,中国弱质农业面临更加严峻的国际竞争。但是,为农业保驾护航的农业保险近年的发展情况并不稳定,波动幅度较大,但从总体上看,农业保险保费收入还是有所增加的,只是其增量较小,从1994年到2005年,增长额不到2亿元,增长率不到40%;而同期的财产保险增长额近1050亿元,增长率将近450%。这种情况直到2007年才开始有所转变,2007年财产保险收入和农业保险收入都出现了突飞猛进的增长,财产保险收入从2006—2009年三年就增长了近1300亿,农业保险收入也从2006年的8亿元猛增到2009年的133亿元。详细情况如表2-1所示。

33

表2-1　中国1994—2009年财产保险及农业保险的情况对比分析

年份	财产保险保费收入(万元)	财产保险赔款额(万元)	农业保险保费收入(万元)	农业保险赔款额(万元)	农业保险收入占财产保险收入的比重(%)
1994	2332828	1740879	50404	53853	3.09
1995	2924130	1817460	49620	36450	2.01
1996	3235233	2037512	57436	39481	1.94
1997	3822307	2146900	57589	41871	1.95

年份	财产保险保费收入（万元）	财产保险赔款额（万元）	农业保险保费收入（万元）	农业保险赔款额（万元）	农业保险收入占财产保险收入的比重（%）
1998	5057403	2895106	71472	56304	1.94
1999	5272181	2796987	63228	48556	1.74
2000	6080000	3080000	40000	30000	0.97
2001	6850000	3330000	30000	30000	0.90
2002	7800000	4030000	50000	40000	0.99
2003	8690000	4760000	50000	30000	0.63
2004	11250000	5790000	40000	30000	0.52
2005	12830000	6910000	70000	60000	0.87
2006	15790000	8250000	80000	60000	0.51
2007	20870000	10640000	530000	300000	2.54
2008	24463000	14755000	1107000	641000	4.53
2009	29929000	16382000	1339000	952000	4.47

资料来源：根据《中国统计年鉴》1995—2006年的相关数据整理。

从中国1994—2009年财产保险及农业保险的相关数据可以看出，中国农业保险的发展速度远远低于同期财产保险的发展速度，从而导致农业保险收入在财产保险收入中所占的比重逐年下降，2007年开始出现反弹，如图2-1所示。

在1994—2009年间，中国财产保险的保费收入与财产保险的赔款额之间的差距逐年拉大（且保费收入始终大于赔款），也就是说财产保险的利润空间逐渐增大，如图2-2所示。

然而在1994—2009年的16年间，中国农业保险的保费收入与农业保险的赔款额之间的差距却始终很小，有时赔款额和保费收入持平甚至超过保费收入，如1994年和2001年。在这种情况下，把管理成本考虑在内，经营农业保险的保险机构就会处于亏损状态，详见图2-3。

（单位：%）

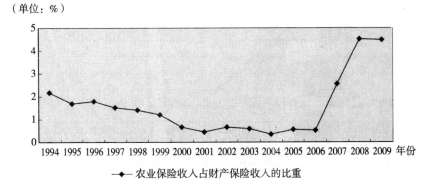

图 2-1　1994—2009 年农业保险收入占财产保险收入的比重

（单位：亿元）

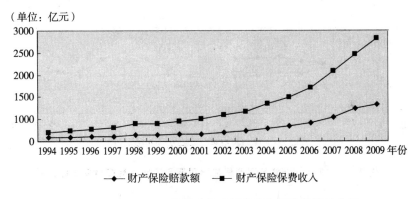

图 2-2　1994—2009 年财产保险保费收入及赔款情况分析

换句话说，在财产保险赔付率逐年下降的同时，农业保险的赔付率却没有明显的下降趋势，从而使得农业保险的赔付率远远高于财产保险的赔付率，如图 2-4 所示。

在 1994—2009 年的 16 年间，财产保险赔付率在 60% 以上的有 4 年，且其中还有一年在 50% 以下；而农业保险赔付率在 60% 以下的只有 2 年，且最高的一年达到 106.84%，因此，以赢利为目的的商业性保险公司大多不愿意涉足农业保险。这使得风险非常大的基础产业——农业面临投保无门的尴尬局面，也即中国农业保险的供给严重不足。

（单位：亿元）

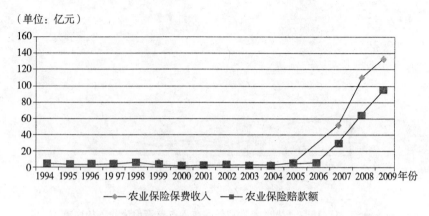

图 2-3 1994—2009 年中国农业保险保费收入及赔款情况分析

（单位：%）

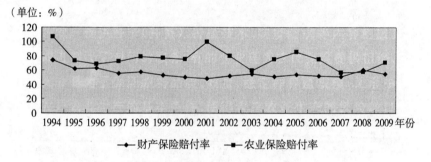

图 2-4 1994—2009 年财产保险赔付率与农业保险赔付率对比分析

二、中国农业保险的需求现状分析

农业是基础产业，又是弱质产业，各种自然灾害对农业生产的打击较严重。尽管不少农民具有投保的愿望，但从总体上来看，中国农业保险实际上还是缺乏有效需求。

下面以 2005 年云南龙润茶业有限公司在云南省临沧市和思茅市做的市场调查情况为例进行分析。之所以选择这两个地区的调查情况做案例分析，是因为这两个地区农业保险的发展情况与全国的总体发展情况比较吻合，处于一种保费收入有增加趋势，但增量较小；保费收入与赔款额之间的差距总体较小，甚至有赔款支出超过保费收入的情况，如表 2-2 所示。

表 2 - 2　2004—2006 年云南省临沧市、思茅市的农业保险情况

（单位：万元）

地区	2004 年		2005 年		2006 年	
	保费收入	赔款支出	保费收入	赔款支出	保费收入	赔款支出
思茅市	140	163	238	171	214	229
临沧市	147	79	179	235	240	216

资料来源：根据《云南省保险年鉴》2005—2007 年的相关数据整理。

2005 年 5 月，云南龙润茶业有限公司为建立"企业＋茶农＋基地＋市场"的产业链，在临沧市和思茅市随机选取了 5 个村进行了市场调查，临沧市选取的是凤庆县大兴村、凤庆县锦绣村、云县涌宝村、双江县五家村；思茅市选取的是镇沅县五一村。此次市场调查是以问卷的形式进行的，云南龙润茶业有限公司在每个村投放了 150 份问卷，共计投放了 750 份问卷，最后收到有效问卷 637 份。该问卷中有一个部分是关于农业保险的，本书将以此次调查中所获得的农业保险的相关数据信息为例对农业保险的需求情况进行分析。

此次问卷调查被访问者的年龄分布如下：最小为 21 岁，最大为 64 岁，各年龄段的分布为：25 岁及以下的占 5.6％，26—35 岁之间的占 32.4％，36—45 岁之间的占 35.5％，46—55 岁之间的占 22.4％，56—64 岁之间的占 4.1％。被调查者的受教育情况如下：受教育年数不足 3 年的占 5.6％，受教育年数在 3—6 年的占 8.2％，受教育年数在 7—9 年的占 62.8％，受教育年数在 9 年以上的占 23.4％。从调查问卷所反映的情况看，凤庆县大兴村 2005 年的人均收入为 2503.7 元，凤庆县锦绣村 2005 年的人均收入为 1727.7 元，云县涌宝村 2005 年的人均收入为 3602.2 元、镇沅县五一村 2005 年的人均收入为 2984.3 元、双江县五家村 2005 年的人均收入为 1921.9 元。从 5 个村的总体情况看，收入在 1000 元以下的被调查者占 4.67％，收入在 1001—2000 元的被调查者占

37

18.77％，收入在 2001—3000 元的被调查者占 35.56％，收入在 3001—4000 元的被调查者占 21.64％，收入在 4001—5000 元的被调查者占 11.67％，收入在 5000 元以上的被调查者占 7.69％。选取这些有差异的样本有助于了解不同年龄段、不同教育背景、不同收入的农民对于风险的偏好情况。

在此次调查中使用的问卷第三部分第一个问题如下：

自然灾害给您的个人家庭农业生产带来的损失程度大约是（　　　）

A.0％以下（不含 10％）　　B.10％—20％（不含 20％）

C.20％—30％（不含 30％）　　D.30％—40％（不含 40％）

E.40％—50％（不含 50％）　　F.50％以上　　G.无法估计

通过对回收的有效问卷进行统计，可以看出，只有 6.71％的人认为自然灾害给家庭农业生产带来的损失程度低于 10％，有 72.88％的人认为自然灾害给家庭农业生产带来的损失程度在 20％以上，详细情况见表 2-3。

表 2-3　自然灾害给家庭农业生产带来的损失情况（单位:％）

自然灾害给家庭农业生产带来的损失程度	凤庆县大兴村	云县涌宝村	镇沅县五一村	双江县五家村	凤庆县锦绣村	共计
10％以下（不含 10％）	13.48	3.06	0	0	0	6.71
10％—20％（不含 20％）	7.35	43.92	26.54	0	0	15.58
20％—30％（不含 30％）	48.50	27.53	59.83	24.00	0.96	29.66
30％—40％（不含 40％）	13.67	18.35	10.64	26.00	3.32	12.02
40％—50％（不含 50％）	3.46	2.08	0	50	58.02	24.16
50％以上	1.2	2.04	0	0	32.00	7.04
无法估计的	12.34	3.02	2.99	0	5.70	4.83

资料来源:云南龙润茶业有限公司内部资料。

在当前中国农业生产普遍较为落后的情况下，农民的人均收入还比较低，20％的损失就很有可能严重影响农民的正常生产和生活,由此可见,农业面临的自然灾害风险是非常大的,农民实际上是很渴望自身的正常生产生活能有所保障的,换句话说,农民实际上是有投保愿望的。

在此次调查中使用的问卷第三部分第二个问题如下:

您考虑过通过保险来分散您个人家庭面临的风险吗?( )

A. 考虑过 B. 没考虑过

调查结果显示,收入越高的被调查者考虑通过保险来分散个人家庭风险的越多,详细情况如表2-4所示。

表2-4 考虑过运用保险分摊家庭风险的分布 (单位:%)

占比 \\ 收入	1000元以下	1001—2000元	2001—3000元	3001—4000元	4001—5000元	5000元以上
考虑过投保的人数所占的比重(X_i)	22.19	27.98	36.66	35.71	62.96	55.87
不同收入水平被调查者所占的比重(Y_i)	4.67	18.77	35.56	21.64	11.67	7.69

资料来源:云南龙润茶业有限公司内部资料。

以不同收入水平的被调查者在所有被调查者中所占的比重Y_i为权重,对不同收入水平中考虑过投保的人数所占的比重X_i进行加权平均:

$$\sum X_i Y_i = 22.19\% \times 4.67\% + 27.98\% \times 18.77\% + 36.66\% \times 35.56\% + 35.71\% \times 21.64\% + 62.96\% \times 11.67\% + 55.87\% \times 7.69\%$$

$$= 38.69\%$$

即在所有的被调查者中只有38.69%的人考虑过运用保险分摊家庭风险。

考虑投保人数所占的比重与其收入水平的线性关系如下:

$$y = 7.7826x + 12.989$$

$$R^2 = 0.8346$$

其中,y 表示投保人数所占比重;x 表示收入水平;R^2 为可决系数。

由收入水平与考虑投保人数所占比重的正相关关系,可知随着收入的增加,考虑投保的人数所占的比率也是增加的。这说明收入是影响人们参保意愿的主要因素,随着人们收入的增加,人们更重视投保农业保险,见图 2－5。

(单位: %)

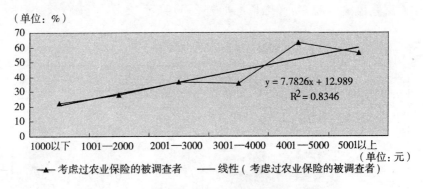

图 2－5　不同收入人群对农业保险的态度

同时,调查结果还表明,受教育时间越长的被调查者考虑过通过保险来分散个人家庭面临的风险的越多,详见表 2－5。

表 2－5　考虑过运用保险分摊家庭风险的分布　(单位:%)

受教育时间 占比	0—3 年 (不含 3 年)	3—6 年 (不含 6 年)	6—9 年 (不含 9 年)	9—12 年 (不含 12 年)	12 年以上
考虑过投保的人数所占的比重	8.67	22.44	26.58	48.72	64.16

资料来源:云南龙润茶业有限公司内部资料。

考虑过投保的人数所占的比重与其受教育时间的线性关系如下:

$$y = 13.726x - 7.064$$

$$R^2 = 0.9629$$

注:y 表示投保人数所占比重,x 表示受教育年数,R² 为可决系数。

由上可知,考虑过投保的人数所占的比重与受教育程度是正相关关系,随着受教育时间的增加,考虑投保人数所占的比重也随之增加。说明受教育程度越高的群体,对农业保险的作用了解更

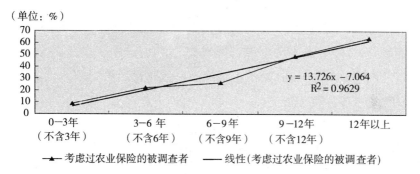

（单位：%）

$$y = 13.726x - 7.064$$
$$R^2 = 0.9629$$

──▲── 考虑过农业保险的被调查者　　　── 线性(考虑过农业保险的被调查者)

图 2 - 6　受不同教育程度人群对农业保险的态度

多,更愿意参加农业保险,见图 2 - 6。

表 2 - 6　农业保费收入与农业保险赔款的相关关系

（单位:万元）

年份	农业保险保费收入	农业保险赔款额
1994	50404	53853
1995	49620	36450
1996	57436	39481
1997	57589	41871
1998	71472	56304
1999	63228	48556
2000	40000	30000
2001	30000	30000
2002	50000	40000
2003	50000	30000
2004	40000	30000
2005	70000	60000

资料来源:根据《中国统计年鉴》1995—2006 年的相关数据整理。

$$y = 13757.17828 + 0.9358485859x$$

$$(1.634) \quad (4.744)$$

$$R^2 = 0.692$$

注：y 表示农业保险保费，x 表示农业保险赔款额。括号中数值为 T 统计量，R^2 为可决系数。

由上可知，农业保险保费的多少与农业保险赔款额大小是正相关关系，随着农业保险赔款额的增加，相应的农业保险收入就会随之相应地增加，此时随农业保险的具体赔付的落实，人们对农业保险的参保意愿会加强。

综上所述，尽管中国农业面临的风险非常大，且农业风险所带来的损失会在很大程度上影响农民的生产和生活，农民是否愿意参保农业保险，受到收入水平、受教育程度和农业保险赔款额等因素的影响。

第二节　中国农业保险发展中存在的问题分析

通过上一节对中国农业保险供求现状的分析，可以发现当前中国农业保险发展中存在的各种问题，归纳起来主要有自然需求不断增加与有效需求严重不足的矛盾、高费率与农业风险保障不足的矛盾，以及保险公司农业保险业务商业化经营失败等几方面。

一、自然需求不断增加与有效需求严重不足

中国现阶段财产保险和人寿保险业务竞争相当激烈，但各保险公司对农业保险业务的开发与经营缺乏积极性，以致农业保险在全国大部分地区仍是一片空白。如前所述，这种现象并不表明农业生产者不需要风险保障，事实上，农业自然灾害给农业生产带来的损失从 1978 年 162 亿元增加到 1994 年的 1944 亿元，十余年

增长十多倍。农业生产者承担的风险越来越大,急需相应的农业保险来转移风险、提供经济补偿。但恰恰是在农业风险增大的背景下,20 世纪 90 年代中期以来,中国农业保险业务不断萎缩,保费收入从 1992 年最高峰的 8.6 亿元下降到 2004 年的 3.77 亿元,2004 年的保费收入与 2003 年相比下降了 15%,与 1992 年的最高峰相比下降了 56%,直到 2005 年才恢复到 7 亿元。即便如此,按全国 2.3 亿农户计算,户均投保费约为 3 元。另外,在保费收入大幅下降的同时,农业保险险种的数目也在减少,由最多时的六十多个下降到目前不足三十个。农业保险的急剧下降与农业成灾损失的上升以及农业生产发展的需要形成鲜明反差,农民对商业化的农业保险缺乏有效需求。①

影响农民参与农业保险的因素主要有两个:农民的收入水平和受教育程度。第一,作为农业保险投保主体的农民收入水平较低,加之农业生产成本居高不下,农民可支配收入较少。2005 年全国农民人均收入为 3128 元,还不到城镇居民人均收入的 1/3。相对于农民收入而言,按照商业化原则确定的保险费率较高,抑制了农民对保险的有效需求。第二,农民的受教育程度普遍较低,通过保险来分散风险的意识薄弱,这也是农民有效需求不足的一个重要因素。此外,中国农村仍然采用农业生产者以家庭为单位的生产方式,农业生产的商品化程度和农业生产的预期收益较低,也使农民不愿付出较高的保险成本。

农业保险的有效需求严重不足,必然导致农业保险范围过窄,规模狭小,很难满足保险经营所依赖的大数法则。农业保险经营者风险集中,赔付率较高,商业化保险公司无法获得直接的经济效益,必然导致农业保险业务萎缩。大部分农业风险无法通过保险来转移,这严重影响了农业生产的稳定和发展。

①　《中国统计年鉴》1979—2006 年的相关数据。

43

二、高费率与农业风险保障不足

农业产业是受自然灾害影响较为严重的产业,由于产业的弱质性和农业生产经营设施条件的缺乏,自然灾害对我国农业产业发展造成的损失非常大,对欠发达地区的危害程度会更大,并且有逐步加重的趋势,这使得农业保险的保险费率远高于一般财产保险的保险费率,如中华联合财产保险公司(原新疆兵团保险公司)的农业保险费率约为 5%—12%,其中玉米、小麦为 5%,棉花为 6%,甜菜和蔬菜达到 10%。而一般财产保险的保险费率仅为 0.2%—2%。导致农业保险费率高的原因是农作物损失率和养殖业死亡率高,如中国西部地区粮食作物的灾害损失率通常在 7%—13% 之间,棉花的灾害损失率通常在 9%—18% 之间。农作物损失率和养殖业死亡率高造成农业保险的净保费率必然高,而与收入水平相比,这样的收费标准是绝大多数农民无法承受的。于是,出现了农业保险的费率高、农民有效需求不足的问题。而与高保费相对的却是农业保险保障的严重不足。本应成为农业发展"保护伞"的农业保险业,由于受自身收益和险种管理等因素的影响,对农业灾害的补偿水平很低,远远低于实际损失的价值。据测算,1998—2000 年需要补偿的农业损失平均每年为 1681.59 亿元,通过农业保险平均年补偿为 4.5 亿元,仅占 0.27%。从全国来看,目前中国粮食作物的承保比重仅为 0.01%,棉花为 0.02%,大牲畜为 1.1%,奶牛为 3.6%,生猪为 0.8%,家禽为 1.3%,水产养殖为 2.5%,而一些发达国家,如加拿大农业投保面积占总耕地面积的 65%,日本的农作物投保率高达 90%。相比之下,中国农村绝大多数的种植业和养殖业并没有投保农业保险,损失无法通过保险得到任何补偿,即使出现一些重大的灾害事故,通过农业保险得到的补偿也十分有限。如 1998 年,中国遭受百年一遇的洪水灾害,而农业保险的赔付金额却不足亿元,根本无法达到经济补偿、恢复生产的目的。[①]

三、商业性农业保险难以开展

农业保险的政策性质与商业保险公司的经营目标之间的矛盾是商业性运营农业保险失败的主要原因。从世界上不同国家所建立的农业保险制度来看,都是将农业保险作为政府的经济政策来推行的,尽管这种政策目标有差别。对发达国家来说,农业保险是其社会福利政策的组成部分,通过农业保险及其进一步发展出来的农户收入保险,来减少农户收入的波动;对发展中国家来说,则是要通过农业保险,使农业生产在遭受自然灾害后能迅速恢复生产,保障农业的持续和稳定发展,为市场提供充足的农产品。我国虽然没有明确农业保险的政策性,但政府在支持农业保险试验时通常都是带有扶持农业的政策目的,同时兼具促进农业产业结构调整繁荣农村经济,加快农村城市化的政策意图。但是,在农业保险的投保人缺乏现代风险管理意识的条件下,上述政策目标与商业性保险公司的性质之间的尖锐冲突就不可避免,农业保险的商业性经营自然是不可能成功的。[②]

农业和保险业是我国两个典型的弱势产业,风险大、成本高、赢利低的规律特点,使农业保险成为"弱弱结合"产业。十多年农业保险商业性运营的实践表明,我国农业保险商业性运营已经进入了"供给不足,需求乏力"的困境。分析原因主要有以下几个方面[③]:

第一,农业保险的外部性与商业运营的趋利性之间的矛盾。

---

① 《中国保险年鉴》2005 年的相关数据。

② 参见庹国柱、李军:《我国农业保险试验的成就、矛盾及出路》,《保险研究》2003 年第 9 期。

③ 参见杜彦坤:《农业政策性保险体系构建的基本思路与模式选择》,《农业经济问题》2006 年第 1 期。

农业保险的准公共产品属性,决定了农业保险具有较强的外部性,单一依靠市场机制的配置会造成市场的失灵,要求政府履行其宏观调控和公共管理的职责。农业保险的商业化运作、趋利性的目标追求、偏低的边际收益,会导致农业保险经营者以经济利益的回报程度来选择保险险种,从而降低农业险种的投入和经营强度,因为农业保险经营者不会主动为政府或社会承担外部性造成的经济损失。矛盾的结果,必然是农业保险业发展,特别是外部性突出的农业险种出现萎缩,乃至消失,最终导致农业保险供给不足。

具体而言,由于农业保险承保的风险不仅发生概率高,而且损失集中、覆盖面大,其赔付率远高于一般的财产保险。1982—2004年,全国农业保险保费收入80.98亿元,累计赔款支出70.65亿元,简单赔付率达到87.24%,大大高于一般财产保险赔付率53.15%的水平,也超出保险界公认的70%的临界点;加上其他费用,农业保险的平均综合赔付率超过120%,农业保险经营长期处于亏损状态。同时,农业风险在时间和空间上分散不够充分,且容易形成巨灾损失,导致保险公司的赔付率高于预期的赔付率。①农业保险赔付率过高、经营亏损,使保险公司商业化农业保险规模严重萎缩。在2003年之前,只有中国人民保险公司、中华联合财产保险公司经营农业保险业务。即使是业务量最大的中国人民保险公司,2002年农业保险保费收入近3亿元,也仅占到公司保费总收入的0.6%。2003年以来,在上海、吉林、黑龙江分别成立了安信、安华、阳光3家专业性农业保险公司经营农险业务,并在江苏、四川、辽宁等地开展了一系列农业保险试点。但总的来说,农业保险还远远不能满足广大农民日益增长的保险需求,国内其他商业保险公司根本不愿涉足亏损严重的农业保险业务,从而造成农业保险市场供给主体严重不足,无法起到对农业生产和农村经

---

① 《中国统计年鉴》1982—2005年的相关数据。

济的社会保障作用。①

第二，商业性农业保险的高成本与农户家庭的低收入之间的矛盾。农业保险以大数定律为基础，投保多则保费低、保障足。农业产业的高风险、空间的分散性、时间的季节性、定损的复杂性，造成了农业保险的高成本性，农业保险需要比一般城镇保险付出较多的人力、物力和财力，这就决定了农业保险实现正常运营必须要有高费率作保障，一些地区农作物保险的费率高达10％。然而，与城镇居民相比，由于我国农业基础地位薄弱、农业生产效率和效益不高、农民收入水平相对低下，对农业保险的支付能力有限，从而导致商业性农业保险的有效需求严重缺乏。

第三，农业保险的道德风险与法律制度缺失之间的矛盾。农业保险中存在严重的逆选择和道德风险，也是农业保险赔付率居高不下的一个重要原因。保险商品的费率是根据风险单位集合的平均损失率来确定的，但由于存在被保险人与承保人之间的信息不对称，承保人无法全面了解被保险人实际的风险状况，而从事高风险活动的单位或个人更倾向于购买保险，或原来从事低风险活动的单位或个人在投保后会从事高风险的项目，导致保险公司的赔付率上升。由于农业风险的地域差异性和个体差异性比较大，使得农业保险的逆选择更为严重。而且，受农业生产经营的属性及小农意识影响，农业保险中的道德风险难以有效控制或控制成本高，特别是由于法律制度的缺失，导致农业保险中道德风险比较严重，监督控制成本难以降低。这种道德风险的一个典型表现就是农业保险的定损困难，如黑龙江省某个村子只有几个养鸡户投保了养殖险，可出现鸡瘟时村里人将死鸡都放到投保户那里找保险公司索赔，保险公司很难确定保险责任，导致赔付率上升。据统计，道德风险给保险公司造成的损失占农作物保险赔偿的20％。

47

———————

① 《中国保险年鉴》2003—2004年的相关数据。

而地域和个性的差异导致的逆选择性,更使得农业保险经营者赔付率居高不下。问题的原因除了保险市场的信息不对称等原因外,有关法律制度的缺失也是重要矛盾之一。《保险法》是我国一部有关商业性保险的法律,对农业保险并不适用。《农业法》只是泛泛谈及农业保险,没有具体的法律规定,有关农业保险的法律法规几乎仍是一片空白。

第三节 中国农业保险发展缓慢的成因

造成我国农业保险发展缓慢的因素是多个方面的,既有来自农业保险自身属性方面的一般原因,也有来自我国农业、农村、农民的具体特点决定的特殊原因。

一、农业保险的外部性

外部性(Externality)是指某一个经济主体的行为对另一个经济主体的利益所产生的效应,而这种效应没有通过货币或市场交易体现出来,从而导致资源配置不能达到最大效率,即单个经济单位从其经济行为中产生的私人成本和私人利益无法与社会成本和社会利益对等,总存在生产过多或生产不足,不能达到帕累托最优(Paroto Optimality)。最早提出外部性理论的是英国的经济学家庇古。庇古认为,厂商边际私人净产值和边际社会净产值不一致的现象,就是生产的外部性。外部性分为正外部(Positive Externality)与负外部性(Negative Externality)。正外部性是指一种经济活动给其外部造成积极影响,引起他人效用增加或成本减少,为社会提供和产生巨大的经济利益;负外部性是指经济人的行为对外界具有一定的侵害性或损伤,引起他人效用降低或成本增加。

48

　　农业是中国的基础产业,农业稳定的受益者不只是农民,而是整个社会;农业歉收,受损的也不只是农民,而会波及全社会的每个成员。农业保险的正外部性体现在农民对农业保险的"消费"(或需求)与保险公司对农业保险的"生产"(或供给)两方面。正是这种供给和需求的双重正外部性,导致农业保险"需求不足,供给有限"。

　　1. 农业保险"消费"的正外部性与"需求不足"

　　农业保险"消费"的正外部性表现于利益外溢,即农民投保后,农业保险所提供的一部分利益由投保农民直接享有,如保证农民收入稳定,但另一部分利益则由农民以外的全体社会成员享有,如农业保险使农民生产的风险成本降低,生产规模扩大,农产品价格低廉。农民进行农业保险"消费",利益外溢使边际私人收益小于边际社会效益,从而导致正外部性产生。如图 2-7 所示。图中纵轴表示以价格计算的收益或成本,横轴表示消费量,MPC 表示边际个人成本,MPR 表示边际个人收益,MSC 表示边际社会成本,MSR 表示边际社会成本。

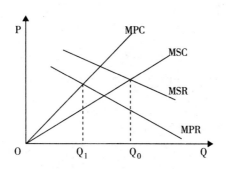

图 2-7　农险"消费"的正外部性与"需求不足"

　　从图 2-7 可以看出,农民进行农险"消费"的边际私人收益为MPR,整个社会从农民"消费"中所得的边际社会收益为 MSR,利益外溢使边际社会收益大于边际私人收益。但如果政府对农民的

投保行为不进行补贴,农民将承担农业保险的全部成本,边际私人成本 MPC 大于边际社会成本 MSC。农民和社会分别按照边际成本等于边际收益的原则确定农业保险的最佳均衡量 Q_1 和 Q_0,私人的最佳"消费量"Q_1 小于社会最佳规模 Q_0,Q_1Q_0 所代表的就是社会最优农业保险需求与农民个人农业保险消费需求之间的差额,也可以解释为农业保险"有效需求不足"现象。

另外,如果一国的农业收益率低,农民可支配收入少,农业保险需求不足可能会更加严重。如中国一些地区的农险费率高达 9%—10%,农民为价值 1000 元的农作物投保就需要交保费近 100 元,而一些贫困地区农民人均年收入还不足 1500 元,如此低的收入水平,是无法承担相对高昂的保险费率的。

2. 农业保险"生产"的正外部性与"供给有限"

农业保险"生产"的正外部性体现在农业保险赔付率和经营成本较高,保险公司经营农业保险亏损严重,私人边际成本高于社会边际成本。农业保险的承保对象是有生命的动植物,面临的风险种类繁多,各种自然灾害、疫病及火灾等意外事故,乃至偷盗等社会危险的发生都会导致损失。尤其是自然灾害,使农业保险面临其他险种鲜有的风险——共变风险(Covariate Risk),即遇到规模较大的自然灾害时,所有投保农户在同一时间遭受损失。因此,农业保险承保的风险不仅发生概率高,而且损失集中、覆盖面大,赔付率远高于一般财产保险。

即使在农业保险历史非常悠久、制度相对完善的美国,农险的赔付率也相当高:1948—1978 年平均赔付率为 98%,1981—1987 年平均赔付率为 155%。[①]

另外,由于农户生产和居住相对分散,生产作业多处于野外,使农业保险展业、承保、定损、理赔的难度、强度较大,道德风险和

50

---

① 数据源于:《中国统计年鉴》,1982—1988 年。

逆选择的问题比较突出,致使农业保险的经营成本比较高。高赔付率和高经营成本形成合力,导致农业保险亏损严重。

如果政府对商业性保险公司的农业保险"生产"不提供补贴,保险公司的边际私人成本将远高于边际社会成本,而保险公司的边际私人收益将远小于边际社会收益,就会造成保险公司在经营农业保险业务时面临"大干大赔、小干小赔、不干不赔"的尴尬局面。在实际经营中,除非有政府的财政补贴支持,否则追逐利润最大化的保险公司和追求效用最大化的农户分别按照边际成本等于边际收益的原则来确定各自对于农业保险的供给量和需求量,结果是保险公司最终确定的农业保险的最佳"生产量"小于社会最佳规模,造成农业保险"供给不足"。具体分析与图 2-7 中农民农业保险"消费"的情形类似,只是用保险公司的"生产"行为代替农民的"消费"行为而已。

二、 农业保险的特殊技术障碍

农业保险自身存在的特殊技术障碍也是造成农业保险供求矛盾的一个重要原因。

首先,保险责任的确定与保险费率的厘定都比较困难。一方面,农业保险的风险单位与保险单位不一致,而且风险单位往往很大。不同的风险单位一般也不重合,常常会有多种农业风险同时或相继发生。而且各地区农业实践差异较大,无论单一风险保险还是一切险保险,其保险责任的确定都不容易。另一方面,农业灾害损失在年际间差异大,纯费率要以长期平均损失率为基础,但有关农作物和畜禽生产的原始记录和统计资料极不完整或难以搜集,这就给农业保险费率的精确厘定带来特殊困难。

其次,定损理赔难度大。农业保险的标的都是有生命的动植物,标的价格在不断变化。赔款应根据灾害发生时的价值计算,而这时农作物或畜牧产品往往还未成熟或还在生长中,要正确估测

51

损失程度、预测其未来的产量和产品质量以及未来产品的市场价值都很困难。

最后,道德风险防范难。农业保险难以事先确定的预期利益,其标的大都是活的生物,它们的生长、饲养或种植的好坏在很大程度上取决于人的管理照料的精心与否。同时,畜禽保险中的防疫工作往往也带有区域性,当地没投保的农户也存在"搭便车"现象。因此,农业灾害损失中的道德风险难以防范。据统计,近年来在中国的一些地区农业保险经营中的道德风险给保险公司造成的损失占农业保险赔款的 30% 以上。

三、 农业灾害、农业生产以及农业经济的区域性

中国农业灾害、农业生产以及农业经济的区域性决定了中国的农业保险也具有区域性的特点。在不同的区域,由于农作物品种、农业灾害区划、自然条件、农业基础设施、市场条件、农民素质等差异,造成保险标的、保险金额、保险责任与保险期限都不相同,使得农业保险的经营管理难度加大,这也在一定程度上制约了农业保险供给。

首先,农业灾害的区域性决定了中国各个地区农业保险的保险责任和保险金额存在着很大的差别。中国的地域横跨热带、亚热带、温带、寒温带四个气候区,地形地貌十分复杂,多样的地理条件和复杂的地形环境决定了农业面临着多种自然灾害风险,分布呈区域性的特点。总的看来,中国农业灾害的分布有以下规律:黄淮海地区及黄土高原、粤东和闽南沿海、云南东部和北部等地的干旱灾害较多;洪涝灾害经常出现在长江和珠江中下游、淮河流域等地区;冰雹多发生在西部和山区;霜冻则对东北和华北地区的危害较大。由于各个地区自然灾害的种类存在着很大的区别,不同地区农业保险的保险责任必然也不同。另外,各个地区自然灾害的风险程度不同,种植业和养殖业的损失程度也不同,这决定了在风

险不同的地区,农业保险的保险金额也不同。

其次,中国农业生产的区域性决定了各个地区农业保险的保险标的不同。中国的农业生产具有区域性的特点,不同地区的主要农产品具有很大的差别,因此农业保险的保险标的也不同。例如,东北地区农业保险的主要标的是玉米、大豆、甜菜和柞蚕;黄河中下游地区农业保险的主要标的是小麦、棉花、花生、芝麻、烤烟、温带水果以及工厂化养殖的畜禽;东南沿海地区的农业保险标的主要是集约化程度较高的水稻、甘蔗、橡胶、郊区养殖的经济动物及食品加工;而青、藏、宁、甘、内蒙等省、自治区的农业保险标的主要是肉畜和种畜。农业生产条件的差异对各地农业保险的保险期限也有影响,以冬小麦为例,在青藏高原,由于气候寒冷,冬小麦从播种到成熟共需要 12 个月的时间;在北京地区,则需要 10 个月的时间;而在中国的南方,由于气候温暖,仅需要 6 个月的时间。

最后,中国农业经济发展的区域性是造成农业保险供求矛盾的主要原因。现阶段,中国农村的经济发展水平和农民的收入水平按东、中、西地带呈明显的区域性分布,即经济发达的东部及东南沿海地区农民的收入水平高于中部地区,中部地区高于西部地区,东部经济地区农民收入的增长幅度也高于中西部地区,用于生活必需品的支出份额低于中西部,这使东部地区农民的财富积累更快,地区间的经济差距不断扩大,形成明显的经济区域。在经济发达的东部地区,农民的收入水平较高,消费支出的弹性较大,有承担农业保险费的能力,但在这些地区,由于农业经济地位的下降,保险的需求有弱化的倾向;而在中西部尤其是西部地区,经济发展较为落后,农民经济收入的主要来源还是农业,但由于土地经营规模很小,且分布零散,使农民对农业保险的要求也较为繁琐,这就使农业保险机构的工作难度明显加大,业务费用开支也相应增多,从而保费较高。因此,中国农业保险的发展就出现了有效需求不足的困境:一方面,东部地区有支付能力的农民保险需求相对

不足;另一方面,中西部地区有较强潜在保险需求的农民,却缺乏足够的支付能力,从而形成了农业保险需求与保险费承担能力的结构性摩擦。

四、 农业保险的政策支持不足

自 1996 年中国各保险公司开始商业化转型以后,国家对属于政策性险种的农业保险就不再有补贴,对农业保险的各种支持十分有限,通过保险转嫁以分散农业风险的方式运用较少,主要依靠政府投入农业基础设施、救灾救济和价格补贴等手段抵御农业自然风险。

从资金上看,1990—2000 年,中国财政支农资金中农业基本建设投资 3909 亿元,其中水利 2476 亿元,救灾和救济 359 亿元。而 1982—2001 年间加上对保险公司的亏损补贴和营业税优惠,对通过保险方式转嫁农业风险的投入不超过 15 亿元。[①] 从政策上看,中国的农业保险业务,除免交营业税外,其他方面同商业保险一样对待。政府也没有相关的财力投入和扶持性政策,如补贴保费、管理费、支持再保险、允许经营健康险等。这与世界上其他主要发达国家政府对农业保险的大量投入和政策支持形成了鲜明对照,如日本政府补贴农民保费甚至占到农民应缴保费的 50%—70%。

农业保险的商业化运营,使经营农业保险业务的保险公司业务风险集中,加上农业保险的综合赔付率较高,形成了保险公司"小保小赔、大保大赔、不保不赔"的现象。尽管 2004 年以来中国保险监督管理委员会批准成立了 3 家专业性农业保险公司,但这些保险公司刚刚起步,许多业务正处于不断试点、探索和完善之中,其业务范围和规模远不能满足现代农业发展的迫切需要。

---

① 《中国统计年鉴》1983—2002 年的相关数据。

五、从保险公司的角度分析

1. 保险公司的商业性与农业保险的非营利性难以调和

在市场经济体制下,保险公司是具有法人资格、独立核算、自负盈亏的经济实体,实现利润最大化是他们的目标。作为商业性保险机构的人保公司,随着市场竞争的日益加剧,不得不顾及自身的经济利益,考虑自身的生存与发展,不断优化险种,提高经济效益。而农业保险是一个高风险、高费用、高难度的保险。如果依照保险的高风险高费率的原则,势必要收取很高的保费,农民难以接受,也无力承担,这样使农业保险经营很难赢利。与此同时,农业保险作为国家实现政策目标的工具之一,其经营是以为农民生活服务、为农业生产服务、为农村经济发展服务为宗旨的,而不以赢利为目的。在这种情况下,人保公司陷入两难的选择境地,若选择经济效益,则必然要减少农险经营,从而减少社会效益;若选择社会效益,人保公司就没有经济效益可图。在国家政策的压力下,人保公司只能把农业保险办成内部的政策性保险,从而使其农业保险一直处于负债经营状态。

2. 农业保险经营工作难度大

难度大主要表现在展业难、收费难、理赔难。首先,农业保险在中国发展时间较短,尚属于新事物,让文化素质相对较低的农民在短时间内理解和接受存在一定的困难,这使得农业保险的宣传、承保签约工作难度增大。其次,中国农民人均纯收入还不是很高,不少地区温饱问题还没解决,更不用说购买保险,造成保险公司虽然与农民签约,但保费很难收上来。最后,农业保险的经营技术难度大,从而带来极大的经营风险。农业尤其是种植业,面临着各种不同的自然风险,而且风险比较复杂,因此在确定这类标的的价值、利益、保额、风险责任以及损失等方面有很大的技术难度,它不仅需要具有极强的专业知识,还需要长期的经验积累,这令保险公司难以准确把握。

55

六、从农民的角度分析

1. 农业保险费率过高，农民对其有效需求难以形成

农业保险的费率是根据农业风险发生的频率和损失程度厘定的。然而，众所周知，中国农业自然灾害风险发生频率和损失程度要远远大于普通财产保险，这使农业保险的费率必然大大高于普通财产保险费率。中国农业保险除极个别险种外，其费率最低也在2%，有的甚至高达15%—20%，要收入水平比城市居民相对低下的农民仅靠自身的经济能力去承受比普通财产保险价格高数倍的农业保险价格，的确是一个沉重的负担。

2. 农民保险意识淡薄，存在侥幸心理

农民风险意识的强弱直接决定着市场需求程度的高低，影响着农业保险的开办与发展。长期以来，中国农民在自然经济下形成的自给自足观念根深蒂固，习惯了"靠天吃饭"，对农业生产的风险防范不太注重，而且大部分农民存在侥幸心理。在中国农村经常出现这样一种情况，如果前一年的自然灾害较少发生，那么当年的农业承保面积和保险金额便大幅度下降。有的地区农民甚至认为农业保险是农村"乱收费"项目之一，加重农民的负担。所有这些导致农民缺乏消费保险的内在需求，使农业保险在市场拓展中处于尴尬的窘境。

3. 农民对政府救济的依赖仍然很强

农民投保不仅损失了保险费，而且得到的赔款不一定比政府救济金多，甚至可能因为自身参与农业保险以后，生活有了一定的保障，反而得不到政府的救济。因此，在很多贫困地区，这也是造成农民不愿意投保的重要原因之一。

七、从政府的角度分析

农业保险是政府保护农业、稳定农村经济、确保国家粮食安全的有效工具，在发达国家和许多发展中国家已受到广泛的重视，对农业保险的政策支持有增无减。相比较而言,全国多数地区对农业保险的政策支持从各方面讲都远远不够。

对农业保险实行财政补贴是农业保险特殊性的要求,没有国家对农业保险的财政补贴,既不能体现农业保险的政策性规定,又无法实现农业保险的政策性经营和商业性经营有机结合的特殊性要求,而农业保险的商业性经营结果只能是出现严重的亏损而难以为继,这是中国农业保险发展中的经验教训之一,也是世界农业保险发展的普遍经验。而在中国农业保险发展过程中,由于没有财政补贴的特殊性政策,因此也就同一般商业保险一样服从于国家统一的财政政策。在1982年保险业刚恢复阶段,国家对保险实行免税扶持政策;从1983年后陆续实行“重税兜底”政策;1987年以后实行“收益共享、风险共担”政策,农业也不例外,连续亏损全都要靠其他商业保险险种的赢利弥补。财政的压制以及缺乏财政资助,是中国农业保险举步维艰的重要原因之一。

第三章　中国各地区农业保险经营实践

本章将对中国农业保险经营模式的实践情况进行分析,总结实践中取得的成绩及发现的问题,为下文构建中国农业保险的经营模式提供依据和参考。

第一节　中国农业保险经营实践概述

中国的农业保险始于 20 世纪 30 年代,历史较短。在 20 世纪 30—40 年代,先后出现了官僚资本、民族资本和保险合作互助社等组织形式开办的农业保险机构。但由于当时中国的政治经济局势极不稳定,农业保险的试验没有宽松的外部环境,因此最后均以经营失败告终,没能持续下来。解放后不久,中国开始筹办农业保险,当时的农业保险是强制参加的,由中国人民保险公司统一办理,但由于缺乏正确的理论引导,农业保险领导机构没有根据经济发展水平确定农业保险的发展方针与政策,因此导致了农业保险经营一哄而上、一哄而下的局面,到 1959 年,全面停办了农险业务。随着农村经济体制改革和保险业务在全国范围内的恢复,1982 年中国又开办了农业保险业务,自此在二十余年的探索中,中国初步形成了四种经营模式:

一、商业性保险企业独自经营农业保险

1982 年中国恢复农业保险后,探索的第一种农业保险经营模式是商业性保险企业独自经营农业保险的模式,这也是中国人民保险公司从 1982 年试办农业保险以来逐步产生的经营模式,基本做法是由人保公司直接向农业生产者出售农险单,农业生产者支付保费、享有风险损失补偿的权益,人保公司基本上实行"低保额、低保费"自负盈亏的商业化经营。在 1982—1990 年期间,该模式是中国农业保险最主要的经营模式。

1984 年,人保为进一步发展农业保险,专门成立了农村保险业务部,各分、支公司相继开展了农险业务。由于是国有保险公司承担的政策性业务,公司根据农业保险分布广、费用大、亏损率高的特点,对农业保险实行内部单独核算,并给予适当补贴,即用其他险种的赢利补贴农业保险。财政部门免收人保公司农业保险的营业税。人保公司的经营方针是"不赔不赚,收支平衡,略有结余,以备大灾之年"。作为对农业保险经营模式的改革,云南、吉林、新疆等省、自治区分公司对农业保险实行了一种叫"切块经营"的新办法,即将县以下除寿险以外的所有农村保险业务都划为一块,其中种、养两业保险的年度盈余,全部留给本县建立风险基金和用于防灾投入以及基础建设。农村其他财产险盈余大部分用来建立省、地、县三级风险基金。

20 世纪 90 年代后,国有商业保险公司都可以经营农业保险,但农业保险费率低、赔付率高,国有其他商业保险公司均未涉足此项业务。人保公司独家经营农业保险的模式,是对传统的国家保险业独占模式的套用,属于完全垄断模式。这种模式的最初建立,是对苏联国家保险体制的简单仿效,是同高度集中的计划经济体制相适应的。该种模式虽然可以较好地保证农业保险政策性的贯彻,有利于在全国较大范围内分散风险,从而有效发挥大数法则的作用,但是在没有国家财政补贴和税收优惠的情况下,这种模式在

59

实践中存在诸多弊端。其中要害之处在于,中国人保公司作为国有保险企业,国家赋予其一定的政策性职能,然而又没有同时赋予相应的政策保护和支持,这就迫使商业性经营的人保公司对农业保险采取内部补亏和种种应付措施。而这种办法只能解决一时之急,面对农业保险的连连亏损,人保公司显得越来越力不从心。自1982年至2001年,人保累计收入的农险保费为65.35亿元,计赔款支出为56.96亿元,从商业经营的角度来看,加上20%的业务管理费,人保农业保险的支出约为68.35亿元,20年亏损了3亿元,详见表3-1。

表3-1 1982—2001年中国人民保险公司农业保险业务统计表

年份	保费收入(万元)	赔款支出(万元)	当年赔付率(%)
1982	23	22	95.7
1983	173	233	134.7
1984	1007	725	72.0
1985	4331	5266	121.6
1986	7804	10637	136.3
1987	10027	12604	125.7
1988	11529	9546	82.8
1989	12932	10721	82.9
1990	19244	16723	86.9
1991	45503	54194	119.1
1992	81707	81462	99.7
1993	56107	64691	115.3
1994	27272	36572	134.1
1995	49592	36450	73.5
1996	57469	39481	68.7
1997	71253	48167	67.6
1998	61683	47681	77.3
1999	50840	35232	69.3

续表

年份	保费收入（万元）	赔款支出（万元）	当年赔付率（%）
2000	45214	30700	67.9
2001	39804	28500	71.6
合计	653513	569607	—

资料来源：中国人民保险公司内部统计资料。

由于农业保险的长期亏损和公司内部险种之间资金调剂的限制，农业保险大干大赔、小干小赔的状况严重地影响了人保公司经办农业保险的积极性，制约了农业保险的发展。特别是随着中国市场经济进程的加快，中国人保公司实行集团制改制以后，追求自身利益最大化逐渐成为企业的主要目标，这把人保公司对农业保险的经营推向了更加两难的困境。"不敢不办、不敢大办"的困难选择，是造成农业保险发展曲折的重要原因之一。

二、地方政府与商业性保险公司共同经营农业保险

这是人保公司为了在现行体制下寻求发展出路，打破收不付赔的僵局，在 1986 年以后探索的另一种组织经营模式，即将农业保险引入政府行为。开始是依靠县（市）政府组织展业，保险公司办理具体业务，后来逐步发展为保险公司与县（市）政府联合办农业保险，实行"风险共担、利益均沾、同舟共济"的原则。广东一些县支公司就是与县（市）政府采用"五五共保，四六赔付，风险共担，盈余留地方"的办法进行联合经营。即双方各出 50% 的风险基金，出险后保险公司赔 60%，县（市）政府赔 40%。地方政府与商业保险企业联合经营农业保险，是中国人保公司在进行农业保险体制改革探索中的创造和成果之一。"联合共保"的优势在于可以发挥地方政府的积极性，利用行政权力来组织和推动农业保险并分担风险责任，这在一定程度上解决了农业保险基金不足、农民缺乏自愿投保热情、保费收缴困难和展业、理赔人力不足等问题，人

保公司因此也可以降低自身的经营风险,提高企业整体经济效益。

可是,"联合共保"模式并没有从根本上解决保险公司商业性经营与政策性经营之间的矛盾。在实验过程中所显示的缺陷是,一方面,人保公司由于还要靠险种盈亏互补维持农险业务,依然从根本上缺乏开办农业保险的内在动力;另一方面,地方政府在组织和推行农业保险中,虽然其可以凭借行政权力解决承保面扩大问题,但并不能解决好农业保险基金的广泛筹集和积累问题。特别是由于利益主体的二元化,政府应出资金又往往不到位,在政府还没有充分认识到农业保险对于农业发展的重要意义的情况下,一旦发生灾害,便出现"农民多要、政府多报、保险公司多赔"这种扭曲的索赔格局,不仅增加了道德风险的发生,而且进一步削弱了人保公司办农业保险的积极性。同时,政府行为介入过程中,在缺少法律规范的条件下,政府任意侵占保险费用、超赔责任不兑现等无理性行为时常发生,这大大降低了"共保"之效率。由此可见,"联合共保"也存在很大的局限性。

三、农村保险相互会社或保险合作社经营农业保险

农村相互会社是中国农民自发创立的农村保险的主要形式,以河南省为代表(河南称之为"农村互助统筹保险")。其具体做法是:以县为单位成立农村保险互助会,互助会领导机构由农民民主选举产生,一般由地方政府、农民代表、投保企业、人保公司及有关职能部门代表组成;保险基金主要依靠农民和企业自筹,在经济条件好的地区,当地政府和集体经济可以予以适当的补贴;互助会实行单独立账,独立核算,不纳税、费(政府对农业保险给予免除一切税费的优惠政策),结余留在当地,逐年积累滚存,逐步建立地方性农业保险基金;互助会的业务委托人保公司当地分支机构代办和管理,并实行"七三"分保,人保公司帮助互助会开展业务,并通过分保、超额补贴办法提供支持。还有一种保险合作社形式,它与相

互会社的区别是有资本股份,可以赢利和分红,合作社的资本通过社员入股形成,股份一般是内部股,不向社会发售,合作社成员也都是被保险人。这种合作社实质上是股份制保险公司,而并非真正的保险合作社。

相比之下,通过保险相互会社发展农业保险具有一定的优越性。由于相互会社是社员在自愿互利基础上自主建立的盈亏自负、风险共担、利益共享的农业保险组织,因此其经营灵活,可因地制宜设立险种,保险费不会很高,同时再保险费收取、防灾防损、灾后理赔等方面具有其他形式保险企业和组织所不具备的优势。在该模式下,社员集保险人和被保险人于一身,其利益高度一致,又是在本乡本土,对农业生产状况、农作技术、土地的地理位置和等级等情况,彼此都比较了解,任何被保险人的道德风险和逆向选择都会涉及其他被保险人的利益,因此被保险人之间易于形成一种自觉监督机制,从而可以有效防止道德风险和逆向选择。

但是,首先,农村相互会社是以县为单位建立的农村互助保险组织,规模太小,风险比较集中,使得风险难以在较大的空间上得到分散。同时,由于规模小,保险基金积累的速度和规模都会受到限制,所以其保险补贴能力有限。其次,相互会社吸收本地农民以外的企业资金参加,这些资金必然有追求利润的要求,但想在农业保险上赚取利润,事实证明又是非常困难的。这种矛盾很难协调,因此农民社员以外的投资不可能有一个稳定的基础。最后,经验表明,相互会社的经营容易受到地方政府的干预甚至操纵。这一方面是因为相互会社需要政府的支持,如果有补贴,也要经过政府部门的手;另一方面是因为某些政府部门和官员也希望从农业保险相互会社中得到好处,这样该模式的优势将会大打折扣,其失败往往也在所难免。这也是某些省曾经一度兴旺的农村相互会社制度销声匿迹的主要原因之一。

63

四、政府部门直接或间接经营农业保险

中国直接经营农业保险的政府部门是民政部。民政部自1986年开始试办的农村救灾保险以合作保险机制为主要内容,其操作方式是,各试点县成立救灾保险互济会,初始资本金由民政部从救灾款中一次性拨给,每个试点县50万—100万元不等,有条件的地方,县财政给予适当的资助和补贴。每试点县提取15%的保险费上交省民政厅和国家民政部,以进一步建立中央和省两级保险基金,形成再保险网络。救灾保险强调"救灾",所以互济会只对传统救灾项目中的农作物、农房、劳动力和大牲畜进行保险,保障水平较低,原则上只保障灾民的基本生活和简单再生产。遗憾的是,这项经营或者说这项改革最后以失败告终。

中国的民政部门举办农村救灾保险,是借鉴国际农业保险经验开办政策性农业保险的一种尝试。其优势是国家民政部门可以从救灾救济款中拨付一笔资金作为资本金,同时在原则上也要求政府、集体、农民三方共同筹集保险基金。但是,由于缺少立法规范和保护,使得这种原则上的规定性预算约束软化,在实验过程中除了民政部给各试点县拨付的资金外,地方政府和集体的资助很难到位。再者,由于救灾保险比较强调"救灾",使得保障水平普遍太低,不足以维持灾民的基本生活和简单再生产,因此缺乏足够的吸引力。同时,就民政部门本身来说也缺乏经营农业保险的技术和经验,缺少专业人才。许多试点县的实验条款不科学、规章制度不健全,加之不适当的行政强制,使一些投保农民的利益受到损害,这也是造成这项改革以失败而告终的一个主要原因。

中华联合财产保险公司(原新疆生产建设兵团农牧保险公司)所开办的农业保险则属于由政府间接经营的农业保险。国家财政部逐年拨给的(不是直接拨付,而是通过减少利税)6000万元,形成新疆生产建设兵团农牧保险公司资金的主要部分,兵团也逐年补充一部分,业务上由农牧保险公司具体办理;财税部门提供免税优惠待遇;对兵团的粮、棉、油等主要作物、牲畜和农机实行长期全面统保(实则为强制保险);在内部经营管理上,实行公司与各场、团(兵团的独立核算单位)"收益共享、责任共担"原则,即种植、养殖业保费扣除必要的义务费之后,各得 50% 收益,出险后各付 50% 的赔偿责任。

新疆生产建设兵团的做法在实践中有许多成功之处:政府行为的介入及其政策上的支持和优惠,较好地解决了准备金积累问题,使农业保险有了持续发展的后劲;全兵团实行统保(强制投保),可有效防止逆向选择,又可以使风险在不同险种之间分散,责任准备金在不同险种之间调剂使用;公司与场、师、团之间的合理利益机制,较好地解决了展业的困难。不过,值得考虑的是,这种试验是以现行兵团管理体制为基础,如果这一体制有所改变的话,其农业保险的发展将会面临新的考验。

第二节　国内发达地区农业保险经营模式

一、国内发达地区代表性农业保险经营模式[①]

发达地区成功的农业保险经营模式主要有"上海模式"、"浙江模式"、"江苏淮安模式"、"江苏苏州模式"、"北京模式"。

1."政府主导下的农业专业保险公司经营":上海模式

上海自 1982 年恢复开办农业保险以来,经过二十多年的探索,特别是从 1991 年开始,实行了政府推动、公司代理的经营机制,有力地推动了农业保险的稳步发展。在此基础上,2004 年 9

---

① 其中江苏淮安和北京市的相关资料来源:庹国柱、朱俊生:《我国发达地区政策性农业保险试验的比较制度分析》,2007 年中国第四届保险教育论坛(浙江大学)入选论文。

月上海成立了安信农业保险公司,采取"政府财政补贴推动、商业化运作"的经营模式。上海模式的制度特征表现为:政府财政补贴、"基本保险＋补充保险"的运作机制、实行统保、共保、多样化承保、以险养险、巨灾补偿、实行专业性农业股份公司的形式。

表3-2　发达地区代表性农业保险经营模式制度要素比较

	浙江模式	上海模式	苏州模式	淮安模式	北京模式
试点形式	主体共保经营、辅助互助合作	政府财政补贴推动、专业保险公司商业化运作	统一招标、分层委托,由两家商业保险公司代办	地方政府与商业保险公司联合共保	政府主导下的商业保险公司经营
试点范围	11个典型县(区),逐步扩大到30个县(区)	全市各区(县)	苏州市全市	2004年在10个乡(镇)进行试点,逐步扩大	全市各区县
保险对象	种养大户、龙头企业、农业专业合作组织	所有符合基本条件的农民	本市范围内从事农业生产和农产品加工的农户、农业企业、农业专业合作组织等	以保小户为主	不区分大小户
实施方式	自愿参保	自愿参保	自愿参保	政府推动、农户自愿	政府推动、农户自愿
试点品种	试点品种为9个:水稻、大棚蔬菜、西瓜、柑橘、林业、生猪、鸡、鸭、淡水养鱼。每个试点县按"1＋X"模式进行试点承保,水稻为必保品种,总量不超过5个	对水稻、生猪、奶牛、家禽4个险种实行35%保费补贴的普惠制基本保险,动员农户参加补充保险。其他还有30个左右的农业保险品种	设立水稻、苗木、生猪、内塘水产养殖、家禽5个市级重点险种,各区可以根据实际情况增加其他农业保险险种	水稻、三麦、养鱼	覆盖主要种养业生产项目的30%,重点为果品、蔬菜、粮食、肉禽、奶牛
保障标准	物化成本为主、低保额的成本保险,以保障灾后农民及时恢复生产为目的	水稻施行80%产量保险,其他险种以保物化成本为主	保障程度较高,如水稻主要以70%产量保险,定位为稳定农民收入的社会保障	水稻和小麦保险的责任:自然灾害等造成绝收或减产70%以上;病害、虫害造成的损失达70%以上或绝收	参保农民获得农业生产经营成本损失补偿

	浙江模式	上海模式	苏州模式	淮安模式	北京模式
风险责任	5倍封顶,在5倍之内,按照一定比例共保体与政府分担	一般来讲,专业性保险公司自负盈亏,一旦遇巨灾保险基金击穿,政府进行财政补助	超赔分担原则。当保险基金出现超赔时,由保险公司按超赔额的10%负责理赔,其余部分由各市区推进农业保险委员会负责筹集	如遇大灾,市、县(区)农业保险风险基金不足以支付赔款时,保险公司与地方政府按3:7比例分摊	农业巨灾风险准备金
政府作用	组织推动、思想发动、政策支持。其中:水稻50%保费补贴,其他品种35%保费补贴;政府筹措巨灾基金	政府推动。水稻、生猪、奶牛、家禽按保费35%实施补贴;蔬菜、小麦、林木、西甜瓜、淡水养殖按保费30%补贴	政府主导。市级财政设立农业保险补助基金。补贴比例,以水稻为例,各级财政总的财政补贴为60%,补助程度很高	中华保险公司与淮安市政府按3:7进行联办共保,发生赔付按同比例分摊,如遇大灾,市、县(区)农业保险风险基金不足以支付赔款时,保险公司与地方政府按3:7比例分摊	政府推动、政策支持、市场运作、农民参与。建立政策性农业保险管理机构,实施全面的财政补贴,提供保费补贴、经营管理费用补贴和农业巨灾风险准备金。由商业保险公司市场化运作

67

2.“政府推动＋共保经营”:浙江模式

浙江农业保险采用“政府推动＋共保经营”的模式,即由在浙江的10家商业保险公司组建“浙江省政策性农业保险共保体”,由省人保公司作为首席人具体承担运作。浙江省农业保险试点基本框架可以概括为“政府推动与市场运作相结合,共保经营与互保合作相结合,全省统筹与县级核算相结合,有限风险与责任分层相结合”。浙江模式的制度特征表现为:保险对象主要面向种养大户;保险品种采取“1＋X”模式,即目录指导下自主选择;从低保障起步;以保大灾为主;以险养险;核损理赔更多依托农村基层载体。

3.“政策性保险、商业化联办共保”:江苏淮安模式

江苏省淮安市农业保险采用“政策性保险、商业化联办共保”模式,于2004年11月由淮安市人民政府与中华保险公司签订了

"联办共保协议",确定对水稻、三麦、养鱼和农民团体意外伤害险4个险种在10个乡(镇)进行试点。淮安模式的制度特征表现为:政府补贴保费;保险公司与地方政府利益、风险共担;实行"低保额、低保费"的初始成本保险;以险养险。

4."政府主导,保险公司代办":江苏苏州模式

苏州政策性农业保险选择了"委托代办"模式,并加以改良,形成了具有苏州特色的农业保险体系。其做法是:政府统一招标、分层委托、农户自愿参保、政府资金补贴支持、通过市场化招标程序进行市场操作、农业保险基金封闭运作。

5."政府主导下的商业保险公司经营":北京模式

北京市政策性农业保险制度采取政府推动、政策支持、市场运作、农民参与的方式运作。北京模式的制度特征表现为:建立政策性农业保险管理机构、由商业保险公司市场化运作、全面的财政补贴。

二、国内发达地区不同农业保险经营模式之间的比较

下面先进行浙江、上海和苏州的比较,然后再和北京模式以及淮安模式进行比较。之所以这么比较的原因在于:浙江、上海和苏州的地理位置和经济状况较为相似,因而异同点更加显著。淮安模式与浙江模式相近,北京模式与上海模式相近。

1. 浙江模式、上海模式、苏州模式的比较

(1)相同点分析

浙江、上海、苏州同处长江三角洲经济区,地理位置和经济实力相近,政府的干预程度也有相似性。从现行农业保险制度看,在保险品种、保障范围等方面也有一定的相似性。具体分析如下:

第一,经济实力相近,都具有工业反哺农业的能力。2005年,长三角地区的GDP总量占到全国GDP总量的1/3左右,浙江省、上海市和江苏省的GDP总量均处于全国前列。上海市是我国经

济最发达的城市,属于典型的大城市小农村状况。上海市的农业大都属于都市农业,农业占 GDP 的比重也较少,财政实力雄厚,当地政府对农业问题非常重视,1982 年以来,一直实行农业保险等支农政策,对农业进行反哺。苏州市的 GDP 在国内名列前茅,工业尤其发达,财政实力雄厚,农业占 GDP 的比重很小,具有反哺农业的实力。浙江省的经济持续快速发展,尤其是民营经济发达,财政收入增幅较大,同样具备向农业进行反哺的实力。当然,浙江省与上海市、苏州市的情况还不完全相同,由于浙江实行全省范围内的农业保险政策,因而农村的总体负担与作为都市的上海和苏州市有所不同。

第二,政府支持农业保险的力度都较强。浙江、上海、苏州三地实施的都是政策性农业保险,虽具体形式各异,但其实质相同:将农业保险作为支农工具的一种创新,通过农业保险处理当地农业生产风险(甚至还可能包括一些市场风险)。

其一,保费补贴。三地政府都对农民购买农业保险的保费给予补贴,尤其是对水稻保险的补贴。三地政府都给予了水稻保险较高比例的保费补贴,如苏州市、县两级政府对水稻保险的保费补贴比例高达 60%。高比例的保费补贴有利于鼓励种粮农民积极参加农业保险,鼓励农民的种粮积极性。这对于维护国家粮食安全、保证粮食自给率发挥着重要的作用。

其二,保险责任的承担。三地政府都一定程度地承担了农业保险的赔款责任。由于农业保险高赔付率的特点,商业保险公司往往无力承担全部的赔偿责任。为了促进农业保险的发展和持续经营,各地政府都对农业保险的赔偿责任,尤其是超赔责任给予分担。苏州市各级政府承担了农业保险超赔责任的 90%(有时甚至会高于这个比率)。地方政府财政强有力的支持将极大地推进农业保险业务的发展。

其三,三地政府还成立了专门负责农业保险业务发展的管理

69

和协调机构,从政策上给予引导和支持。如上海市1994年批转了生猪1号、5号病法定保险办法,同时实行以险养险政策,将农村建房险交给农业保险公司,并且组织协助农业保险公司进行展业、理赔等,这也是上海市农业保险长期良好运行的重要原因之一。浙江省对农业保险的建立和发展从资金、政策等方面给予了强有力的支持,而且将农业保险作为农户享受各类政策性扶持、保险支持的重要前提条件。

第三,保险品种较为相似。上海市、浙江省和苏州市的农业保险都对水稻、生猪等大宗农作物和养殖业给予高度的重视,完全符合国家进行政策性农业保险的政策导向和思路。同时,苏州市允许各地发展具有特色的农业保险品种,如苗木、水产养殖等险种。上海市在保障对水稻、生猪、奶牛和家禽4个基本险种实行普惠制基本保险的基础上,动员农户参加更高程度的补充保险,开展各地适合的险种。浙江省则实行了"1+X"的方法,水稻为必保险种,其他险种可以搭配进行承保。这三个地区的农业保险都反映了农业保险的政策性性质,同时采取了国家政策性农业保险险种和地方政策性农业保险险种相结合的方法。

由上述分析我们看到:浙江、上海、苏州地理位置相邻,经济实力相当,均属经济发达地区,都具有工业反哺农业的可能性。三地的农业保险制度模式均以保障粮食作物作为基础,并辅之以高额的政府补贴,而且都设置了符合当地实际情况的农业保险险种,并给予财政补贴。三地政府高度重视农业保险,工作上的关注程度高,财政上的支持力度大,这为农业保险的顺利开展提供了不可或缺的条件,是解决农业保险市场失灵的重要因素。

(2)不同点分析

浙江、上海和苏州三地的农业保险制度也有明显的不同之处,主要表现在以下几个方面:

第一,经营(经办)主体不同。浙江省的政策性农业保险经营主体是农业保险共保体,它由中国人民财产保险股份有限公司浙江省分公司、中华联合财产保险公司浙江分公司等 10 家商业性保险公司组成,根据浙江省政府授权,经营浙江省的政策性农业保险业务,按照规章约定的比例,分摊保费,承担风险,享受政策,共同提供服务。共保体承担浙江省政策性农业保险试点阶段的农业保险、以险养险和涉农险业务,按照商业保险公司的运行规则,对农业保险业务进行承保、理赔、结算、风险准备金提取等。同时,浙江省还鼓励农产品行业协会等机构开展互助合作型农业保险业务。

上海市的政策性农业保险经营主体是商业性保险公司。政府通过财政补贴,鼓励商业性保险机构从事农业保险。同时,建立专业化的农业保险公司——上海安信农业保险股份有限公司(简称"安信保险"),提高政策性农业保险的经营与服务水平。该公司的前身是中国人民保险公司上海分公司农业保险部,注册资本 2 亿元,由上海市、区(县)11 家国有资产经营公司募集发起。安信保险公司的业务范围,除了农村种植业和养殖业保险以外,还有涉农财产保险和责任保险、农村居民短期人身意外伤害保险和健康保险等。

苏州市的政策性农业保险主办者是市推进农业保险工作委员会,经办者是商业性保险公司。前者进行农业保险的管理工作,并委托后者代办农业保险业务。市推进农业保险工作委员会采取统一招标方式确定代办农业保险业务的商业保险公司,然后进行分层委托。

为什么三地农业保险经营(经办)主体不同? 我们认为,可能与当地的农业生产风险程度和财政实力有关。

浙江省确定以共保体为经营主体,与本省农业风险的特点有关。浙江省的农业生产风险相对较大,台风等巨灾情况时有发生,如果仅仅靠一家保险公司进行承保,则经营风险过大。建立共保体,旨在集中各家保险公司的力量,增强应付巨灾风险的能力。相

71

对于一家保险公司来讲,这种模式具有很强的优越性。

上海市对于农业保险采取政策性保险商业化运作的方法,与上海市自然风险较小有关。事实上,与浙江省相比,上海市的农业风险明显较低。上海市通过建立专业化农业保险公司运作,是有其历史原因的。中国人民保险公司上海市分公司自从20世纪80年代初开始实行农业保险,一直没有间断过,积累了丰富的经验。上海安信农业保险股份有限公司从中国人民保险公司上海分公司独立出来,因此具有一批经验丰富的农业保险技术人员。目前,尽管安信保险公司是股份制公司,但是其股东大部分都是各区(县)的农业风险基金委员会,因而官办色彩较浓。而且,政府在农业保险承保、理赔、保费补贴、防范巨灾风险等多方面给予支持,使得这一制度形式得以延续下去。安信保险公司目前正在筹备增资扩股计划,一旦增资扩股成功,将具有更强的分散风险的能力。

苏州实行政府主办、商业保险公司代办的模式,这是一种新型的农业保险制度,意味着政府对于农业保险经营风险承担全部的责任。这就要求政府对于农业保险实施较高的财政补贴。苏州市这样做,一方面与其财政实力相关,充分体现出工业对于农业的反哺;另一方面,与苏州农业风险较小有关。

第二,实施范围不同。浙江、上海、苏州三地农业保险试点的实施范围不同。浙江省选择有代表性的11个县(市、区)先行开展由共保体经营的农业保险试点,它们是:宁波慈溪市,温州瑞安市,嘉兴桐乡市、平湖市,湖州德清县,绍兴上虞市,台州温岭市,金华永康市,舟山定海区,衢州龙游县,丽水缙云县(2007年扩展到30个县市)。这11个县市的自然风险状况差异较大,共保体也初步实行了差别费率。由于这些试点县市分布在浙江省的各个地级市,从风险状况来看具有一定的典型意义,因而相对来讲,保险标的之间的独立性较强,在一定程度上比较接近大数定律(保险经营的数理基础)的要求。

上海市和苏州市在全市范围内实行了农业保险制度。由于这两个城市本身地理面积较小,因而其保险标的之间的独立性相对较弱。苏州市和上海市政府充分意识到了这个问题,积极筹备风险基金,以备巨灾之年进行赔付。

第三,保险对象不同。浙江省共保体农业保险试点的保险对象主要是种养业大户、龙头企业、农业专业化合作组织,而小农户的农业保险问题,并不是试点阶段的重点,如水稻保险,要20亩以上的大户才能参加。苏州市的保险对象范围较大,凡在苏州市内从事农业生产和农产品加工的农户、农业企业、农业专业合作组织等都在保险对象范围之内。上海市与苏州市较为相仿,对所有符合基本条件的农民、农业合作社组织、农业企业等,实行自愿参保。

第四,参保方式不同。苏州和浙江省都采用自愿保险形式。但是,浙江省政府采取积极的引导措施,鼓励农户积极参保。如将农业保险作为农户享受各类政策性扶持、保险支持的重要前提条件。上海市的农业保险采取"统保"方式,即在一个县(区)或乡(镇)行政区域范围内,组织动员所有的同类单位都参加保险。如松江、金山区的几万头生猪、宝山区的几十万只家禽、上千头奶牛等都实行全县(区)"统保"。"统保"方式借助于政府的行政力量,有力地扩大了农业保险的承保数量,增强了农业保险的风险分散能力。因此,从农业保险业务发展角度看,上海市政府相对比较深地介入了农业保险的业务开展。

第五,保障方式与保障程度不同。浙江省农业保险主要以物化成本保险为主,实行低保额的成本保险,以保障灾后农民及时恢复生产为目的。这与浙江省的风险状况、保障范围、财政实力、政策性农业保险的目的等因素有关。然而,尽管是成本保险,浙江省对农业保险的补贴仍然实行水稻50%、其他险种35%的保费补贴。相对国内其他地区,这属于较高的补贴。

苏州市农业保险对农业的保障程度较高,对水稻以保产量为

主。由于苏州市只承保 70％的水稻产量,低于上海市,加上苏州市自然灾害情况较小,因而并不存在很大的财政压力。这也和当地居民收入有关系,如果保障的程度很低,而且风险很小,那么当地居民就会失去参加保险的动力。

上海市农业保险的保障程度也很高,对水稻实行 80％的产量保险,这在国内农业保险历史上已经较为罕见,对其他险种大多实行物化成本保险。

需要指出的是,苏州市和上海市普遍实行了农业保险普惠制。苏州市对保险对象的 60％实行保费补贴,不仅仅针对已经参保的农户,对未参保的农户同样给予 60％的保费补贴,保障程度稍低一些。上海市对主要 4 个险种采取普惠制的农业保险模式,不论农户参加与否,都给予 35％的保费补贴,按比例计算保障水平,动员农户参加补充保险。

从上述分析可以看出,三地农业保险的保障方式分别为:上海、苏州属于保产量,浙江属于保成本。三个地区对农作物的保障程度不同,但都是根据当地实际情况进行控制的。

第六,政府扶持力度和方式不同。从政府对农业保险的扶持力度看,三地政府对于农业保险扶持力度从弱到强的顺序依次为:上海、浙江、苏州。上海市政府对农民的保费补贴比例最低,对安信农业保险公司的经营管理费用没有给予任何补贴,并且仅承担巨灾风险责任。浙江省政府对于农业保险的扶持力度较上海为大,如保费补贴比例有所提高,对共保体的经营管理费用给予 20％的补贴,同时还承担农业保险的一部分超赔责任。苏州市政府对于农业保险的支持力度是三种模式中最大的。其不仅给予很高的保费补贴,而且对于农业保险的赔偿责任几乎全部由政府承担。因此,对于苏州模式,农业保险的风险主要承担者是各级政府,这对当地财政是一个考验。

从政府对农业保险的扶持方式看,浙江、上海、苏州三地政府采取的扶持方式有所不同。浙江和上海各级政府主要通过保费补贴、承担部分保险责任、以险养险以及给予农业保险税收优惠的方式扶持农业保险的发展。尤其是以险养险的补贴方式对农业风险基金的积累起到了关键性的作用。如上海市从1992年开始,就试行将农村建房保险作为农业保险的支撑险种。1991—2002年,建房险的赔付率仅为10.32%,为农业保险风险基金的积累奠定了稳定的基础,至今共积累风险基金1.94亿元。苏州各级政府主要以政府承担农业保险风险的方式支持发展农业保险。

表3-3　浙江、上海、苏州模式政策性农业保险财政补贴政策的比较

扶持措施	上海模式	浙江模式	苏州模式
保费补贴	30%	水稻50%,其他险种35%(省、市两级)	水稻60%(市、县二级)
经营费用补贴	无	20%	11.45%
保险赔款补贴	巨灾责任	政府承担保费收入3—5倍以内的部分超赔责任	政府承担农业保险基金限额以内的全部责任和90%的超额责任
以险养险	农村建房险、宅基地置换工程保险	县及县以下财政拨款单位的车辆险、财产综合险	无
税收优惠	免缴营业税	免缴营业税	免除各项税费
巨灾风险基金	每年补贴结余资金留为风险基金,逐年滚存	每年补贴资金结余部分	按各市(区)镇两级保费补贴额的20%—50%的比例建立

第七,经营(经办)者风险责任不同。浙江省的农业保险赔付以保费收入的5倍封顶。在5倍之内,按照一定的比例,共保体与政府进行分担;超过5倍,不承担赔付的责任。这样就对风险的最大赔付额度进行了封顶。共保体各成员之间按照章程约定,除按比例承担风险责任以外,享有对盈余部分的红利分配权;按照约定的承保份额拥有对政策性农业保险项目经营利益的终极所有权。

苏州农业保险实行超赔分担原则。当保险基金出现超赔时，由保险公司按超赔额的 10％ 负责理赔（且最高不超过合同期限内保险公司累计已提综合管理费总额），其余部分由各市区推进农业保险委员会负责筹集。因此，对于农业巨灾情况下的风险，绝大部分是由政府进行兜底承担。保险公司的费用率是 11.45％（保险损失鉴定费、查勘费也包括在内）。保险公司在基金被巨灾击穿以后，要赔付的 10％ 是每年一算，5 年累计，如果 1 年击穿，有可能 5 年 11.45％ 的费用率都难以拿到。因此，对于苏州农业保险来讲，风险责任大部分为政府承担。

上海由于实行的是股份制商业保险公司运作的模式，因此在政府进行保费补贴之后，一般情况下由商业保险公司自负盈亏。在遭遇大灾的时候，如果风险基金被击穿，政府起财政兜底作用。上海自 1982 年实施农业保险以来，还未有过一次台风的正面袭击，一旦袭击，安信 2 亿元的资本金根本不足以进行赔付。

2. 淮安模式与浙江、上海、苏州模式的比较

在本质上，江苏淮安和浙江采取的是同一种模式，即均由地方政府与商业保险公司联合共保，实行"风险共担、利益共享、同舟共济"的经营方式。这种地方政府与商业保险公司（或共保体）共保的模式很早就有出现。早在 20 世纪 80 年代后期，人保根据直接经营农业保险业务反映出来的问题（主要是道德风险防范、成本控制、理赔难度等），开始探索将政府行为引入农业保险的经营。如当时广东省的一些县（市）支公司就是与县（市）政府采用"五五共保，四六赔付，风险共担，盈余留地方"的办法联合经营的（庹国柱，2003）。

在财政补贴方面，江苏淮安采取省县财政按固定比例分摊。这种方法简单易行，但忽视了不同地区经济发展水平的差异。往往是商品农产品基地或贫困地区的县市（区）不足，省市财政的支持力度应当大一些；而对发达地区，省市财政的补贴力度可以小

一些。

3. 北京模式与上述模式的比较

北京和上海模式在本质上是比较类似的,即政府主导下的商业保险公司经营模式。政府主要承担财政补贴、监管等责任,农业保险的微观经营主要由商业保险公司进行市场化运作,政府与市场各自的边界比较清晰,能够较好地避免政府与商业保险公司联保模式的上述制度性缺陷。

除了北京市,其他三个省市都没有建立农业巨灾风险准备金。缺乏巨灾风险准备金,分散风险的其他安排也不足,这样的农业保险试验经营就成了一着"险棋",等于将风险都集中到了当地政府身上,这也是目前有的省政府试验政策性农业保险时最担心的事。因此,建立巨灾风险分散机制势在必行。在这方面,北京作为全国的先行者,其改革示范的意义重大,改革取向值得关注。

第三节　边远地区农业保险经营模式

边远地区农业保险的研究,我们主要着重于分析中华联合农业保险模式(新疆生产建设兵团模式)、黑龙江阳光农业保险模式、吉林安华模式。

表 3 - 4　边远地区农业保险模式制度要素比较

	新疆生产建设兵团模式	黑龙江阳光模式	吉林安华模式
试点形式	商业公司代理模式	相互制模式:风险共担,利益同享	综合性经营、专业化全国性农业保险公司
试点范围	新疆生产建设兵团	黑龙江农垦总局	全国
保险对象	农工	垦区种植职工	全国农民、农业企业

右上角：续表

	新疆生产建设兵团模式	黑龙江阳光模式	吉林安华模式
实施方式	行政手段的"统保"与部分险种的自愿投保结合	公司与保险社共保。保费收入在提取大灾准备金后,公司与保险社各留存50%,赔付由公司和保险社按相同比例承担	探索"政府组织推动型"、"龙头企业带动型"和"合作经济组织发动型"等政策性农业保险的开办方法。部分地区,依靠政府,大宗农作物采取统保的方法
试点品种	棉花、小麦、番茄等	以承保水稻、小麦、玉米、大豆等粮豆作物为主	玉米、水稻、烟叶、草莓、肉鸡、奶牛等品种
保障标准	棉花:农业生产资料物化成本的60%进行承保(1986年标准,每亩地保额200元,保费20元),实行低保费、低保额、低保障的方法进行承保	保险金额按直接生产成本的60%—70%确定,一般在140—150元/亩,费率为10%	—
风险责任	风、洪、冻、雹、旱	保险责任包括旱、涝、风、雹、冻、病、虫7种自然灾害,相当于种植业保险的一切险	—
政府作用	在一定程度上利用行政手段进行农业保险工作	黑龙江垦区内农户只承担65%,其余35%的部分,目前申请国家财政补贴20%,暂由黑龙江省农垦总局补贴15%,以保险费的形式直接补贴给农户;黑龙江垦区外省政府补贴标准为省级财政承担保费的50%,县(市)级财政承担保费的20%,农户承担保费的30%	政府提供启动资金,进行保费补贴,两年内补贴占保费的53.16%。龙头企业补贴占保费18.63%,农民实际承担28.21%

一、中华联合农业保险模式(新疆生产建设兵团农业保险)

新疆生产建设兵团农业保险是自1996年农业保险滑坡以来,历史上仅存的两个农业保险试验基地之一。新疆兵团农业保险由中华联合财产保险公司经营[①],其经营对象主要是新疆生产建设

---

① 曾使用新疆生产建设兵团农牧业公司、新疆建设兵团保险公司、新疆兵团财产保险公司等名称。

兵团内各团场种植的棉花、小麦等作物品种,实行的是成本保险。新疆生产建设兵团主要采用"统保"、"防赔结合"以及政府推动等形式进行农业保险。中华联合财产保险公司的前身新疆生产建设兵团农牧业公司是从属于新疆生产建设兵团的一个单位,该公司的初始基本金是由财政逐年拨付的,同时,农牧业保险部分是财税政策支持的部分,因此在某种意义上,新疆农业保险是一种政策性保险(庹国柱和王国军,2002)。然而,随着农业保险公司的不断改制、上市,其对农业保险的经营逐渐演变成商业公司代理模式(李东方,2003),在这一演变过程中,也出现了很多问题。

1. 中华联合农业保险的制度特点与经验总结

中华联合农业保险在多年的实施过程中,平均赔付率为74.35%,2000年以来,赔付率基本上稳定在70%—80%之间[①],如果加上19%的业务费用,基本上达到盈亏平衡。由于中华联合农业保险属于多重险(风、洪、冻、雹、旱)范畴,在没有财政支持的情况下,能够做到盈亏平衡已实属不易。在赔付率基本保持稳定的情况下,其农业保险保费收入与承保面积或头数呈缓慢上升趋势。其种植业"统保"率近年来基本上维持在71%左右,养殖业近些年由于道德风险严重,其"统保"率则处于较低水平,在6%左右。

中华联合农业保险的制度特点及经验:

第一,新疆地理位置的特殊性。农业风险的一个显著特征就是其风险单位非常大。损失发生时,往往是几个县甚至是几个省同时出现。因此,农业保险必须要在足够大的范围内进行,才能有效进行不同地区之间的资金相互调剂,救助农业灾害造成的损失。而新疆占地160万平方公里,风险可以有效地在广阔的空间上进行分散,特别是南疆和北疆气候等因素有较大的差异,同时发生自

79

---

① 中华联合保险公司统计资料。

然灾害的几率较小,因此中华联合财产保险公司在其内部进行风险基金的相互调剂时,理论上是可以有效分散风险的。

第二,利用行政手段干预农业保险。中华联合农业保险具有非常明显的计划经济色彩,其生产方式也决定了中华联合农业保险更像是一种企业行为的保险。新疆农产品(棉花、番茄等)的商品化程度非常高,同时由于大规模机械化生产及精细农业的使用等因素,使新疆的农业生产具有了企业化生产的一些特点。与兵团的密切关系,使中华联合财产保险公司可以在一定程度上利用行政手段开展农业保险工作。

行政手段的"统保"在一定程度上解决了新疆农业灾害发生的频率高、风险复杂、风险单位大、风险在小范围难以分散的问题。因此,利用行政手段进行"统保",可以在一定程度上解决没有农业保险法可依的尴尬局面。兵团最近几年连续对农业保险工作发文件,以政府红头文件的形式明示了农业保险工作的地位和性质,使各地政府和保险公司在组织推动农业保险时有了政策依据。

第三,实行低保费、低保额、低保障的成本保险方法。在具体的保险品种和模式上,中华联合财产保险公司采取对农业生产资料物化成本的60%进行承保(1986年标准,每亩地保额200元,保费20元),实行低保费、低保额、低保障的方法进行承保。这主要是由于农业的高风险特性和中华联合财产保险公司的经营模式所决定。农业自然风险造成的损失,即使在低保的情况下,其费率水平仍在6%—10%,远远高于其他财险品种,由于中华联合财产保险公司资源有限,很难防范在较高保障水平下所出现的大规模理赔事件,同时难以处理随之而生的道德风险等问题。因此,在没有相应政府补贴和足够的农业保险经验的条件下,采用低保障、低保费可以降低道德风险产生的可能性。一方面,保障水平比较低,自己负担损失的比例较多;另一方面,在定损理赔时采取二度定损及由团场生产科技术人员参与理赔,较好地控制了道德风险。因此,这种模式为发展中国家在经济不发达情况下进行农业保险提供了一个较好的样本。

第四,采取代理制经营农业保险。中华联合财产保险公司在经营农业保险的具体制度安排上,采取代理制的形式。对农业保险单独立账,独立核算。新疆兵团的农业保险代理模式具有一定的典型意义,即保险公司为政府代理农业保险,并从保费中提取一定的费用(包括防灾费和代理费)以及管理风险基金①。这种情况下,农业保险公司只是履行商业保险的职能。主要内容包括:其一,种养两业实行"统保"的规定,依条款在保险公司办理投保手续。保险公司在当年保费收入中,按19%的比例开支业务费用(其中含2%的手续费,5%的防灾费)。其二,建立农业保险基金。当年经营如有节余,按3∶7的比例建立师、团两级农业保险基金,由师、团保险公司代管,专项存储,逐年积累,以备大灾。其三,理赔办法。在农牧团场受灾时,用当年保费支付,如不足,由师、团两级的农业保险基金支付;仍不足,由师(局)保险公司在当年开办其他险种的经营利润中拿出30%的资金予以补贴;再不足,其余由师、团各自按比例筹措资金赔付。其四,积累农业保险基金的使用。如果当年节余,留做保险基金;如果第二年仍有节余,可拿出当年节余的30%,连续节余2年以上(不含2年),可控制在当年节余的40%以内用于改善农业生产条件、防灾和农业科学技术试验。

这种办法实际上建立了以师(局)为单位的经营亏损自补机制,增加了师(局)、团场及分、支公司的经营责任。这种办法的推行,由于较多和直观地考虑了师(局)和农牧团场的利益,提高了师(局),尤其是农牧团场组织统一投保的积极性,促进了农险业务的

81

---

① 这一点可以和河南省农业保险20世纪90年代初在新郑试行的农村互助统筹保险模式进行比较,具有一定的相似性。

快速发展。这种办法还体现了农险与商业保险经营上的区别。理赔金额多少量力而行,在资金能力上同时限定了分、支公司的最高理赔额,有利于农险经营的稳定性。

第五,民主化经营。在农业保险的透明和民主化方面,中华联合财产保险公司采取了"上墙"政策。在理赔过程中,结合一度定损和二度定损,按投保面积进行赔偿,即使是同一个连队,不同地块之间的风险损失经常也是不同的,农作物的减产幅度也是相异的。因此,保险理赔费用发放到团场,根据连队情况,赔付到连队,连队进行再分配。在行政会议上、在职工代表会上进行汇报、进行备案、上墙公布。"上墙"政策尽管是一件较为简单的事情,但是在这种保险模式下,对基层农户增进和提高对保险的了解和保险意识却有着极其重要的作用。

2. 中华联合财产农业保险模式存在的问题

随着市场经济的进一步发展,兵团内部的改革和中华联合保险公司股份制改造的进一步深化,新疆兵团农业保险业面临着很多问题。

第一,缺乏农业保险法,使农业保险在新疆兵团进行"统保"缺乏法律支持。很多农工对于农业风险抱有侥幸心理,认为受灾后可以由国家进行补偿。而强制性的"统保"又缺乏法律依据。

第二,计划体制的弱化、市场机制的强化使得农业保险更难开展。由于市场化进一步渗透,使农工有了更多选择农业生产资料等的自由,一方面可以极大地调动农工的生产积极性,使生产的激励机制更加合理;另一方面保险费自理也使得保险公司收费更加困难。过去,保险公司往往是针对一个团场进行收费理赔,这样农业保险的运行成本较低,但是如果针对每个农工进行理赔工作,那么农业保险展业、理赔的成本就会急剧增加,同时很难保证"统保"工作的顺利进行。

第三,兵团内部各个师团之间风险基金的封闭运行以及保险费用的收缴困难,极大地削弱了农业保险应有的效率和作用。由于目前条件所限,还没有实行农业风险不同区划、不同费率,因而造成面临不同风险概率的师团,在目前统一保险费率条件下,不能实现概率上的公平。同时,由于个别师与师之间、各个团场之间对于农业保险的认识各不相同,因此对于保险费用,很多团场采用挂账的方法,到年底进行结算。甚至有些团场连续几年不断挂账,造成风险基金仅仅成为一个账面上的数字。同样,由于认识问题,师与师之间的风险基金很难进行调用和调配,甚至于很多团场的风险基金也封闭运行。在真正遭受农业灾害的时候,由于有些风险基金只是一个数字,同时各师团的风险基金不能相互调剂,使农业保险对于农工恢复再生产的能力被极大的削弱,也使基层农工和连队对农业保险产生了错误的认识,认为农业保险是小保险,作用非常有限。这时的保险公司,由于还继续收取保险手续费,成为一种"空壳"保险,不但没有真正起到保险作用,而且还要支出所谓保险"成本",这也是保险公司和农工均感到困惑的问题。

二、黑龙江阳光农业保险模式[①]

1. 相互保险公司的特点

黑龙江阳光农业相互保险公司采取的是相互制保险公司模式。相互保险公司是相互制与公司制相结合的一种特殊保险组织形式。它是投保人以投保取得公司业主或东家的资格,用投保人交纳的纯保险费形成保险基金,以投保人之间互助共济的方式实现被保险人的人身或财产风险损失补偿,并采用公司经营制度。参保人根据保险合同和公司章程缴纳保费,同时也成为公司会员。公司按照约定提供风险防范服务和经济补偿,公司盈余由全体投

---

① 参见张艳花:《政策性农业保险发展、实践及启示》,《中国保险》2007 年第 15 期。

保人享有,公司亏损也由全体投保人承担。相互保险公司具有三方面特征:一是参与的广泛性。全体投保人以会员身份参与公司管理和业务监督。二是费率的灵活性。投保人拥有公司所有权,产权归属关系代替了市场交易关系,为费率调整创造了条件。三是目标的一致性。相互保险公司不以赢利为目的,所有财产和赢利都用于被保险人的福利和保障。

2. 阳光农业相互保险公司的经营方式

阳光农业相互保险公司的经营方式主要有三种:一是公司与保险社共保。采取公司经营为主导、保险社互助经营为基础的统分结合的经营模式,先由保险社承保,再按照公司与保险社五五比例进行共保,实现风险共担、利益共享。二是垦区内业务与垦区外业务相结合。阳光公司在全力抓好垦区粮食作物保险、扩大养殖业保险规模的基础上,向全省农村和全国粮食主产区扩展。在各级政府提供保费补贴和经营费用补贴的前提下,选择粮食作物种植规模较大的地区先行试点,取得成功后逐步扩大推广。三是防灾与救灾相结合。坚持"以防为主、防救结合",通过增加投入,健全防灾减灾体系。

3. 阳光农业保险的具体做法

其一,以承保水稻、小麦、玉米、大豆等粮豆作物为主;保险金额按直接生产成本的 60%—70% 确定,一般在 140—150 元/亩,费率为 10%。其二,保险责任包括旱、涝、风、雹、冻、病、虫 7 种自然灾害,相当于种植业保险的一切险。其三,保费"三方承担",黑龙江垦区内农户只承担 65%,其余 35% 部分,目前申请国家财政补贴 20%,暂由黑龙江省农垦总局补贴 15%,以保险费的形式直接补贴给农户;黑龙江垦区外省政府补贴标准为省级财政承担保费的 50%,县(市)级财政承担保费的 20%,农户承担保费的 30%。其四,实行大灾准备金制度。按保费收入的 10% 提取大灾准备金,用于平抑大灾风险,其使用基准以保险社为单位,当综合赔付率超过140％时,其超过的部分动用大灾准备金弥补。其五,公司与保险社共保。保费收入在提取大灾准备金后,公司与保险社各留存50％,赔付由公司和保险社按相同比例承担。其六,业务管理实现"三到户"、"三公开",即承保到户、定损到户、理赔到户,承保内容公开、损失测定公开、赔款兑现公开。其七,建立保险公估制度,实行"四方"核灾定损,即核灾定损员、保险分社、保险社与公司共同核灾定损,确保准确率达95％以上。

4. 风险控制措施

阳光农业相互保险公司立足于灾前预防,建立了以人工增雨防雹为主的防灾减灾网络,现已配备高炮278门,火箭发射器95部,气象雷达8部,气象卫星云图接收机36台,防控面积达2700万亩,年均减损增效4亿元。公司实行大灾准备金制度,以防范大灾风险,同时公司还与国际再保险公司签订了种植业超赔再保险合约,将巨灾风险转移分散,有效控制经营风险。

5. 以商补农

在业务发展上,阳光农业相互保险公司坚持以农险为主、2005年农险与商业险保费的结构比为96:4,2006年为75:25,2007年截至6月30日为70:30,农业保险始终处于主导地位,保持着发展农业保险的方向。在商业保险的发展中,也是突出围绕"三农"来开展农村家庭财产、人身意外、农机、农用车辆等分散性业务,形成了具有自身特点的商业险业务结构。

三、吉林安华农业保险模式①

安华农业保险股份有限公司是保监会于2005年7月12日正式批准设立的东北地区首家农险公司。该公司是商业化运作、综

---

① 参见高伟:《政府补贴是我国发展农业保险的重要保障》,《广西经济管理干部学院学报》2006年第1期。

合性经营、专业化管理的全国性农险公司,主要经营农村保险、涉农保险、城市保险,同时为政府代办政策性农业保险业务。该公司由5家省内企业共同发起设立,实收货币注册资本金2亿元。目前已在吉林省与农信社合作开展"银保合作",进一步扩大了农业保险范围,与农民的实际需求更加贴近。

运作机制:在销售渠道和方法方面,安华公司着力探索间接销售为主的渠道和模式,如将农险业务同农村信用社网络资源优势相结合。在农村,省农联社有网络、人员和社会优势,保险公司可以委托信用社代理业务,既减少保险公司运营成本,又增加信用社的经营收入。

拓宽险种:安华公司着力探索农业保险同新型农村合作医疗相结合、农业保险同农业机械化工作相结合、农业保险同农业产业化项目相结合、农业保险与订单农业相结合的试点。

安华公司在经营运作过程中遇到的主要问题是:农民虽然对农业保险有需求,但投保能力弱是一个普遍性问题。许多贫困地区的农民连扩大再生产的基本资金都没有,大灾之年农民的生产、生活只能靠政府的救助,更别提保费的缴纳。农民承受能力低导致保险公司对保险标的测算和农民承受能力之差很大。如果政府补贴乏力,"安华"模式将很难长期运转下去。

第四节　中部地区农业保险经营模式

中部地区主要选取了三个典型案例,河南农村统筹保险互助会模式(1991—1998年)、湖南农业保险模式和法国安盟模式。河南省农村统筹保险互助会模式曾经在国内农业保险领域有较大的影响,因而是一种非常典型的农业保险模式,尽管后来流于失败,但其中的经验教训值得借鉴。湖南省农业保险模式和法国安盟在四川的农业保险模式由于时间较短,还未形成典型的特点,这里只做一些简单的介绍。

表 3-5　中部地区农业保险模式制度要素比较

	河南农村统筹保险互助会模式	湖南农业保险模式	法国安盟农业保险
试点形式	农村统筹保险互助会	政策性保险,商业性运作	农村保险(包括其他商业险种)
试点范围	河南省各地区	全省 14 个市(州)共选择 56 个县(市、区、管理区)进行试点	四川、吉林、江苏
保险对象	农户	农户	农村居民
实施方式	互助会设立县领导委员会,其中包括各职能部门及农民代表。互助会的具体办事机构设在中国人民保险公司各县支公司内部。中国人民保险公司在农村互助保险中既是设计者,同时也是农村互助保险的组织、推广和具体经办者。其与农村互助保险的关系主要是组织与代理的关系、业务指导和技术管理关系,同时承担 30% 分保并提供相应支持	中国人保湖南省分公司和中华联合湖南省分公司承担试点工作的经营业务	一条线是销售网,一条线是技术支持网。安盟公司严格培训农村代办员,并要求代办员在销售产品的同时,还要做好本村的售后服务工作,以起到连接公司与农户的桥梁和纽带作用
试点品种	除牲畜保险外,还开办了生猪、奶牛、养鸡、养鱼、养貂、养兔、养鹿等各项保险业务;种植业除棉花、烟叶 2 个险种外,还开办了小麦收获保险及林木火灾、果木、花生、水稻、塑料大棚等险种	水稻和棉花种植保险	安盟三套产品包含 31 个险种,其中 15 个险种(含 9 个责任险条款,如农村和城市家庭保险中的个人责任险、农村旅游娱乐责任险、非房主居住房屋责任险等)为国内首创,另 16 个险种与国内相似,但保险责任范围比国内险种更广
保障标准	物化成本保险	全省统一确定物化成本为水稻每季每亩 240 元,棉花每亩 300 元	——

续表

	河南农村统筹 保险互助会模式	湖南农业 保险模式	法国安盟 农业保险
风险责任	水灾、旱灾、风雹灾和病虫害等	政府补贴险种的保险责任为人力无法抗拒的自然灾害,包括暴雨、洪水(政府行蓄洪除外)、内涝、风灾、雹灾、冻灾和旱灾	—
政府作用	政府引导、部门配合农业保险的展业、理赔等工作	政府引导、农户自愿、市场运作、共同负担、部门配合	无

一、河南农村统筹保险互助会模式（1991—1998 年）

中国人民保险公司河南省分公司根据河南省的具体情况,在1991 年设计出河南省农村统筹保险互助会,用以解决在实践中出现的问题。

1. 农村统筹保险互助会的设计思想

农村统筹保险互助会属于农民互助互济性质的保险组织,其思想主要体现在,使用农民自身的经济能力解决因遭受自然灾害和意外事故而造成的经济损失;不以赢利为目的,所筹集资金的结余及增值作为全体会员的风险准备金。其业务范围包括开办县以下的农村各种财产险、责任险、种养两业险等保险业务;在经济条件较好的地方,为富裕后的农民试办人身、计划生育等保险业务;结合防灾、科研开展农作物防雹、增雨、防治病虫害、植物保护、家畜家禽检疫、防疫,以及优良品种和农业新技术推广等项保险业务。

互助会设立县领导委员会,其中包括各职能部门及农民代表。互助会的具体办事机构设在中国人民保险公司各县支公司内部。中国人民保险公司在农村互助保险中既是设计者,同时也是农村互助保险的组织、推广和具体经办者。其与农村互助保险的关系主要是组织与代理的关系、业务指导和技术管理关系,同时承担

88

30％分保责任并提供相应支持。

这种思想在当时具有很强的创新色彩,其优越性主要体现在:

第一,农村互助保险彻底摆脱了当时中国人民保险公司单独经营、商业性的局面,把农村保险转变为农民群众之间互助互济的非营利、非经营性的保险体制。

第二,由于其是互助基金,属于农民互助性质的组织,不具备营利性。在遇到灾害时,互助会可以使用互助基金进行灾害补偿,不但可以动用互助会利息而且可以动用本金,这一点上,摆脱了原来风险基金会在使用上的种种限制。由于其非营利性,也争取到了政府对于农村互助统筹保险免于纳税的优惠政策,为基金的积累创造了良好的条件。

第三,以县为单位核算,结余留存当地,归全体会员所有,真正建立起了"相互联系多层次的农村专项保险基金"。由于农村互助统筹保险范围已经超出了农业保险的范围,以农村为范围核算,以财产险的盈余补贴农业险的亏损,在区域范围内实现了"以工补农"、"以险补险"。

第四,在进行统保时,以乡(镇)为单位统一签单,由于存在同一个地区其个体的产量与总产量不一定完全正相关,必然会出现按全乡平均亩产量不该赔款,而个别村、户实际受灾严重需要赔付的问题。统筹办法规定,凡保险期限内无赔款的乡(镇),保险期终止时,可按当年该乡(镇)实收保费的15％—20％作为无赔款优待返还到乡(镇),用以解决全乡(镇)范围内达到承保产量而部分村、组受灾达不到承保产量的实际问题(俗称"打补丁"),因而农村统筹互助会在一定程度上解决了这个问题。

同时,河南省政府通过分保、免税、补贴三种形式对互助会给予扶植和支持,河南省对农村互助保险免征全部税费。各级政府在农业保险实现"统保"等问题上给予大力的支持,是使农村互助统筹保险得以成功的关键因素。

89

2. 农村互助统筹保险失败的原因

尽管当时河南省农村互助统筹保险争取到了省里的支持,但是没有争取到中央政府的支持。同其他任何制度一样,农村互助统筹保险必须在一定的内外条件支持下才能够得以顺利运行。当这些条件发生变化时,其存在的基础就会发生动摇。

从内部原因分析,在1996年中国人民保险公司改制以后,其以企业效益最大化的营利性企业的特点更加突出,而对于农业保险30％的分保其风险也是相当大,并且由中国人民财产保险公司河南省分公司分保部分并没有享受免税等优惠政策。因此,其从事风险复杂、赔付率较高的农业保险的积极性有所降低。不久,河南省取消了农业保险处,从而使这一组织形式失去了依靠。

从外部原因分析,由于市场经济的力量不断强大,政府在生产等方面的作用不断弱化,同时其对于农业保险所需要的统保的支持力度大大降低。统保是在目前技术等条件下,尤其对于大宗农作物,解决农业保险实施过程中逆向选择以及解决农业风险巨大、承保面必须宽的必要条件之一。同时,由于在20世纪90年代中后期,农民负担较重,加之将农业保险的收费和乱收费项目混为一谈,导致了农村互助统筹保险所依据的条件发生了动摇,没有了政府大力的支持,进行统保更加困难,而实行按户进行承保,又使得保险的成本急剧增高,从而使这种以成本保险为依托的低保障形式不能够实现。

二、湖南农业保险经营模式

基本原则:遵循政府引导、农户自愿、市场运作、共同负担、部门配合、稳步推进的原则。

试点险种:水稻和棉花种植保险。

保险责任:政府补贴险种的保险责任为人力无法抗拒的自然灾害,包括暴雨、洪水(政府行蓄洪除外)、内涝、风灾、雹灾、冻灾和旱灾。

保障金额：原则上以国家统计部门公布的该农作物生长期内所发生的直接物化成本为依据，包括种子成本、化肥成本、农药成本、灌溉成本、机耕成本和地膜成本，不包括人力成本。全省统一确定物化成本为水稻每季每亩 240 元，棉花每亩 300 元。

保费补贴：对纳入农业保险试点县（市、区）投保的水稻和棉花险种保费，中央和省财政补贴 50％，市（州）、县（市、区）两级财政补贴不少于 10％，其余由农户、龙头企业或合作经济组织承担。

试点地区选择：综合洪涝、干旱等灾情多发区、粮棉主产区以及近 3 年播种面积和成灾情况，在全省 14 个市（州）共选择 56 个县（市、区、管理区）进行试点。其中，水稻种植保险试点县（市、区）51 个、管理区 5 个，播种面积 4271 万亩；棉花种植保险试点县（市、区）10 个、管理区 3 个，种植面积 193 万亩。各试点地区水稻、棉花投保面积力争达到播种面积的 40％以上。

保险费率：水稻种植保险主要包括基本保险、旱灾保险和综合保险。基本保险承保暴雨、洪水、内涝、风灾、雹灾和冻灾 6 种自然灾害责任，保险费率为 5％；旱灾保险费率为 3％；综合保险承保上述基本保险和旱灾保险责任，保险费率为 7％。棉花种植保险承保暴雨、洪水、内涝、风灾、雹灾、冻灾和旱灾 7 种自然灾害责任，保险费率为 8％。

理赔标准：一是分段计算，水稻种植保险分四个时期确定保额：苗期 140 元，分蘖拔节期 160 元，抽穗扬花期 180 元，成熟期 240 元；棉花种植保险分三个时期确定保额：苗期 120 元，蕾铃期 240 元，吐絮期 300 元。二是比例赔付，理赔起点为 30％，即承保的自然灾害造成水稻、棉花损失率在 30％—70％（含 30％）时，按该作物生长阶段保额和损失率计算赔款；损失率在 70％以上（含 70％）时，按该作物生长阶段保额全额赔付。三是赔款封顶，即投保水稻、棉花如遇多次灾害，则每季每亩赔款累计不超过保险金额

240元和300元。

中国人保湖南省分公司和中华联合湖南省分公司承担试点工作的经营业务。

保费补贴资金管理:各级财政将承担的农业保险保费补贴资金列入同级财政预算,设立专门科目,实行专项管理,分账核算;保费补贴实行国库集中支付,财政部门根据保险经营机构的申请以及公司与投保对象签订的保险合同,审核保险公司保费收取情况,计算按比例应补贴的保费金额,通过国库集中支付到有关保险公司;定期对保费补贴资金使用情况进行监督和检查,确保专款专用。

三、四川、吉林、江苏的法国安盟模式①

法国安盟保险公司是首家进入我国农险市场的外资保险公司。其运作模式是依靠强大的网络、资金、丰富的农险经验和管理优势占领市场。安盟公司在四川、吉林、江苏三省开辟了农村保险市场。其特点是:

1. 险种全面

安盟三套产品包含31个险种,其中15个险种(含9个责任险条款,如农村和城市家庭保险中的个人责任险、农村旅游娱乐责任险、非房主居住房屋责任险等)为国内首创,另16个险种与国内相似,但保险责任范围比国内险种更广。每套产品均由一系列险种组成,涉及对被保险人"财产—责任—人身—健康"的综合保障。另外,安盟产品还对国内产品不予承保的风险以及不予承保的对象提供保障。

---

① 参见高伟:《对我国农业保险试点模式的认识及建议》,《新疆财经》2006年第3期。

2. 价格低廉

牲畜死亡险是安盟成都分公司在第一阶段开办的农业险险种。与四川其他从事农业险的国内公司比较,安盟牲畜死亡险不仅针对各类养殖场,而且也针对分散、单个的农户;保险对象不仅包括猪、牛、羊等大牲畜,也包括家禽等小牲畜。

3."两条线"运行

一条线是销售网,一条线是技术支持网。安盟公司严格培训农村代办员,并要求代办员在销售产品的同时,还要做好本村的售后服务工作,以起到连接公司与农户的桥梁和纽带作用。

安盟公司做小额保险,只能向规模要效益。但四川农村对安盟保险产品的需求并不大。据四川省保险行业协会的统计数据显示,2005 年上半年,安盟保险成都公司全部保费收入为 68.18 万元,仅占四川省保险市场份额的万分之二。其主要原因是:在法国农业险赔付率低,政府补贴较高,但安盟进入中国,是按商业性的专业农险公司运营。

93

第四章　农业保险经营模式的国际借鉴

第一节　国外农业保险经营模式的比较分析

一、美国的农业保险经营模式

美国于 20 世纪 30 年代开始试办农业保险并以农作物保险为主要组成部分,由此习惯上称其农业保险为"农作物保险"。美国的农业保险模式是一种政府主导参与型模式。该模式是以国家专业保险机构为主导,对政策性农业保险进行宏观管理和直接或间接经营,重点以农作物为主,并逐渐向养殖业方向扩展。这种模式有健全的、不断完善的农作物保险的法律法规为依托,建立了政府主办下的农业保险公司来提供农作物的直接保险和再保险。这种经营是政策性的,但农民是自愿投保,对投保的农作物仅支付纯保费的一部分,其余部分由政府补贴。政府认购农业保险公司一定数额的资本股份,并负担一切经营管理费用,对资本存款收入和财产免征一切赋税。除政府的农业保险公司以外,其他私营、联合股份公司、保险互助会等也都可以在政府农业保险的框架下经营农业保险。经过七十多年若干次的实践探索与创新,美国农作物保险基本实现了由传统农作物保险向现代风险管理制度的历史性演变,其保险密度已高达 70% 左右。归纳其成功的原因主要有四个方面：

第一，建立与时俱进的法律保障体系。美国现行的农作物保险是由参议院提议后，经过 14 年的论证于 1938 年在《联邦农作物保险法》中确立的。该法规定了农作物保险的目的、性质、开展办法和经办机构等内容，为联邦政府在 1939 年全面实施农作物保险业务提供了法律依据和保障。此后美国政府又根据时宜的变迁对该法进行了多次修订与完善。

第二，逐步构建网络型农业保险组织体系。依据 1980 年修订的《农作物保险法》，私人保险公司既可以参与联邦农作物保险公司(FCIC)的农作物保险和再保险并独立承担风险损失责任，也可以只做享受 FCIC 佣金的代理人而不承担风险责任。此后，在联邦政府财政及税收等优惠政策的激励下，许多私人保险公司积极承保农作物保险。时至 2001 年，FCIC 基本不再做原保险业务，而只代替政府行使政府职能专注经营再保险。由此形成了农户向私人保险公司投保并获得政府的保费补贴，私人保险公司不仅可以从政府获得各种费用补贴与优惠政策，而且又可向 FCIC 或私人再保险公司进行分保以分散风险，再保险公司又可从政府获取费用补贴及税收与保险等优惠条件的网络型农业保险组织体系。

第三，开设"模糊"的农业保险产品。根据保险的宗旨，保险只承保纯粹性风险(如自然灾害风险)而不承保投机性风险(如市场风险)。但美国在《1996 年农场法》中就推出了既承保农作物产量风险又承保农产品价格风险的收入保险，如团体收益保险、作物收益保险、农场总收入保险、收益保证保险和收入保护保险等等。这些保险产品的推出受到了广大农民的欢迎，并促进了美国农作物保险的快速发展。至 2002 年承保面积已达到 1.16 亿平方公顷，占可保面积的 81.3%。

第四，强有力的政府扶持。美国政府开展农作物保险的目的是建立农村经济"安全网"，提高国民整体福利水平。正基于此，美国政府对农作物保险的财政扶持力度非常大,而且手段也更直接、更有效。重点体现在三个方面:一是保费补贴只针对农作物保险业务而不针对保险机构。无论是 FCIC 还是私营保险公司,只要经营农作物保险就享受政府保费补贴。二是农作物保险公司可以获得业务费用补贴。政府不仅向 FCIC 提供各种业务费用,而且还向私营保险公司提供 20%—25% 的业务费用补贴。三是通过再保险分散保险公司的风险。为了降低保险公司经营农作物保险的风险责任,提高其保障能力,联邦政府通过 FCIC 向私营保险公司提供比例再保险和超额损失再保险保障。

二、日本的农业保险经营模式

日本的农业保险模式是一种政府支持下的相互会社模式。国家对关系国计民生的和对农民收入影响较大的主要农作物(水稻、小麦等)和饲养动物实行法定强制保险。政府的主要职责不是经营保险而是监督和指导。日本农业保险成功的原因主要有以下几个方面:

第一,建立多重风险分散与安全保障机制。日本农业保险组织由基层向高层分为三级:农业共济组合、农业共济联合会和国家农业保险机构(即农业共济再保险特别会计处)。农业共济组合是设置在市、镇或村一级不以赢利为目的的民间保险相互会社,其作为最基层组织直接向本地区所有成员承保,然后再向农业共济联合会进行部分分保,以减小风险责任。而农业共济联合会可以向农业共济再保险特别会计处申请超额赔款、再保险业务,以减轻其因非常损失导致的高额赔偿,降低风险。1952 年农业共济联合会与政府共同出资筹建了农业共济基金,用于农业共济联合会的补偿基金不足以支付赔款时向其提供保险。由此构筑了多重风险分散与安全保障机制:首先是通过原保险与两次再保险将农业风险在全国范围内的三个不同主体(投保人、承保人与政府)间进行三次分散;其次是通过农业共济基金又为农业保险经营机构实现长期收支平衡提供了一个"稳定器",进一步增强了农业保险抗风险的能力。

第二,采取与政府调控目标相一致的实施方式及激励措施。日本农业保险的实施方式是强制保险与自愿保险相结合。其强制保险有两种情况:一种是对有关经济社会发展目标、国计民生及严重影响农民收入的农产品生产实行法定保险,如水稻、小麦、牛、马、猪、蚕等;另一种是当农户所种植的可保农作物面积超过法定最低限(目前为0.3平方公顷)时就会自动成为该地区农业共济组合成员,即成为被保险人。自愿保险主要是针对具有一定保险需求的农产品生产如水果、花卉等以及小规模农作物种植农户。

第三,农业保险立法先行并逐步建立完善的法律保障体系。日本于20世纪20年代初开始酝酿农业保险,经过充分调研之后首先进行的就是立法。1929年颁布了《牲畜保险法》,1938年颁布了《农业保险法》,而在1939年4月才正式举办农业保险。在其后又对这两部法律进行了多次修改与完善,尤其是1947年日本政府根据当时所需将这两部法律修改合并为《农业灾害补偿法》,为实施强制保险和确认合作组织为基本组织形式提供了法律保障,并开创了独具特色的政府扶持下的民间非营利性团体经营模式。时至今日,日本农业保险法制已十分健全,从微观的强制与自愿保险范围的设定、费率确定和赔款计算方法等,到宏观的组织结构、政府职责与再保险等都有具体规定。

三、法国的农业保险经营模式

法国是一个农业比较发达的国家,也是农业保险起步较早、发展较快的国家之一。法国的农业保险模式是一种政府资助的商业保险模式。不少西欧的发达国家如德国、西班牙、荷兰等都采用这一模式。这种模式的主要特点是,全国没有统一的农业保险制度

和体系,政府一般不经营农业保险。农业保险主要由私营保险公司、保险相互会社或保险合作社经营。投保是自愿的,农民自己支付保费,国家也支持私营保险公司举办农业保险,同时为了减轻参加农业保险的农民的负担,也给予一定的保费补贴。

法国经营农业保险的成功经验有很多,如通过国家立法保护农业保险、政府为减轻农民的保费负担向农民提供很大比例(50%—80%)的保费补贴、向保险公司提供费用补贴与税收优惠政策等。然而笔者认为最值得中国借鉴的成功经验则是建立政府与社会共同联办的国家保险公司独立经营广义农业保险。1986年法国成立了以政府控股为主体、社会参股的股份有限公司——农业互助保险集团公司,下设农业相互保险公司、非农业财产保险公司、农民寿险公司和农业再保险公司4个保险公司。其中,农业相互保险公司承保全国农民的所有财产、疾病和意外伤害保险;非农业财产保险公司承保农村的屠宰商、面包商、手工业商、小商业者的财产、疾病和意外伤害保险;农民寿险公司承保农民和非农民的人寿保险和死亡保险业务;农业再保险公司负责对内对外的分保业务。由此可见,该集团是将农业保险的经营范围由狭义农业保险扩大为广义农业保险并将其作为一个系统统一进行承保经营。经过二十多年的实践证明,这种经营方式不但实现了"以险养险",而且增强了保险公司的经营能力,极大地促进了法国农业保险的发展。到目前为止,该集团净资产已达45亿欧元,保费收入122亿欧元。

四、印度的农业保险经营模式

印度与中国均是发展中国家,具有相近的国情,如经济发展水平不高、农业生产力水平低、农民对农业保险的需求程度低等,因此印度举办农业保险的成功经验对中国具有很大的启示作用。

印度的农业保险模式是政府选择重点扶持对象的模式。除印度外,还有一些亚洲的发展中国家如泰国、菲律宾、孟加拉国等的农业保险模式也是政府重点选择的扶持模式。这种农业保险发展模式的特点主要表现在:一是农业保险主要由农业保险专门机构或国家保险公司提供。二是由于多是试验,主要承保的是农作物而很少承保饲养动物。农作物也一般选择本国的主要粮食作物,目的是保证农业经济的稳定。三是参与保险的形式大多数是强制保险,并且这些强制保险一般都与农业生产保险相联系。其成功的原因主要有以下几个方面:

第一,财政支持是促进农业保险发展的原动力。印度于1961年就开始对其主要农作物如水稻、小麦等在部分地区进行了农业保险试验,但由于政府不提供财政支持,试点没取得任何进展。直到1972年政府通过建立全国性保险机构直接组织和经营,并实行保险责任由中央政府与邦政府两级按比例分摊、经营管理费用全由国家负责之后,农业保险才得以迅速发展。

第二,推行与国情相适宜的实施方式与承保范围。印度农业保险的实施方式是自愿保险与有条件的强制保险相结合。这里所说的有条件的强制保险是指进行生产性保险的农户必须参加相关农业保险。由于开展农业保险市场环境不够成熟和政府的财力有限,印度农业保险的承保范围只限于关系到国计民生的主要农作物如水稻、小麦等和养殖业的主要牲畜如牛、马等。这样既可减少逆选择与道德风险发生概率,又可集中国家财力保证农业稳定发展。

第二节　国外农业保险经营模式的评价及其对中国的启示

一、国外农业保险经营模式的评价

上述四种农业保险模式,虽然在组织形式上存在很大差别,但

经营农业保险最基本的内容却是一致的,它们的共同特点表现如下:

1. 农业保险带有强制性或准强制性的特征

许多国家对农业保险实行依法强制投保。其目的是按照大数法则的规则,尽可能地扩大同质标的物的规模,使风险在空间和时间上进行分散,以保证农业保险经营的稳定性。如美国的农业保险原则上实行自愿保险,但仍以立法形式来规范,在 1994 年的《农业保险修正案》中明确规定,不参加政府农作物保险计划的农民不能得到政府其他福利计划,这在一定程度上造成了事实上的强制保险;日本通过法律明确规定,对具有一定规模的农民实行强制保险,对达不到规模的农户,实行自愿保险。

2. 政府在推进农业保险中起到了积极作用

第一,农业保险是一种政策性很强的保险业务,许多国家都由政府组织国家农业保险公司,由政府出资建立初始资本和准备基金,直接经营农业保险。第二,各国政府认识到农业易受自然灾害影响,是非营利性经营,因此给予财政补贴和减免税赋,共同分担农业风险,如日本政府对农作物保费的补贴率达 50％—70％。第三,农业保险遭遇巨灾风险的可能性较大,因此政府设立了再保险公司或政府扶持商业保险公司、再保险公司向农业保险提供再保险,承担最后保险人的责任,如果农业保险机构准备金积累不足,政府给予支持。

3. 农业保险的组织机构形式多样

发达国家的农业保险组织归纳起来有三种:合作组织、政府组织和私营公司,其中合作组织是最主要形式;政府组织除经营一般保险业务外,主要从事保险经营;私营公司数量很少,仅有的一些还受到政府的业务指导和资金扶持。这三种组织相互配合,相互协作,构成一个有机的组织体系。如法国从事牲畜保险的组织形式有:当地小型互助组织、大型互助合作组织、政府保险机构、合股保险公司等。国外农业保险组织形式虽然多样，但农业保险的特殊性决定了农业保险市场的垄断性或弱竞争性。

4. 建立农业保险立法，保障农业保险顺利实施

农业保险作为农业发展的保障性制度措施，它的产生和发展过程可以看做是一种诱致性制度变迁。农业保险对相关法律的依赖程度相当强，因此立法对于农业保险的意义远远超出一般的商业规范性法律的涵盖的范畴。各国一般都有正式的农业保险立法，依法对主要农作物和养殖业实行强制保险，建立专项农业保险基金，组织专门管理机构。无论是农业商品经济发达还是落后的国家，对农业保险的经营方式普遍采取非营利性的政策性保险或合作性保险，单纯采用商业性保险方式的寥寥无几。发达国家均以法律来约束政府行为，避免由于地方政府的随意性或财政困难而忽视对农业保险的支持。

二、国外农业保险经营模式对中国的启示

通过上文对国外农业保险模式的分析，可以看出各国农业保险取得的成绩都是有其必然原因的，这也给中国农业保险模式的构建带来如下启示：

1. 明确中国农业保险的目标

尽管由于各种条件所限，中国目前还没能力将农业保险的目标定位为福利政策，但至少应使其发挥保险最基本的分散风险与经济补偿功能。也就是使农业风险在尽可能大的范围内得以分散，提高农民灾后恢复生产和生活的能力，提高农民从事农业生产的积极性，保障农业生产的持续性与稳定性，进而促进农村经济的繁荣发展。

2. 尽快立法以保障和促进农业保险的发展

尽快对农业保险进行立法，并以法律的形式对农业保险具体的目的、目标、保障范围、保障水平、费率厘定、赔付标准、实施方

式、组织机构及运行方式、初始资本金筹集数额和方式、各级政府的作用与职能、管理费和保险费分担原则、异常灾害条件下超过总准备金积累的赔款和处理方式、税收规定、各有关部门的配合、资金运用等方面进行详细而明确的规范。只有这样,才能使农业保险依法实施,才能使保险机构依法经营,才能使农民权益依法得到保障。

3. 扩大农业保险的经营范围

中国可以借鉴法国的成功经验,打破农业保险公司仅开办狭义农业保险的现状,允许经营农业保险的公司以某些优惠条件经营广义农业保险,不仅能起到"以险养险"的功效,增强保险公司从事农业保险的积极性与稳定性,提高其开发农村保险产品的能力,而且还可减轻国家财政负担。

4. 有计划、有步骤地开发适宜的农业保险产品

在对美国农业保险产品进行分析时,曾指出其推出了超越保险宗旨的系列收入保险,但这些保险产品却已得到了联合国和世贸组织的认可,这无疑又为农业生产增添了一道防护墙。尽管中国政府现阶段还没有足够的能力为农民提供市场风险保障,但可以在财政能力强、经济较发达的地区进行试验,为中国农业保险长期目标服务。

5. 建立国家农业再保险体系与巨灾风险基金

中国是世界上自然灾害频发且损失最严重的国家之一。由于农业风险具有高度关联性,致使农业风险损失在时间和空间上不易分散,很容易形成农业巨灾损失。一旦农业巨灾损失发生,单独的商业性保险公司就很难独立承担与消化。因此,中国应尽快在全国范围内建立政府独资的再保险公司,或建立政府与保险公司相结合的优惠型农业再保险,并多方合作积极积累巨灾风险基金。

6. 建立财政支持与政策优惠制度

中国政府应在财力允许的范围内,充分利用世贸组织"绿箱"

政策,借鉴国外支持经验,如给予经营公司一定保费补贴、业务费用补贴、管理费用补贴、税收及保险等,以促进中国农业保险体系的建立与完善。

第五章　中国农业保险模式选择的新背景：
　　　农业产业化

第一节　中国农业产业化的现状与问题

自改革开放以来，我国农业发展，经历了联产承包制改革带来的农业高速增长期（1979—1984 年）、农业波动调整期（1985—1999 年）、农业平稳调整期（2000 年至今）。在经历了三十多年的农业改革探索后，我国农业产业化发展取得了显著的成绩，但总体上我国农业产业化经营还处在发展的起步阶段，层次相对较低，这是同我国农业正处在从传统农业向现代农业转变的阶段相对应的。积极利用农业产业化经营探索农业保险发展的思路，对于促进我国农业向着商品化、专业化、现代化转变具有重要意义。

一、中国农业产业化现状

1. 农业产业化经营组织的产业分布广泛

据农业部调查，到 2002 年年底，我国粮油糖产业化组织共计 2483 个，占调查总数的 20.9%；果菜业共计 3155 个，占 26.7%；畜牧业共计 3051 个，占 25.8%；水产业共计 763 个，占 6.4%；其他为 2372 个，占 20%。

2. 农业产业化利益联结形式多样,但以合同契约关系为主

目前。全国各类产业化组织与农户的连接方式中,合同方式占 51.9%,合作方式占 12.6%,股份合作方式占 13.3%,其他方式占 22.2%。合同、合作、股份合作三种比较稳定的利益连接方式所占的比例达到 77.8%。在实践中,产业化利益联结形式也得到丰富,主要体现在规范订单内涵,强化企业与农户的利益关系方面。订单现在不仅包括订购数量、质量,还充实了最低保护价、提供系列化服务等内容,有的还增加了企业担保、银行贷款、政府贴息解决农户资金不足的条款。

3. 引入现代企业管理机制,龙头企业的带动能力明显增强

在产业化发展中,龙头企业通过优化资本结构,采取兼并联合、股份改造等多种方式进行改制,不断增强自身的活力,取得了很好的效益。据 2002 年农业部统计,全国 372 家重点龙头企业当中,股份有限公司和有限责任公司分别为 136 和 150 家,分别占全国重点龙头企业的 36% 和 40%。龙头企业销售收入超过亿元以上的达到 1762 个。

二、中国农业产业化存在的问题

1. 农业产业化发展地区差异明显

农业产业化经营虽然有广泛的适应性,但从目前发展看,经济发达地区的农业产业化经营组织,明显多于经济欠发达地区。据农业部调查统计,目前东部地区产业化组织共计 6611 个,占调查总数的 55.9%;中部地区共计 4336 个,占调查总数的 36.7%;西部地区共计 877 个,占调查总数的 7.4%。调查表明,农业产业化发育和发展,同主导产业的形成和经济发达程度密切相关,伴随我国东、中、西部经济发展的差异,农业产业化发也呈现明显的梯级差异。

2. 多数农产品产业链条短,加工转化增值率低

由于受现阶段我国人民消费需求结构及市场开发力度的影响,我国农产品加工品转化程度还比较低。发达国家的农产品加工业占农产品总生产量的 90%—95% 以上,而我国大约只占 20%—30% 左右。发达国家农产品加工业产值相当于农业总产值的 2—3 倍,而我国只占 30% 左右。同时,随着居民生活水平的提高,营养保健意识的增强以及市场竞争的加剧,发达国家的农产品加工业加快升级,由劳动密集型转向技术、资本密集型,由一般性农户品加工转向食品制造,发达国家食品制造品占其食品消费总量的 80% 左右;而我国的农副产品加工技术含量不高,仍以劳动密集型和一般性农产品加工业为主,技术装备水平低,我国食品制造品只占我国食品消费总量的 30% 左右,而且深、精加工食品比重过小。

3. 农业产业化龙头企业规模小

随着市场经济的发展,发达国家农业产业化龙头企业向规模化、集团化、现代化发展。在世界 10 大企业排名中,有 4 家是农副产品加工和流通企业(瑞士雀巢、美国麦当劳、可口可乐和百威啤酒)。另以日本的食品工业规模为例,1990 年日本大中型食品加工企业只占食品加工企业总数 27.3%,但其食品产值却占全日本食品工业总产值的 84.5%,而在我国农产品加工业企业虽然数量众多,但单个企业的规模却较小,在农业部调查的 11824 家龙头组织中,平均每家企业销售收入仅为 2602 万元,年销售收入在 5 亿元以上的龙头企业才 30 多家。

4. 农村合作经济组织发展条件不完备

发达国家制定了较完备的合作社法,合作社依法从事生产、加工、销售活动,合作社已经成为农业产业化经营中的一个主要模式。而我国由于种种原因,农村合作经济组织发展滞后,且无法律地位,无法人资格,其生产经营活动无法可依,因此,我国合作社发展条件很不完备,农村组织化程度较低,在很大程度上阻碍了农业产业化发展。

5. 市场化程度低

从宏观上看主要表现在:一是我国市场经济法规建设还不完善;二是农村土地制度的产权关系有待进一步明确;三是与农产品市场化相适应的宏观调控手段还不健全;四是农村劳动力尚未完全按照市场化进行合理配置;五是部门划分、条块分割的管理,阻碍了市场化程度的提高。在这样的环境下,我国农业产业化经营组织内部的制度建设也不健全、不完善,尤其是利益机制、约束机制与风险保障机制更是薄弱环节。

第二节　农业产业化进程中的风险问题

所谓农业产业化风险,是指在农业生产经营过程中,由于各种无法预料的不确定因素的影响,给农业生产经营者造成的收益和损失的不确定性。农业风险产生的原因主要有四个方面:成本风险、市场风险、自然风险和政策风险。农业产业化经营风险,除一般农业生产面临的自然和价格风险外,由于按照产、加、销一体化的模式运行,在市场经济条件下,既有生产条件受限带来的风险,还要承担各种经济规律的制约乃至政策的不确定因素带来的风险,即市场风险和政策风险等。

一、农业产业化风险的种类

1. 成本风险

成本风险主要是指与传统农业相比,从事现代化农产品生产所需的生产要素更多地集中在资金投入上,而不是劳动力的增加上,这必然增加现代农业的经营风险。经济作物的成本风险高于

传统粮食作物就是一个典型的例子：发展水果、蔬菜、花卉等高效农业前期的平均成本投入远远高于水稻、小麦等传统种植业。据统计，每亩果园在挂果前，经营者的成本投入平均为 10000—15000 元（其中包括供水、供电、排水、交通等配套设施的建设费用1000 元；产出前占据的土地、劳动力所产生的机会成本 12000 元；购买果苗、肥料、农药、水电等费用支出 2000 元），而一亩水稻产出前生产者付出的经营成本平均只有 500 元。因此，受不确定因素的影响，每亩果园可能给经营者造成的经济损失要远高于种植水稻。由此可见，现代农业的经营风险比传统农业要大得多。

2. 市场风险

市场风险是所有商品都面临的风险，农产品也不例外。现代农业是典型的风险型农业，在开放经济条件下，其风险来自于国际、国内两个不同的市场。市场风险发生后，一方面表现为产品的滞销；另一方面表现为农产品市价的持续下跌。这些都会给生产经营者造成巨大的经济损失。在国际和国内市场上，市场风险的成因有四个方面：一是由于农业经营结构的不合理，使得我国农产品低水平、结构性过剩的现象十分严重。由此导致许多农产品在激烈的市场竞争中出现价格严重下滑。据统计，1997—1999 年，由于粮食、棉花等大宗农产品结构性生产过剩，以及粮食流通体制的问题，我国大宗农产品价格下降了 24.5 个百分点。二是农村第三产业的发展滞后。农产品的商品化生产和规模经营，离不开营销、信息咨询、运输、技术服务、卫生检疫、仓储业等环节，任何一个环节跟不上，都可能产生严重的后果。由于农村第三产业的发展落后、信息的闭塞，农产品加工和仓储跟不上，经常导致各地频繁出现农产品滞销。三是来自境外的同类农产品的竞争。随着我国加入世界贸易组织，农产品市场进一步受到国外产品的冲击，由于国外的农业规模化程度高，农业科技比我国发达，其农产品本身就具有很强的竞争力。在国际市场上，非关税壁垒中的"绿色壁垒"

使得我国外向型农业的经营风险日益加剧。特别是国我正式加入
WTO以来,许多农产品因为农药残留、产品标识等等方面达不到
进口国的标准而被禁止进口。目前,价格仍是我国出口农产品的
主要竞争优势。为了保持低价,一些农产品出口基地将主要精力
放在了控制成本上,忽视了应对国际市场新出现的种种非关税壁
垒。四是国际农产品市场价格波动,影响我国农产品出口价格。
在国际大宗商品市场上,国际金融资本的投机炒作引起的农产品
价格大幅波动,也会对我国的农产品进出口价格产生冲击。

3. 自然风险

在所有产业中,农业与自然环境的关系最为密切,农业生产的
季节性和地域性特点充分反映了这一点。同时,农业受自然环境
变化的影响也是最大。自然灾害这种自然环境的变化对现代农业
的影响是破坏性的,甚至是毁灭性的。我国是自然灾害的频发区,
旱灾、洪灾、泥石流几乎每年都发生,蝗灾、风灾、雹灾、霜冻也时有
发生。自然灾害发生后,会给农业经营主体造成直接或间接的经
济损失。直接的经济损失表现为整个农业或某些农产品的减产或
绝收,以及对农业基础设施的破坏;间接的经济损失表现为,农产
品品质下降所引起的市场售价的降低。

4. 政策风险

一个国家宏观经济政策的变化,会对该国的农业生产经营活
动产生重大的影响,甚至会诱导农业风险的发生。中国加入
WTO以后,已对所有的对外经济产业政策进行了重大的修改和
补充,承诺将在未来几年内大幅度降低绝大多数产品的进口关税,
取消关税壁垒和非关税壁垒,取消有关的贸易保护政策等等。这
些政策的出台和付诸实施,对中国农业的冲击将是巨大的。第一,
在大幅度降低进口关税和进口配额限制后,国外农产品会大量进
入中国市场,以较低的价格与国内同类农产品进行竞争,国内市场
有被瓜分的危险;第二,由于国际资本进入我国农产品的流通行业

109

及农产品的下游加工行业,原有的农产品市场体系将发生改变,农民面对已经取得农产品定价权的外资控股企业,根本无力竞争,国内市场有被国外资本控制的风险。第三,由于取消了某些农产品出口退税和财政补贴等贸易保护政策,这些农产品的出口价格将会出现一定幅度的上扬,从而,削弱其在国际市场上的竞争力。

综上所述,在开放经济条件下农业风险和农业产业风险有进一步扩大的趋势,无论是宏观层面的农业主管部门,还是微观层面的农产品生产部门,都必须提高风险防范的意识和水平。

二、农业产业化风险的来源

由于商业性农业保险难以持续发展,加之政策性农业保险的缺乏,传统农业生产模式被固化,阻碍了农业产业化的进程,弱化了风险化解能力。从农村生产力发展水平来看,尽管抗拒自然灾害的技术和能力不断增强,但由于灾害事故发生的频率和强度有加剧的趋势,同时随着农业产业化的进一步发展,农业生产更加专业化、区域化、规模化,随着生产要素投入的增加,集约化水平的提高,农业生产风险也将不断增大而且更加集中,导致灾害事故的破坏力和造成的经济损失愈来愈大。不仅造成农产品供给和农民收入的减少,加重政府的财政负担,而且也使农业生产和农村发展的物质条件遭到破坏,农业和农村社会再生产面临困难和障碍。由于缺乏一个有效的农业自然灾害的风险分散机制,严重的自然灾害损失不能在空间和时间上得以分散,从而使受灾地区的生产不能及时恢复,使农户的承担风险的能力大大降低。因此,出于对风险的担心,农户常常为规避风险而减少投资,最终导致农业资源的浪费或不合理配置,导致传统粗放的农业生产方式难以改变,农业发展缓慢,陷入低水平均衡状态,束缚了农业产业化发展速度和规模。此外,由于农民对风险承受能力较差,无力承担新技术的风险,农民会拒绝接受和采用包含着新技术变化的生产要素。

20世纪80年代后期，以家庭联产承包责任制为核心的农村经济体制改革所产生的能量释放已尽，农村居民的收入增长变得缓慢，农村居民和城镇居民的收入差距开始拉大。农业对农村居民收入增加的贡献率明显不足是农村居民收入增加缓慢的主要原因，提高农业收入对农民增收具有决定作用。农业产业化经营实践证明，农业产业化能提高农业的比较优势，带来农业收入的增长，走农业产业化之路是我国农业发展的必然选择。要使农业产业化在我国得到很好的发展，还有诸多问题要解决，其中农业产业化所引发的风险是一个十分重要的问题。现阶段，农民事实上成了风险的主要承担者，农民承担产业化风险的现实会严重阻碍产业化的发展。转移农业产业化风险是十分必要的。

1. 农业产业化引发技术风险

农业产业化以市场为导向，打破了农民所熟悉的产业结构和经营模式，增加了农民的技术风险。农业产业化经营模式要求农民必须改变依据经验行事的行为方式，强调要依据市场的需求来安排生产。市场变化快，生产品种更新快。要求农民必须提高学习能力，掌握新品种的生产技术。

2. 农业产业化带来了很大的市场风险

农业产业化将增加生产者的收入风险，这是由于农业本身的特点决定了农业生产严重依赖于自然因素，以及农产品的不易储存等特点决定了农业产品供应很难同市场的需求保持很好的一致，造成农产品的价格波动大，农产品的市场风险大于工业产品。另外，农产品的产量和价格表现为明显的蛛网模型。农业产业化要求农业产生按市场组织生产，决定了农业生产安排主要是出于销售的目的来组织农业生产，所生产的农产品对生产者来说很难找到其他的退出途径，一旦农产品销售不出去，农产品对生产者来说就毫无价值。这就决定了生产者的收益完全取决于市场，增加了其市场风险。在传统农业框架下，农民分散经营，在安排农业生

产时首先是根据自身对农产品使用价值的需求来安排农业生产,生产与消费的目的一致。传统经济中,农户所生产的农产品存在多种使用价值,为农产品的提供了天然的调节退出机制,极大地降低了其产品面临的市场风险,比如粮食产品既可以作为主食来使用,也可以用来酿酒,使农产品的市场风险降低。当前无论是从我国或整个世界来看,农产品的整体供求情况都发生了很大变化,新的科学技术应用于农业,大大提高了农业单位面积产量,农产品供不应求的矛盾有了根本的改变,现在的主要矛盾主要集中在农产品产量总体和结构的不平衡上,也就是市场需求变化与产业结构调整滞后的矛盾。

3. 农业产业化引起农业资产专用性风险

农业产业化必然带来投入要素的商品化的提高.比如作为生产投入的种子和种苗、投入的肥料、相应的农业设施,再比如大棚生产的塑料薄膜等都必须通过市场来采购,必然会增加了生产者的货币化支出,而货币财富的支出使农民投入资产的专用性增加,农民退出某一产业化组织的成本也随之增加。另外,产业化生产中的产加销链条延伸也会进一步增加货币要素的投入量。产加销的积极意义是随着专业化分工的进行,生产效率及产品附加值会极大提高,这样,随着链条的延伸,风险也会延伸,其风险也越大。如果产加销一体化的以工补农机制未能建立,产加销三个环节脱节,一旦发生风险,处于产业链条初始端的农业生产者承担的风险最大,其他两个环节会把风险转移到农业,这就放大了农业经营者的风险。

4. 农业产业化可以增强自然风险抗御能力,但不可能完全消除风险

农业产业化所带来的风险是无法通过农业产业化组织本身来解决的。在农业产业化的合同组织模式中,有相当部分(1996年,45.51%;1998年,49.93%;2000年,41.0%)(牛若峰,2002)是通

过农户和农业公司签订合约来组织的。在这种组织形式下，农户和公司签订经营合同，农户在农业产业化中成为一个生产单位，公司面向市场。从理论上来看，在这样一种组织方式下，农户和公司承担的风险由农户和公司签订的合同来安排。因为在农户和公司的合同中通常规定，农户生产的产品由公司进行收购，市场风险由公司承担，农户一般是不承担市场风险。但现实问题是农民承担了很大风险。风险来源于：第一，合约的不完全性，即合约中不可能包含所有的可能以及合约条款的不明确，合约双方在事实上是不平等的主体，农户一般处于弱势的一方，一旦出现纠纷，多数情况是农民承担损失；第二，公司履约风险，即公司转嫁市场风险。目前情况下，从事农产品经营的公司规模一般较小，经营产业单一，从事农业的公司获得银行贷款困难，农业本身风险大，使得农业公司收益变化大，公司履约风险增大。当公司的经营风险过大时，公司拒绝履约，农户成为实际的风险承担者。上述风险在现实中经常发生。

　　另外，我们还应看到，虽然政府在推进农业产业化的过程中扮演着十分重要的角色，没有政府的参与，农业产业化的过程不可能依靠农户自发完成，这已为各国农业产业化的实践证明。但是，在政府主导型的农业产业化组织模式中，农民同样可能成为风险的承担者。原因在于：在推进农业产业化的过程，地方政府官员都具有很大的积极性来从事农业产业化，如果产业化搞得好，当地财政收入增加，政府业绩指标就好，政府官员进一步升迁的机会就大，而如果农业产业化失败，损失容易转嫁给农民，因为地方政府的财政收入主要是来源于当地农户，政府如果承担亏损，归根到底还是会被政府分摊到农户身上。

三、农业产业化风险的特征

　　庹国柱等人的研究认为，农业产业化风险有不同于其他财产

风险和人身风险。其主要特征是：

1. 风险单位很大，使风险难以分散

由于农业生产的特殊性，一个风险单位往往涉及数县甚至数省，特别是洪涝灾害、干旱灾害这些风险事故一旦发生则涉及千千万万农户、成千上万公顷的农田；一次流行性疫病，像近年席卷欧洲好多国家的疯牛病、口蹄疫，南亚发生的禽流感等，受传染的牛、猪和禽成千上万。如果是政策风险，或许会涉及一个县、市甚至整个国家。

2. 风险的区域性明显

农业灾害特别是自然灾害具有明显的区域性，不同地区的主要灾害不同，风险类型、风险频率和风险强度差异也很大。高纬度地区气候寒冷，无霜期短，作物易受冻害；长江、黄河中下游地区，地势低洼，作物易受水涝灾害；西北黄土高原降雨量稀少，经常遭受旱灾。这些特点是由地理和气候差异决定的。

3. 风险具有广泛的伴生性

一种风险事故的发生会引起另一种或多种风险事故的发生，从而使农业风险的损失被扩大，而且由于这种损失是多种风险事故的综合结果，所以很难区分各种风险事故各自的损失后果。例如，在雨涝季节，高温高湿就会诱发作物病害和虫害。台风灾害往往伴有暴雨灾害，山区的暴风雨灾害还可能导致山洪和泥石流的发生等。自然风险的出现有时会引起市场风险，特别是重灾荒时。

4. 风险事故与风险损失的非一致性

在特定情况下，农业灾害甚至重大的农业风险事故，最终不一定导致损失，有时反而会导致丰收，或者一个地区的风险事故会使相邻地区受益。比如陕西省商县（商州市）1998年10月曾经历了一场严重的冰雹灾害，当时秋玉米被冰雹砸得东倒西歪，甚至茎秆折断，叶子被撕得七零八落。但没有想到的是，这一年的玉米却获得空前大丰收。据农业技术专家分析说，这是因为冰雹虽然给苗期的玉米带来灾害，但由于农作物有较强的再生能力，冰雹袭击作物的同时，也给土壤增加了水分和氮肥（冰雹中含有氮），后期如果加强田间管理就不会受灾减产。类似的现象还有很多，如洪水灾害会贻害当季作物，但洪水使土壤得到改良，变得肥沃，为下季作物的丰收奠定了基础。同样，由于政策失误，农业出现风险时，可诱致政策调整，从而带来良性影响。

5. 灾害发生的频率较高，损失规模较大

风险事故发生的频率和损失规模是厘定保险费率的基本依据，保险标的所面对的风险事故发生的频率高和损失规模大，费用必然高，反之情况相反。一般财产保险，例如，火灾保险，一般情况下火灾的发生几率在万分之五左右，飞机失事的几率是二百万分之一。但农业风险的发生频率很高，以我国为例，从 1950 年到 1990 年的 40 年间，我国农业受灾面积平均达 29.8％，成灾面积平均为 12.7％。由于风险单位大，每次风险损失的规模都比较大，因此在农业生产及农业产业化经营中，其风险因素具有广泛性与特殊性。

四、农业产业化的多种组织形式及其风险分析[①]

在农业产业化的各种组织形式中，由于组织形式不同，参与主体的风险分担情况也不一样，具体而言，不同的产业化组织形式的风险状况如下：

1."专业市场＋农户"形式的风险

就"专业市场＋农户"这种形式来讲，农户直接面对市场，这时农业产业化经营所面临的风险来源于市场。如果产品供大于求，则有可能增产不增收甚至发生亏损的风险。尽管专业市场会搜集和发布农产品市场的信息，从而减少农户生产的盲目性，但从实践

---

① 参见张叶：《论农业生产风险与农业产业化经营》，《浙江学刊》2001 年第 3 期。

来看,由于市场变化比较快,农业生产短期调整难度大,加上市场的复杂性、多样性以及组织工作失误等原因,农户所面临的风险仍然很大。正是由于这个原因,"专业市场+农户"这种形式的农业产业化经营被认为是一种较低级的农业产业化经营形式。在这种农业产业化形式中,风险主要来自市场,风险的承担者主要是农户。

2. "公司+农户"形式的风险

就"公司+农户"来讲,公司与农户通过合同形式确定双方的权、责、利关系,因而,来自市场的风险因产销关系脱节,其权、责、利关系也可能因种种原因出现不确定性。这种不确定性就是风险。当农产品供大于求、合同价格高于市场价格时,企业撒手不管,不按合同价格收购签约农户的农产品,使农户遭受经济损失。反过来,当产品供不应求,市场价格高于合同价格时,农户不按合同向签约公司交售农产品,企业"等米下锅"甚至"无米下锅",企业纷纷抢购,使公司利益遭受损失。前一种情况下,由于公司的实力和社会影响比较大,而农户比较弱小且高度分散,农户无法与公司抗衡,难以挽回自己的利益损失。后一种情况下,由于农户高度分散,公司挽回自己损失的实施成本比较高。再加上我国目前的法制尚不健全,导致解决问题的效率和质量都比较差。

3. "合作经济组织+农户"形式的风险

就"合作经济组织+农户"这种形式来讲,农户既与合作经济组织之间存在投资或投劳的关系,又与合作经济组织之间存在着市场交换关系。由于农户与合作经济组织之间的利益关系非常密切,农业生产经营的市场风险在农户与合作经济组织之间进行转移的可能性比较小。存在着农户与合作经济组织之间的比例分摊问题,应该指出的是,实行了农业化经营之后经营规模比以前扩大了,各种风险也随之加以放大。在其中,经营决策特别是"龙头"单位的经营决策,对整个生产经营起着决定性作用,一旦失误,就有可能造成更大的损失。这一点，在实践中表现得最为明显。此外，农业产业化经营还存在一个技术风险问题。为了开拓市场，"龙头"单位总是不断推出新品种，新品种要有新技术，而素质比较低下的农户未必会完全按"龙头"单位的技术要领去作。如果技术本身就成问题的话，一旦批量生产，整个农产品将无市场销路，技术风险便转化为市场风险。

五、不同市场条件下的农业产业化风险分析

市场通常认定为是商品交换的场所。农产品市场则是以交换农副产品为主要对象的场所。农业产业化经营是一种市场化的经营模式，这种经营模式最主要的风险是市场风险，不同农产品交易市场包括集贸市场、批发市场、期货市场和国际市场。不同的市场，其组织形式、运作机制和风险因素都是独特的。

1. 农产品集贸市场的风险分析

农产品集贸市场是农民与农民之间，农民与城市居民之间的一种传统商品交易场所，这是农民出售农产品最简单和最方便的交易方式。通过农产品集贸市场，农民可以用最短的时间，最小的风险，最少的费用就近把农产品销售出去。但是，农产品集贸市场的交易量不大，集贸市场形成的价格只能反映一个较小区域的供求状况，因而一些大宗农产品的批量交易就很难靠农产品集贸市场进行。

农业产业化就是把农产品的生产、加工、销售等环节连成一体，形成有机结合和相互促进的组织形式和经营机制，构成农业扩大再生产全过程完整的体系。因此，农业产业化是一种市场化的生产，一种专业化的生产，一种规模化的生产。而农产品集贸市场显然难以承担农业产业化的发展对农产品大批量交易的需要，只是在农业产业化的过程中起重要的辅助作用。

农产品批发市场一般均为区域性的。区域农产品批发市场又

称"地方农产品市场",它一般设在产品集中产地,由各省、自治区、直辖市人民政府批准,同级农业、粮食厅(局)管理。我国幅员辽阔,农产品受地理条件影响较大,单靠中央农产品批发市场的流通是很难实现的,因此说农产品批发市场的风险因素是中等性质的。由于其所具有的集散功能、价格生成功能等特征,故其对农业产业化经营风险的形成有着直接的重要作用。其供求和价格波动既可形成农业产业化经营的市场风险,也可通过它调节和化解一些风险。对于农业产业化经营企业来说,农产品批发市场的健康发展对其风险的防范有重要作用。从某种意义上讲,农产品批发市场是农业产业化经营链条上的一个重要环节,搞好农产品批发市场运转,降低经营的市场风险是其重要任务之一。

2. 农产品期货市场的风险分析

从历史上看,农产品期货市场是农产品现货市场发育到一定程度的产物,没有农产品商品生产和农产品商品交换的发展就不会有农产品期货市场的出现。因此,农产品期货市场与农产品现货市场之间有着必然的联系。但是,农产品期货市场发展到今天,其功能已经与现货市场大不相同。其功能包括以下几方面:

(1)分散风险

农产品期货交易同农产品现货交易一样,都存在农产品价格风险。套期保值是以转移农产品价格风险为目的的农产品期货合约买卖的交易形式,是交易者在农产品现货市场和农产品期货市场同时进行两个数量相同、方向相反的买卖,即在农产品现货市场买进或卖出一定数量的某种农产品商品的同时,在农产品期货市场卖出或买进同样数量的同种农产品期货,价格的变动方向和幅度基本一致,一旦农产品现货买卖出现亏损,可以用农产品期货交易的赢利来补偿。反之,农产品现货市场交易的赢利也可以弥补农产品期货市场的亏损。

因此,套期保值交易对于农产品生产、经营者来说,可把农产品现货市场上可能出现的不利农产品价格波动风险减少到最低。同时,农产品期货市场通过为套期保值者提供抵消农产品价格风险的手段而显出其特有的重要经济功能。

套期保值分散农产品价格波动风险的原理在于,某一特定农产品商品的期货价格和农产品现货价格受相同的经济因素的影响和制约。此外,农产品市场走势的趋合性,也使得套期保值交易行之有效,即当农产品期货合约临近交割时,农产品现货价格与农产品期货价格走势趋合,两者的基差接近于零。这是因为农产品期货合约将近交割期时,自然与农产品现货价格趋于一致,若出现不一致时,将会产生套利交易,从而缩小两者的价差。

一般来说,农产品生产、经营者参与农产品期货交易的目的,并不是单一追求粮食价格上的利益,而是为了控制农产品生产成本,以利于农产品生产的稳定发展。

(2)风险投资

这种功能主要是针对农产品期货投机商来讲的。农产品期货交易中如果只有套期保值者,而没有投机者,那么套期保值者转移、规避农产品价格风险就成了一句空话。当投机者以交易者身份出现在农产品期货市场上的时候,他们才成为套期保值者转移、规避风险的承受者。投机指交易者利用农产品期货价格的频繁变化买空卖空,从中获利。与套期保值交易者不同,投机者对于所拥有的农产品期货合约项下的实际现货农产品商品并不感兴趣,他们总是在合约到期前通过做一个相反的交易,对冲在手的合约,以免去交割实际农产品商品的责任。适量的投机有利于确保农产品市场的稳定,减少农产品价格波动的幅度。投机者在农产品价格处于低水平时买进期货,使需求增加,这会导致农产品价格上涨,投机者在农产品价格处于较高水平时卖出期货,使需求减少,这又抑制了农产品价格上涨,这使可能出现的农产品价格大幅度波动趋于平稳。另外,投机者一般都对农产品市场价格有着较高的观

测能力,他们的行动,大多对稳定农产品价格有利。风险与收益并存,获取风险收益是投机者进行风险投资的根本目的。投机者愿意承担农产品生产者或其他商人想要规避的风险和损失,主要原因是能以少量的本钱做数倍于本钱的生意,有较高的获得高额利润的机会。在农产品期货市场上,一般只需5%左右的保证金就能做一笔价值为保证金20倍左右的生意。这种瞬间就可能获利几十倍的机遇,强烈刺激着众多的人甘冒风险跻身于投机者的行列。这样,在投机者为了风险收益而进行风险投资的同时,套期保值者转移、规避农产品价格风险也就有了真正的承担者。但是,对过度投机的副作用必须加以限制。

(3)发现价格

农产品价格发现功能是农产品交易所集中交易的一种内在功能。农产品期货市场所表现出来的是现在农产品市场对未来农产品价格的预期。它集中了即期的与未来不同时点的供求情况,计算的基础就是现货价格加上各种利息、仓储、运输、管理费用,再由场内交易双方各自以自己的风险预测经验和知识来决定一个农产品价格。通常,农产品现货价格与农产品期货价格之间总是存在一个差额,这个差额被称为基差,交割期越临近,基差越小。集中交易形成的农产品期货价格具有很强的导向作用。农产品期货交易所形成的农产品期货价格为一定范围内的产品现货交易提供了重要参数,同时,它也为农产品生产、经营单位开展生产、经营活动提供了依据。农产品期货交易的价格发现功能还有助于稳定农产品价格。随着农产品供求变化引起农产品价格变化,农产品价格反过来影响农产品供求,农产品价格在涨落中趋于稳定(杨玉川,1995)。

由于农产品期货市场具有套期保值的功能,因此它具有分散风险的作用;但同时,期货市场又具有投机的功能,因此,其市场风险性相较其他类市场是较高的。虽然,通过农产品期货市场,可以有效地分散和规避农业产业化过程中的风险,甚至规避单个农户进入市场的风险,但是,农业生产的自然风险并没有减少,仍然威胁着农业产业化的健康发展。以"公司＋农户"为例,公司为了获得稳定的原料来源并保证原料质量,与农民签订农产品购销合同,按照事先确定的价格收购农产品。如果遇到农产品市场价格小幅下跌,公司则独自承担风险。如果遇到农产品市场价格大幅下跌,由于公司与农户的经济地位不对等,农户处于弱势地位,加之趋利避害和追求利润最大化是公司的本质,公司就有可能不按合同规定,或者只收购部分农产品,或者压低收购价格,向农民转移风险,损害农民利益,不利于农业产业化的健康发展。

第三节 农业产业化与农业保险

一、农业产业化与农业保险的互动关系[①]

1. 农业产业化对农业保险的推动作用

农业保险是多数发达国家支农体系的主要手段,也是 WTO 贸易规范中所承认的"绿箱"原则之一。根据国外农业发达国家发展农业产业化的经验总结,农业产业化进程也是农业保险业不断发展的过程。农业产业化的发展可以通过以下三个方面促进农业保险的发展:

(1)农业产业化的深化提高了农业保险的有效需求。有效需求通俗地讲就是指有支付能力的消费欲望。农业保险作为一种社会化大生产条件下的保险商品,也是随着农业产品商品化程度不断提高而出现的。

首先,农业产业化在产业规模上的扩大,以及在产业链上的延

---

① 参见虞锡君:《农业保险与农业产业化互动机制探析》,《农业经济问题》(月刊)2005 年第 8 期。

伸,使传统的以农户个人消费为主要生产目的自然农业瓦解。随着商品化程度的提高,农产品的生产目的(销售为目的)、规模、收益是传统农业不可想象的,都发生了变化,其面临的市场与自然风险也因此在空间和时间频度上发生了质的变化。这种风险收益与风险机率、损失的提升,提高了农业产业化主体对保险费用支出所换来的保费收益的预期效用。这就有效地激发了农业保险的消费欲望。

其次,农业产业化提高了产业主体的保费支付能力。第一,产业化体系本身从农产品销售中所获得的利润,理论上要高于小农生产方式所获得的收益。第二,与非产业化模式相比,农业产业化运行所节约的各种交易成本也变成了各产业化主体的利润。第三,产业化运行模式下,各主体都积累了相当的资本,农产品价格通常包含保费成本。同时,由于农业产业化经营的产业链的延伸,为一体化统筹农业保险资金提供了可能性。

最后,农业产业化发展可以改变农业以种植业为主的格局,因地制宜的养殖业、观光农业、农村工建筑业、运输业以及农村商业、饮食业等多元产业将逐渐繁荣。与此相对应的养殖业保险、游客人身意伤害保险、乡镇企业财产保险、工程保险、货物运输保险等将成为现实的保险需求。

(2)农业产业化促进和增加了农业保险的有效供给。首先,农业产业化把按特定运行模式结合到一起的生产经营主体的利益联系起来,促使其共同参加农业保险,扩大了农业保险的保费来源。其次,农业产业化经营使农业生产者之间的合作机制建立起来了,在一个产业化组织内部,信息的透明度和对称性大大提高了,成员之间形成了多种形式的相互约束和监督机制,有效地降低了农业保险中的"道德风险"。最后,农业产业化的实现形式可以有选择地成为农业保险的组织载体,例如,"龙头企业+农户"的产业化组织可以成为农业保险的一个投保组合,从而有效降低保险成本。

（3）农业产业化为农业保险提供了重要的组织基础。农业产业化有多种实现形式，无论哪一种实现形式，其本质都是提高农户组织化程度，它构成农业保险的组织基础。农业保险机制是一种政府扶持下的农业生产者之间的互助机制，是一项技术性很强的复杂的制度安排，农业保险不可能建立在"一麻袋马铃薯"式的小农经济体之上，它必须建立在具有相当组织化程度的农业生产者群体之上，这就是农业产业化组织。

2. 农业保险对农业产业化的促进作用

农业保险是农业风险保障体系中的重要内容，对农业产业化同样具有重要的促进作用，具体表现在以下四个方面：

（1）农业保险为农业产业化组织编织了一张"安全网"。农业生产面临着自然风险和市场风险的双重压力，一般来说，市场风险主要依靠产业化组织本身及其政府指导下的行业组织去应对，而自然风险主要依靠政策性农业保险来化解。农业保险的全面实施，分散了农业经营风险，为产业化组织的巩固和发展构建了一张"安全网"，使龙头企业和相关农户生产经营的不确定性大大减少，因而使他们的收入有了基本的保障。农业保险机制的建立是政府扶持农业政策的革命性变革。以往的支农政策侧重于价格补贴和灾后救济，这种政策在一定时期内和特定条件下是有作用的，但是它存在着较大的局限性。随着我国加入 WTO 过渡期的结束，农业"绿箱政策"的必要性愈益凸显。农业政策性保险制度作为一种国际公认的"绿箱政策"，它把政府灾后不确定的救济转变为灾前对农业保险的规范性补贴，为农业生产者提供安全稳定的生产经营环境，从而体现了政府职能的转变。

多种经营是产业化经营一种非常重要的农业风险管理策略。无论是小规模经营的农户，还是大规模生产的农业企业，通过多种经营可以规避财产同时遭受损失的风险。但是农业产业化，无论采取"公司＋农户"、"专业市场＋农户"，还是"农业中介组织十农

户"的形式都会使农民改变农业生产结构,在一定程度上进行专业化生产,这就在相对集约化、规模化经营的同时,也使农业生产风险的强度和范围显著变大。农民一旦经营失败,将可能颗粒无收,甚至负债累累。

因此,通过保险将农业专业化生产的风险转嫁出去,可以降低农业投资者的风险预期,使原本不可能进行的投资在保险的保障下得以实现,这可在一定程度上提高农业的产业化程度。保险的这种降低投资主体风险预期的功能,对于增加农业投资和国民经济增长来说,是非常重要的。它是通过"农业投资者风险降低——投资增加——国民收入增加"这一路往增进社会福利,而且它具有部分替代保险抵押品的功能,还可以降低农业保险人的风险预期,提高农业保险人的预期收益和经营业绩。因此,农业保险通过其对农村经济发展具有正效应这条渠道,对经济福利产生有利影响。

(2)农业保险促进产业化组织内部利益联结机制的形成和完善。要发展壮大农业产业化组织,关键是要形成和不断提升龙头企业与农户之间利益共享、风险共担的机制。①农业保险制度可以设计这样的机制,保费由龙头企业、中介组织与农户共同承担,从而构建了一种产业化组织与农户风险共担的机制,强化双方的"内在关联博弈",有利于合作机制的完善。②一旦受灾,通过农业保险能有效降低产业化组织及农户的损失,从而稳定了农业生产者的收入水平,保护了农民再生产的能力和积极性。与此同时,由于灾后农业生产能力的迅速恢复,产业链的基础环节得到了稳定和加强,为农产品加工、销售、服务等环节的振兴和发展提供了条件,龙头企业和中介组织又共享了农业保险的"利益"。

(3)农业保险为提高农业产业化水平找到了新的实现手段。从本质上看,农业保险和农业产业化都是提高农民组织化程度的有效手段,农业保险制度的成功构建,可能创造出提高农业组织化程度的多种有效形式,这些有效形式中有些直接可以作为提高农业产业化水平的实现手段,有些稍加修琢就能移植到农业产业化领域中来。

(4)不管农业生产者是否懂得或意识到农业保险是管理农业风险的一种方式,只要参加了农业保险,就能以少量的保险费支出,把不可预料的农业风险损失转移出去,形成一种现实的互助性风险保障;其次,保费支出属于农业经营中必要成本费用的一部分,通过把农业保险费计入生产成本由社会承担,就可以依靠社会力量建立起一种可靠的农业风险保障、农业灾害补偿的经济制度。这种农业灾害补偿制度也可在一定程度上促进农业产业化。

二、农业产业化与农业保险互动关系的重要意义

1. 发展农业保险是在WTO框架下应对国际竞争的需要

第一,在WTO框架下,我国农业保险面临着新情况。根据WTO规则要求,将会有国外一些有实力的保险公司参与农业保险的经营。西部城市成都、重庆已成为保险业对外开放城市。法国第一大农业保险公司安盟保险公司获准在中国组建财产险分公司。来自中国保监会的资料显示,安盟保险获准进入中国市场后,法国已有3个保险公司在中国设立4个营业机构(含筹建),此外,还有36家外资保险公司在华设立了57个营业机构(含筹建)。目前,我国的农业保险体系还不够规范,面临着新的考验。WTO框架下农业竞争的范围比以往更大,对手更多,增强竞争力的手段之一就是涉足新领域,开发新产品,但是开发新产品就会带来新风险,这就使保险成为规避风险的重要手段。因此,在WTO框架下,中国保险业面对国际竞争,更加需要发展我国的农业保险。

第二,WTO《农业协议》规定,各成员国在农产品贸易中所实施的各种非关税措施必须转换成同等保护程度的关税措施。这使我国过去用以保护国内农业的限制农产品进口的措施,如进口许可证、配额管理等手段将被取消,国内农产品市场面临着国外农产

品的激烈竞争,农民收入将会受到一定影响。而要提高农产品竞争力,就需要进一步促进农业产业化经营,提高农产品的科技含量,降低生产成本。这些变化使处于 WTO 规则下的政府对本国农产品的保护变得有限。而与此相反,符合 WTO 协议"绿箱"原则的农业保险,却可以在引导农业资源配置、促进农业产业投资等方面发挥独特功能。另外,近年的农业生产资料成本上涨,使我国农业的成本优势逐渐丧失,而发达国家还能在一定程度上以出口补贴来提高其农产品的出口竞争力,在这种情况下,我国农业产业化的国际市场风险比加入 WTO 前更大,而农业保险则可以代替政府的部分职能,发挥对农业的补贴作用。

我国对农业加大支持力度,也必须以"绿箱"政策作为重点。根据《农业协议》,"绿箱政策"包括 11 项措施,即:(1)一般农业服务,如农业科研、病虫害控制、培训、推广和咨询服务、检验服务、农产品市场促销服务和农业基础设施建设等;(2)粮食安全储备补贴;(3)粮食援助补贴;(4)与生产不挂钩的收入补贴;(5)收入保险计划;(6)自然灾害救济补贴;(7)农业生产者退休或传业补贴;(8)农业资源储备补贴;(9)农业结构调整投资补贴;(10)农业环境保护补贴;(11)地区援助补贴。农业保险作为 WTO 规则许可的"绿箱"政策中的一项补贴措施,日益受到许多国家的重视。如美国于 2000 年 6 月通过《农业风险保护法》,计划在未来 5 年内提供总计 82 亿美元的财政支出,补贴农业保险;2002 年 5 月通过的新《农业法案》,要求政府在未来 10 年内对农业提供高达 1900 亿美元的补贴,其中大多数是通过农业保险的方式资助农业。但在我国,对农业保险进行补贴仍是"绿箱"政策中的一项空白。

2. 互动机制是强化农业基础地位,确保基本农产品增长和农民增收,实现小康目标的关键措施

随着农业生产条件的改善,科学技术的广泛应用,农业连年丰收,农产品供应紧张的状况基本解决,买方市场逐步形成,一些产

品发生"卖难"现象,价格下跌。这必然影响农民的生产积极性。随着农产品价格与国际市场的接轨,农产品在国际间也适用"一价定律",农民靠农产品涨价来增收很难实现,在这种情况下,农业产业化以其崭新的生产经营机制成为农产品增产和农民增收的新增长点。发展农业产业化,必然要求加强农产品生产基地建设,增加农业投入,改善农业生产的基本条件和基础设施,这对于提高农业的综合生产能力,强化农业的基础地位,确保粮、棉、油等基本农产品的稳定增长,有着重要的意义和作用。其次,农业产业化大大提高了农业的社会化、组织化水平,大大提高了农副产品加工流通企业以及农户抵御市场风险和自然风险的能力。这对于维持农产品产量,保证国家的粮食安全也有着重大意义。

3. 互动机制有利于改变农业的弱质地位,提高农业综合效益

农业是具有经济效益和社会效益双重属性的基础产业,又是受自然因素影响大、生产周期长、需求弹性小、比较效益低的弱质产业。解决这个问题要靠国家政策,但更重要更现实的是靠挖掘农业的内部潜力。实施产业化与农业保险互动,可以最大限度地提高农业的比较效益,一是通过拉长产业链条,发展农产品加工、储藏和运销等,实现农产品的多次转化增值。二是通过扩大每个生产环节的规模,提高了规模经济效益。两者互动,可以在不改变家庭经营的前提下,把一个传统分散的农产品组合成为一个社会化大生产的产业链、产业群,形成规模经营、规模效益。三是减少了中间环节,减少了交易费用。产权理论认为,相关的生产、供应、科研、技术、运销等过程或环节的经营组织,若不属于一个企业的组织体系,而只是一般的商品生产者关系,相互交换过程通过市场进行,其间的谈判和交易费用将会很大。农业产业化将产供销、农工技贸相结合,成为一个扩大了的企业模式,交易过程就成了企业内部的行为,费用也相应降低。

127

4. 互动机制有利于推进传统农业向现代化农业转变

农业现代化实质上就是农业产业化发展到高级阶段的结果，只有实现农业的产业化，农业现代化才有了载体，才有了可持续性。农业现代化需要实现农业物质装备的现代化、农业科学技术的现代化、农业生产经营管理的现代化。然而，目前农业现代化建设面临诸多亟待解决的问题：一是分散的小规模家庭经营难以采用现代化的先进技术和设备；二是农业的自身积累机制不健全，积累能力低，自我发展能力弱，缺乏改善生产条件和提高技术装备所需要的资金；三是政府财力有限，投入不足；四是农业作为社会效益高而比较效益低的弱质产业，市场风险、自然风险都很大。对于这些矛盾，单靠农民、合作组织、农产品加工企业、地方政府很难加以解决，单靠任何一项单项改革、单项突破都难以奏效。农业产业化与农业保险互动机制则通过经营方式和组织制度的创新，通过利益机制、运行机制的综合配套改革，通过农业保险制度的建设、工商企业的介入和国家及政府的支持和参与，全面调动产加销、贸工农各方面的积极性，有利于吸引资金、先进的生产加工技术、科技人员、先进的生产工艺和设备、土地资源等各种生产要素向高效益的农业产业化项目流动和组合，有利于提高农业的经济效益和自身积累能力，有利于改善农业的基础设施和技术装备。同时，互动关系大大促进农业专业化规模经营的发展。反过来，农业专业化和规模经营又将促进农业先进技术和设备的应用，推动农业现代化的进程。

5. 互动机制有利于农业科技的应用

农业科技的推广需要形成规模效应才能发挥科技作为第一生产力的推动作用，传统一家一户的分散经营模式，既不利于农业科技的普及，也不利于应用。原因在于，科技推广需要较大规模才能分散科技投入所增加的成本；科技推广具有前述的技术风险，而风险的分散和化解需要系统性的手段。农业保险与产业化互动可以解决上述问题。原因在于：农业产业化既具备了连片种植、规模较大、经营集约、专业化程度较高的优势，又具备了组织和服务体系的优势，再加上农业保险能够分散新技术应用带来的技术风险，农民和企业都愿意而且有条件采用科学技术和现代化装备，从而形成一种新型的具有生命力的现代科技推广应用体制。这种推广应用体制，具有以下特点：一是起点高。为适应日益激烈的市场竞争，龙头企业就要根据市场需求，发挥信息、人才、资金、技术等优势，在生产、加工、检验、分级、包装、贮藏、运销等环节上，充分利用高新技术，以高附加值、高科技含量的优质产品赢得市场。二是速度快。由于农业产业化具备生产集中、规模较大、服务体系较健全的优势，大大缩短了高新技术的推广周期。三是效益好。适度的规模加上先进的物质技术装备，可以较大幅度地提高产品质量和经济效益，最终促进现代化农业和市场化农业的发展。农业产业化还为现代企业管理制度引入农业领域提供了可能，特别是大中型企业与农业产业化的结合，可直接把先进的技术、管理等嫁接到农业中，对于提高农业的科学管理水平和集约经营水平将产生重大影响。

129

6. 互动机制有利于农村产业结构调整

农业产业化把加工业延伸到农业之中，把农业变成加工业的厂外"第一车间"。这样，农民围绕龙头企业进行种模、养殖，形成规模种养，就可按市场需求组织大规模农副产品生产，为加工企业提供充足的生产原料，为后续产业发展创造更好的基础条件，刺激加工业的迅速发展，进而带动流通、运输、服务、通讯等第三产业的发展，为农村剩余劳动力向非农产业转移提供了广阔的空间。龙头企业的发展壮大，促进了生产要素的集中，促进了交通、通讯、供电、供水等基础设施的发展，带动了一大批以产业化龙头企业为依托的新型城镇的兴起。农业产业化还吸引城镇的人才、资金、技术、物资、信息等要素更多地流向农村，与农村的资源、劳动力等生

产要素结为一体,形成群体优势,从而有效地打破城乡分割、工农分割的旧体制,加快城乡一体化进程,进而走上以城带乡、以乡促城、城乡互补、协调发展的轨道。

在推动农村产业结构调整方面,农业保险则可以根据产业政策,以不同的保费、险种、赔付率、补贴率等手段间接地引导农业资金投入的方向,以优惠的保险政策扶持产业结构调整过程中的弱势行业。同时农业保险所具有的国民收入再分配和保险对经济增长的乘数作用,也会随着政府产业政策的执行,影响产业结构的调整效果。

三、农业产业化和农业保险互动机制的促进措施

农业产业化与农业保险的良性互动机制,是以促进农业产业化进程为前提的。农业产业化进程加快了,农业保险就会得到强有力的带动;同时,随着农业保险制度的进一步完善,以及农业保险体系建设过程中各种障碍的消除,农业保险就会为农业产业化提供良好的风险保障,从而形成农业保险与农业产业化的良性互动。因此,建立农业保险与农业产业化的互动机制,应遵循经济发展的内在规律,解决制约农业保险与农业产业化发展的问题和矛盾。就我国目前的情况而言,可以从以下几个方面着手:

1. 立足于农业产业链,构建多渠道筹措农业保险资金新机制

种养业存在着经济的正外部性,为农产品加工和销售的增值提供了显性和隐性的条件。换句话说,农产品加工、销售和服务行业共享了种养业的利益,它们理所当然应该成为承担农业保险费用的主体之一。这样,农业保险费用的筹集可以有四个渠道,一是种养业农户;二是农业产业化体系中的龙头企业和营利性中介机构;三是农业纵向一体化产业链中的各类涉农企业,包括农产品加工和销售企业、种子种苗企业、县域农业生产资料供应企业等;四是当地政府,地级市、县、乡镇三级政府主要筹措基本农业保险费

用补贴资金，中央和省级政府主要筹措农业再保险和巨灾风险资金。

2. 以农业产业化组织为依托，构建农业生产者互保机制

农业保险部门在险种开拓和领域选择时，应注重把农业产业化组织当做农业保险的突破口和重点。在具体操作时，可以把农民专业合作社、龙头企业＋农户等产业化组织作为一个农业投保组合。产业化组织指派专人兼职办理保险手续，代表投保方与保险公司协商相关的保险业务，增强农户在保险市场的谈判地位。产业化组织内部在保险公司指导下制定相应的互保契约，构建合作抗灾的互助机制。政府在政策性农业保险实施方案中，对产业化组织内部的互保机制给予适当的政策倾斜。

3. 从农民的内在需求出发，逐步发展农村专业合作经济组织

农村专业合作经济组织是由从事同类产品生产经营的农户自愿组织起来，在技术、资金、信息、销售、加工、储运等环节实行自我管理、自我服务、自我发展，以提高市场竞争能力和增加组织成员收入为目的的专业性合作经济组织。当前我国农业生产经营规模小而分散，造成生产经营的盲目性和无序化，已越来越不适应更加广阔的市场和更加激烈的竞争。促进农业产业化，建设多功能、高层次、大容量的社会化服务系统必须紧紧依靠农村专业合作经济组织。另外，它还可以把普及和推广农业科技作为其主要服务内容，有助于提高农民的专业技术水平和农产品的质量，使农民增产增收。这也是推进农业产业化的一项重要内容。同时农民的增产增收也提高了农民的保费承受能力。

4. 合理组织土地流转

土地流转有利于促进土地资源向农村专业合作经济组织流动，实现土地资源优化配置，加快农村土地规模化、集约化的进程，同时有利于促进农业结构调整，加快农业产业化过程；通过土地使用权流转，使土地相对集中于农业企业或经营大户等农村专业合

131

作经济组织手中,便于统一规划,有利于新技术的运用和新品种的推广,特别是有利于高效经济作物的开发,从而使农业产业结构发生变化,加快农业产业化的进程。

第六章　中国农业保险经营模式的构建

本章对中国理论界和保险界提出的几种主要的农业保险经营模式进行探讨和分析，提出适于中国的农业保险经营模式是将政府主办模式与互助合作模式相结合，建立以合作保险组织为主体、以农业保险公司为主导、其他保险公司为补充的模式，并进一步从增强农民意识、加快立法、加大财政支持、加强防灾防损体系建设等方面提出了构建中国农业保险经营模式的政策保障。

第一节　中国理论界和保险界提出的几种 农业保险经营模式

由于农业保险对中国农业发展有着非常重要的意义，理论界和保险界提出了多种中国农业保险发展的经营模式。其中最有代表性的是庹国柱、王国军2002年出版的《中国农业保险与农村社会保障制度研究》一书中所提到的农业保险经营模式分类。该书在分析国内外农业保险实践的基础上，将农业保险模式分为政府主导的政策性经营模式和政府支持下的商业性保险模式两大类，每个大类又按从事农业保险的主体不同而分为更具体的子类。这里本书对其中最有代表性的三种经营模式进行介绍和分析：

一、政府出资设立政策性农业保险机构

这种模式的运行机制是:建立事业性质的中国农业保险专业公司经营政策性农业保险和再保险。通过国家农业保险立法,建立农业保险专项基金,并实行法定保险的经营方针。国家给政策性农业保险和再保险以必要的优惠政策。设立中国农业保险专业公司,各省、地、县设立其分支机构,由该公司经营全国政策性农业保险和再保险。同时,允许农村合作组织经营某些政策性农业保险,但必须按一定比例向农险公司发保。通过农业保险立法,建立农业政策保险专项基金。由中国农业保险专业公司负责筹集、分配和管理该专项基金。政府(或有关部门)提供该基金的一定份额。政策性农业保险和再保险独立核算、免征一切税赋,经营节余全部留做总准备金积累,以备巨灾风险之用。对有关国计民生的重要农林牧渔商品的生产全部实行法定保险,政府对法定保险项目给予保费补贴。法定保险由中国农业保险专业公司及其指定的农村合作组织垄断经营。除法定政策性农业保险外的商业性农险项目,全部实行自愿投保。政府出资设立政策性农业保险机构的运行机制如图6-1所示。

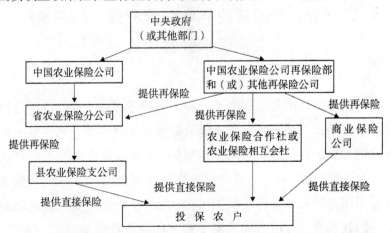

图6-1 政府出资设立政策性农业保险机构运行示意图

资料来源:庹国柱、王国军:《中国农业保险与农村社会保障制度研究》,首都经济贸易大学出版社2002年版。

政府出资设立政策性农业保险机构的经营模式的优势在于：

第一，农业保险是准公共物品，具有公共物品大部分的特性，比较适合由政府来办。由政府组织建立全国性的专业保险公司对农业保险实行垄断性经营，在进行独立经营、单独核算、追求自我财务平衡的同时，主要将社会效益作为其目标和任务，加之全国性经营获得的规模经济效益，显然可以较好地矫正市场在这方面作用偏弱的问题，容易收到较好的资源配置效果。

第二，农业保险这种现代农业风险管理制度和工具，对我国绝大多数农民来说还是相当陌生的，政府运用权威和国家管理的职能在农村进行强制性制度变迁，提供给农民农业保险这种比传统风险管理制度更科学、更有效的农业风险管理制度，加上其他利益诱导机制和强制措施，比较容易推行和被农民接受。

第三，保险经营的数理基础是大数法则，风险单位越多，保险风险越容易分散，保险经营的财务也越稳定；农业保险，特别是农作物保险的风险单位比较大，这种较之于其他财产保险的特殊性，使其适于在尽可能大的范围内组织和推行，从而降低经营成本，有利于保险基金的积累，有利于有效提高经营企业的偿付能力。

但政府组织经营农业保险也有不少弊病：

第一，这种国有独资的政策性公司在制度创新、机制创新、管理创新、技术创新等方面都比较困难。

第二，中央政府和地方政府之间（或省政府与基层政府之间——在省、自治区、直辖市成为农业保险决策主体的情况下）、农业保险公司与地方各级政府之间的关系不好协调。

第三，作为一家国有独资的政策性保险公司，是通过政府干预农业保险的经营来解决"市场失灵"问题而显现其独特价值的，但这种干预的效率取决于一定的前提，如政府部门的廉洁和效率、经营有方、信息完全、技术（特别是精算技术）的完善等。

二、政府主导下的商业保险公司经营模式

这种模式就是在政府统一制定的政策性经营的总体框架下,由各商业性保险公司自愿申请经营农业保险和再保险。首先,在中央设立"中国农业保险公司"或"中国农业保险管理公司",该公司是隶属于中央有关部门(财政部或农业部等)的事业性机构,不直接经营或少量经营农业保险业务,公司主要负责全国农业保险制度的设计和改进,接受和审查有意参与政策性农业保险业务经营的商业保险公司。其次,允许商业性保险公司(主要是财产保险公司)自愿申请经营由政府提供补贴的政策性农业保险项目,获准经营政策性农业保险业务的商业性保险公司自主经营,自负盈亏。再次,经营政策性农业保险的商业保险公司主要经营中国农业保险公司设计的基本险种,也可以自行开发自愿投保的农业保险险种,但自行开发自愿投保的农业保险险种,必须经过中国农业保险公司审查和批准后,才可以出售。最后,政府对商业保险公司所经营的政策性农业保险项目给予财政和保险方面的支持和优惠政策,同时中国农业保险公司会为经营农业保险的商业保险公司提供农业保险再保险。政府主导下的商业保险公司经营模式的运行机制如图6-2所示。

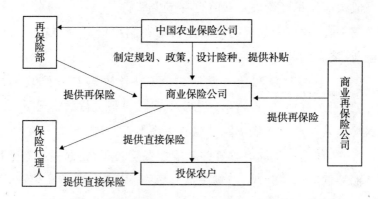

图6-2 政府主导下的商业保险公司经营模式运行示意图

资料来源:庹国柱、王国军:《中国农业保险与农村社会保障制度研究》,首都经济贸易大学出版社2002年版。

政府主导下的商业保险公司经营模式有如下优势：

第一，商业保险公司有经营保险的技术和配套的专业人才，有的保险公司（例如中国人民保险公司）也有一定的经营农业保险的经验，利用现成的队伍和机构开办政策性农业保险，如同商业性保险公司经营出口信用保险一样，政府可以大大节省制度建立或转换的成本。

第二，商业保险公司对经营政策性农业保险也会有一定的积极性。在政府的政策性补贴的框架下，商业性保险公司经营农业保险，尽管也要承担一定的风险，但在一般情况下可以不赔本甚至有一些利润。更重要的是，这些商业性保险公司通过经营农业保险，对其进一步开拓农村的寿险和产险市场大有好处，他们经营农业保险产生的连锁效应无论从宏观上或是从微观上来看，都是很有价值的，这能促进保险公司经营农业保险的积极性。

第三，商业性保险公司经营农业保险在某种程度上更容易赢得农民消费者的认可。商业性保险公司的经营一般来说从制度到技术都比较规范，信誉相对较好，容易得到农民的信任。

第四，在这种模式下，代表政府的中国农业保险公司（或中国农业保险管理公司）除再保险不经营农业保险的直接业务外，它将主要精力放在进行宏观管理和调控、协助保监会做好监管上，同时集中一批专家进行全国农业保险的规划，从事农业保险制度和实务的研究，不断使农业保险制度和经营得到改进。保险公司在规模扩张和追求利润的动机之下，也会产生较高的效率。这样，政府和保险公司在整个农业保险制度体系中的定位恰当，从而可各得其所，相得益彰。

这种模式的弊病主要是：

第一，政府对农业保险的补贴，其方法和份额问题在很大程度上会困扰决策者。商业性保险公司从事政策性农业保险的积极性在很大程度上取决于政府补贴的份额和方法。政府补贴份额多、

137

补贴方法对商业保险公司有利,商业保险公司也就有较高的积极性,但这里体现的再分配的合理性和适当性将受到怀疑,因而会受到来自政府和公众的批评。政府补贴少,显然对商业性保险公司不利,它们就没有积极性,农业保险就做不起来,这项计划必定受挫。

第二,由商业性保险公司经营政策性农业保险,如果没有很好的机制和办法解决基层政府对农业保险经营的支持与协助的问题,投保农户的道德风险与逆选择问题将难以防范,甚至还会出现前面提到的基层政府与投保农户联合一起"吃"保险的局面。

第三,如果没有很好的机制和办法解决基层政府对农业保险经营的支持与协助的问题,该种模式在操作上还会有较大的难度,特别是法定保险项目:面对如此分散和众多的农户,无论展业、承保、防损,还是定损、理赔都会非常困难,经营成本和监督成本都会因此大大增加。

138

三、政府支持下的农业保险相互会社或合作社

农业保险相互会社或合作社是欧洲一些国家,如德国、法国目前经营农业保险的主要组织形式。这种性质的保险是面临同类风险的农民或企业自愿结成互助团体,以参加者交纳的费用补偿其意外损失的非营利性保险。这种模式主张建立合作保险为主体的保险组织。农业保险合作社是农民按自愿、互助原则组织起来的群众性保险合作基金组织。它具有如下特点:一是保险人与被保险人具有经济利益上的一致性,因此被保险人容易站在保险人的立场上,实行以防范风险为主的管理,这样就减少了道德风险的发生。二是国家会建立农业再保险机构,为农业保险合作社和农业保险相互会社提供再保险。三是农业保险合作社或农业保险相互会社主要经营农作物和饲养动物保险业务。四是实行法定保险和自愿保险相结合的方式,但是法定保险的险种和保险标的不宜太

多,以避免太大的保险责任。五是建立"巨灾风险准备基金",当发生重大灾害损失,农业保险合作社或相互会社无力支付时,可以从基金中低息或无息贷款,然后逐年从保费收入中归还。

政府支持下的农业保险相互会社或合作社经营模式的运行机制如图6-3所示。

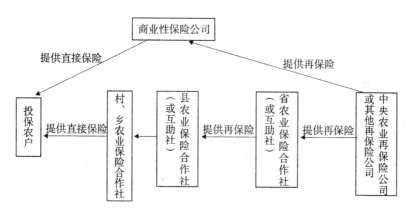

图6-3　政府支持下的农业保险相互会社或合作社经营模式运行示意图

资料来源:庹国柱、王国军:《中国农业保险与农村社会保障制度研究》,首都经济贸易大学出版社2002年版。

政府支持下的合作社经营模式的优势在于:

第一,由于保险合作社是社员在自愿互利基础上自主建立的盈亏自负、风险共担、利益共享的农业保险组织,因此其经营灵活,可因地制宜设立险种,保险费不会很高。同时,在保险费收取、防灾防损、灾后理赔等方面具有其他形式保险企业和组织所不具备的优势。

第二,当保险合作社与相互会社形式一致时,社员就具有保险人和被保险人集于一身的特点,其利益高度一致,又是在本乡本土,对农业生产状况、农作技术、土地的地理位置和等级等情况,彼此都比较了解,任何被保险人的道德风险和逆选择都会涉及其他被保险人的利益,因此被保险人之间易于形成一种自觉监督机制,

从而可以有效防止道德风险和逆选择，也会使联合一起"吃"保险的局面得到改变。这也就是由于信息的完全和对称所带来的成本降低的效果。

第三，农民自己组织起来共同支付农业风险，没有像保险公司那样对利润的追求，费用成本可以降低，监督成本也不高，而且还可以通过集资方式从地方政府、企事业单位和农村其他从业者那里集资，尽管也需要政府的补贴和其他税收优惠政策，但政府的财政负担将会大大减轻。

这种模式的弊端主要是：

第一，即使是以县为单位建立的农业保险合作社，规模也太小，风险比较集中，难以使风险在较大的空间上得到分散。合作社规模太小，保险基金积累的速度与规模都会受到限制，其保险补偿能力有限。

第二，农业保险专业性和技术性很强，农业保险合作社难以有足够的合格的经营管理人员。这使他们在保险费率的厘定、保障水平的确定、定损、理赔、风险管理、财务核算等经营管理方面会遇到很大的障碍。保险合作社的高度分散，不仅对保险经营的协调和监督十分不利，也对农业保险合作社的规范和健康经营不利。

第三，合作社仅吸收本地农民入社，规模太小，如果吸收外地农民入社，又会因为外地社员希望从中获利而产生矛盾。

第四，经验表明，合作社的经营容易受到地方行政的干预甚至操纵。

第五，由于受经济、文化和其他因素的影响，我国很多地方的农民缺乏合作传统和意识，也缺乏自我组织能力。

第二节　中国农业保险经营模式的选择

在对中国农业保险的供求现状及其矛盾进行分析的基础上，结合中国农业保险经营实践情况，借鉴国外农业保险经营模式的成功经验，本书认为中国的农业保险经营模式应将政府主办模式与互助合作模式相结合，建立以合作保险组织为主体、以农业保险公司为主导、其他保险公司为补充的农业保险经营模式。互助合作保险可以作为农业保险微观层级的经营主体，适用于依托行业协会、农业专业合作组织和农业产业化等发展壮大的互助合作保险组织。

互助合作保险具有以下几个方面的优势：一是合作保险可以在很大程度上降低道德风险。以保险合作社为例，合作保险机构由同一地区(一个或数个乡镇)的农户自愿组成。农户之间彼此熟悉，并且对农业生产过程以及所面临的风险因素都比较清楚，能够大大降低道德风险。同时，农民既是投保人，又是合作社的股东，保险合作社的利益就是农户自己的利益，合作社超赔亏损直接影响社员的利益，合作社结余赢利可以给股东分红，投保人骗取保费的主观动力大为削弱。由于合作社为投保农户所共有，各农户之间利益相关，存在相互监督的愿望，投保人骗赔也困难得多。典型的中国农村聚族而居，长久以来形成了独特的文化和道德传统，投保农户的败德行为会在相当长时间内影响个人乃至整个家族的信誉和声望。通过合作社员的自律和相互监督，能够有效地降低道德风险带来的损失。二是合作社可以促进防灾减损工作。投保人利益与合作社利益的同一性使投保农户能够主动采取必要的风险预防措施，合作社也可以很方便地进行指导。当危险事故发生时，投保农户能够积极投入到救灾减损工作中。农业保险合作社还可

以发动社员改善排涝灌溉措施,以减少灾害发生的概率。三是合作制度组织和管理成本较低。合作机构不需设置庞大的营业机构,具体展开工作委托社员代表进行,可以大大减少经营费用。社员都是从事农业生产的行家里手,对于农产品价值及受损状况都比较熟悉,具备查勘定损涉及的农业生产专门知识。同时,社员代表对所在村镇的经济状况、农业生产和灾害状况等都比较了解,便于定损理赔。此外,中国农村具有深厚的互助合作传统,农民淳朴的扶贫济困思想观念有助于农村合作保险制度的建立和发展。

由于互助合作保险存在一个发展过程,因此当前在农业保险组织体系的中级层面上应以政府主导的商业性保险公司为主体。其业务范围为办理省(自治区、直辖市)内基层互助合作组织的分保业务,也可在特殊政策辅助下(如农业产业化等)开展实现组织增信基础上的原保险业务。可以将目前已成立的专业性农业保险公司纳入这一层次,并逐步完善、落实各级政府的扶持政策。立足现有商业保险公司资源,发挥商业性保险公司经营农业保险的重要作用,这不仅是国外的经验,更是市场化运作的客观需要。这样可以充分利用商业保险公司的高效运行机制和网络体系,实现节约管理成本、完善市场化体制的目标。农业保险组织高层级经营主体应是在中央设立的国有独资的中国农业保险公司,负责全国农业保险政策和规则的制定、履行稽核和监督等职能,并协调再保险机构提供再保险。目前可由中国再保险集团公司独立开展由政府给予扶持的政策性农险业务。

政府主办模式与互助合作模式相结合,以合作保险组织为主体、以农业保险公司为主导、其他保险公司为补充的农业保险经营模式构建的具体举措如下。

一、组建中国农业保险公司

借鉴国外农业保险发展的经验,针对中国农业保险发展的现状,把目前的农业保险业务从中国人民保险公司独立出来,成立专业性公司——中国农业保险公司。中国农业保险公司隶属于某一中央有关部门(如财政部、农业部、民政部等)或者由几个部门共同组建,具有法人资格。有条件的省市,主要依靠地方政府参与,可以组建同样具有法人资格的地方农业保险公司。中国农业保险公司不直接经营农业保险业务,其主要职能是研究制定农业保险事业的发展计划和方针政策,协调与农业保险相关的部门、地区以及各级保险的相互关系;加强农业保险的宏观管理,监督农业保险有关法规政策的贯彻执行,确保农业保险基金的安全、保值和增值,并为地方农业保险公司提供再保险服务。地方农业保险公司可以直接经营农业保险业务,但主要是为基层农业保险组织提供再保险服务,并提供技术指导。不同地区的农业保险公司之间也要建立再保险机制,实现农业风险在空间上的分散。

中国农业保险公司和地方农业保险公司均为政策性保险机构,其经营管理费用分别由中央财政和地方财政支付。中国农业保险公司保险基金的来源主要由财政拨付资本金和再保险费构成;地方农业保险公司保险基金的来源主要由地方政府拨付的资本金和再保险费构成。

二、建立农业保险合作社或农业保险互助组织

在乡、村级成立农业保险合作社或农业保险互助组织,作为中国农业保险体系的最基层机构,直接经营农业保险业务。在有条件的县市可以建立联合会或联社,并建立系统内的再保险机制。农业保险合作社或农业保险互助组织的保险业务要按一定比例向农业保险公司分保,分散农业风险。以农业保险合作社或农业保险互助组织作为中国农业保险体系的基层组织是由中国的农业发展水平和农业生产特点决定的。目前,中国农村经济市场化程度不高,地区间还存在较大的差异,农民的保险意识不强,发展农业

保险仅仅依靠国家保险公司是不行的。尤其是中国农业生产实行分散化的家庭经营使得保险标的分散化,国家保险公司机构难以下延,从而使农业保险出现了承保难、收费难、防灾难、定损难、理赔难等一系列困难。因此,农业保险的发展还要依靠社会力量,把农民群众自己的力量组织起来,互助共济,成立各种形式的农业保险合作社或互助组织,本着"取之于民,用之于民"的原则,进行灾后补偿服务。同时,采取互助合作的形式,使保险人与被保险人具有利益上的一致性,减少了道德风险和逆选择。保险条件、保险费率和保障水平也可以根据当地经济发展水平来决定,具有灵活性。

三、建立农业风险补偿基金

农业保险就其实质来说,是一种农业风险补偿制度。任何形式的风险补偿制度都离不开与风险相适应的补偿基金,农业保险也不例外。从中国现阶段实际情况出发,农业保险补偿基金的筹集应采取国家、地方、集体和农户等多种渠道。第一,国家和地方政府提供一定的财政支持。第二,多部门筹集资金。民政部可把一部分救灾资金用于发展农业保险事业;各类农产品商品基地建设可与农业保险相结合,在资金上进行适当的融通;国家可以把农产品价格补贴的一部分资金用于农业灾害保险。第三,农民自筹资金。对农业保险免征营业税和所得税,通过农业保险机构实施损失共担,节余归保险机构所有,积累基金用于大灾赔付。第四,设立农业保险附加税。课征税款由税务部门汇入当地省级农业风险补偿基金,从而使补偿基金得到源源不断的财税补充。第五,通过农业风险补偿基金自身的增值来积累。农业风险补偿基金必须由专门机构集中管理,有效运用(包括投资和保险等),以实现逐年增值。

四、实行强制保险与自愿保险相结合的农业保险形式

国家通过立法形式对小麦、水稻、玉米等主要农作物和棉花、油料、甜菜等主要经济作物实行强制性保险,可称为基本农作物强制保险,费率按不同作物品种和不同地区的风险等级来确定。一般来说,基本农作物保险费率相对较低,国家可提供一定的补贴,应能使每个农业生产经营者都有足够的经济承受能力。对于基本农作物保险以外的其他农作物实行自愿保险。

第三节　构建中国农业保险经营模式的政策保障

再完美的经营模式也必须要有完善的政策保障才能顺利运行,因此,探讨中国农业保险的经营模式必须对其所需的政策保障进行分析。

145

一、加大宣传力度,增强农民的保险意识

农业保险是建立在大数法则基础之上的,需要在范围较大以及风险主体持续投保的情况下才能将风险在时间和空间上得以分散,所以提高农户对农业保险的认识水平对于扩大农业保险承保面具有十分重要的意义。

农民的保险意识直接决定着农业保险的需求,是农业保险发展基础的重要组成部分。农业保险在中国还是一项新的事业,许多农民,尤其是文化程度较低的农民对农业保险的方法、作用等了解不多,农民保险意识普遍比较淡薄,没有真正理解保险救助灾害、扶贫济危的本质含义。过去的实践证明,农业保险之所以失败,往往与农民保险意识差分不开。他们有的认为参加农业保险是白交钱,看不到可能的风险,侥幸心理严重,自己受灾时,只能自

认倒霉。有的认为参加保险就得从保险公司那里赚来钱,不然就是吃亏。

发展农业保险,农民是主体,为了改善农民保险意识薄弱的现状,当前应采取多种形式加大宣传力度,如海报、讲座、电视、广播等。在宣传中让农民对农业风险危害性、投保的利弊等有清楚的认识,同时把农业保险与乱摊派区别开来。

二、加快农业保险立法工作

市场经济是法制经济,随着经济体制改革的深入,农业保险受到来自市场经济越来越大的压力,亟须国家的法律支持。

农业保险同单纯的商业保险不同,1995 年 10 月 1 日开始实施的《中华人民共和国保险法》第 149 条规定:"国家支持发展为农业生产服务的保险事业,农业保险由法律、行政法规另行规定。"对农业保险立法是当今实行市场经济的许多国家的共同做法,而中国至今没有对农业保险单独立法。《农业法》第 31 条也规定:"国家鼓励和扶持对农业保险事业的发展。"这些法律的明文规定为我们尽快制定专门的农业保险法律提供了法律依据。2003 年新修订实施的《保险法》(第 115 条)中明确规定:"国家支持发展为农业生产服务的保险事业,农业保险由法律、行政法规另行规定。"这一方面表明农业保险的发展可以不受《保险法》规定的自愿原则的限制,可以采取强制方式;另一方面也意味着在《农业保险法》没有出台前农业保险缺乏法律约束及法律保障。2003 年 3 月 1 日实施的修改后的《农业法》第 46 条也指出"国家逐步建立和完善政策性农业保险制度。鼓励和扶持农民和农业生产经营组织建立为农业生产经营活动服务的互助合作保险组织,鼓励商业性保险公司开展农业保险业务"。

没有专门的法律法规的保障,农业保险的发展就不可避免地会落入尴尬的境地。农业保险中,国家和保险人之间的关系、保险活动当事人之间的关系等需要有专门的法律法规来规范和调整；农业保险的经营目标、经营原则、组织形式、政府支持方式、实行法定或自愿的保险确定等，也需要专门的法律法规来规范。同时，由于农业保险的特殊性，客观上也需要专门的保险立法。由于农业保险的发展对农业再生产的进行有着重要和深远的意义，建立和健全中国的农业保险立法已成为当务之急。因此，中国应加快《农业保险法》的立法进程，完善与农业保险相关的法律法规体系，为农业保险的发展提供配套的法律保障。

三、加大财政支持力度

财政支持包括财政补贴和税收减免等政策。财政补贴可分为对农民的保费补贴和对经营主体的补贴两个层次。目前，在开展农业保险试点的地区，地方财政都给农民直接的保费补贴。今后应继续保持保费补贴政策不变，从而在扩大承保面的基础上获得农业保险持续经营经验。政府应对符合资质的商业保险公司进行审核、服务、监督、管理，并提供相应的管理费用补贴。

针对外资农业保险公司扶持问题，地方政府可以对于种、养两业保险在特定承保率、承保成数的条件下给予农户保费补贴和经营主体管理费用支持。保险公司应对农业保险业务进行单独立账，单独核算。国家可对农业保险业务在免去营业税的同时，减免所得税，鼓励保险公司开拓农险业务；并规定所减免的税收转入专项农业保险基金，用做应对农业大灾之补偿的积累。

四、加强防灾防损体系建设

农业保险在于"防赔结合、预防在先"。农业生产风险预防体系中农业保险经营主体受承保能力限制只能提供很少的一部分资金，预防体系的构建需要包括农户、社会化服务组织、农业保险经营主体、各级政府的共同努力。

首先,建立健全农业社会化服务体系。应该重点建立几大体系:农业信息体系、农产品市场体系、国家农业标准和质量监测体系、技术创新和推广体系。单一农户面临的经营规模小,技术缺乏,市场信息分散,难以全面而准确地把握市场供求信息。这些问题如果不能一起得以解决,农业生产风险就始终处于风险敞口之中,从而导致农业生产的不可控制性更深,最终没有任何风险化解机制能够得以实行。因此,应提供面向农民完善的社会化服务体系,进一步培育农业专业合作组织,从购销联合、技术互助出发,培养农户群体的认同感,待逐渐发展完善之后可以从外部加以引导开展小范围的互助保险。当前龙头企业普遍采用以低价或无偿的方式为农户提供种子(种畜)、种植技术、防疫防病等内容的服务,承担或者替代了专门的服务,有的企业还为农民保险提供担保,其目的无非是为了保证原料品质、数量,稳定种养殖规模,无形中提升了农户农业生产的基本条件,使得农户农业生产的风险敞口得以初步控制。

其次,利用农业产业化经营把分散的农户组织起来,共同参加农业保险。农业产业化经营所建立起的农业生产者之间的合作机制,提高了在一个产业化组织内部的信息透明度,成员之间形成了多种形式的相互约束和监督机制,可以有效降低农业保险中的道德风险。农业产业化的多种实现形式可以有选择地成为农业保险的组织载体,如"龙头企业+农户"的产业化组织可以成为农业保险的一个投保组合,从而有效降低保险成本。

最后,各级政府可以通过加大农业基础设施建设、加强农业科研和推广等措施,来提高农业的生产能力和竞争能力:启动"绿箱"政策措施,如病虫害控制、卫生检疫措施、保障粮食及食品安全、提高市场信息服务等;资助农民进行农业结构调整,对农产品环境项目进行补贴等;实施气象灾害监测预警与应急工程,利用信息平台提供包括农业气象、农业快讯、农情预防等多种农业信息栏目,增强预警信息发布能力,提高全社会预防及应对重大气象灾害及其衍生自然灾害、事故灾难、公共卫生乃至社会安全事件的能力和水平。

五、农业保险与保险支持相互配合

有关保险机构对于参加保险的农户可优先给予保险支持。在降低保险机构保险风险的同时促进农村社区保险机构增加农户保险的比重。借鉴上海安信农业保险经验,对经营农业保险的公司出现流动性资金不足的融资需求,允许申请一定额度的无息或低息保险,增强保险人的赔付能力,还款资金以以后年度的保费收入做担保。借鉴吉林安华农业保险公司经验,利用现有的农村保险机构销售标准化的农业保险产品,从而实现经营费用的节省。

149

第二篇

农业保险经营模式的选择——
以云南省为例的分析

第七章　云南省农业与农业保险的现状分析

第一节　云南省农业基本状况

一、云南省农业资源禀赋

1. 云南省概况

云南省位于中国西南边疆,全省东西横跨 846.9 公里,南北纵越 990 公里,全省面积约 38.32 万平方公里。云南以自然条件独特多样、垂直差异显著、自然资源丰富著称。全省地貌以山地高原为主,坝子星罗棋布,垂直高差悬殊。全省 94% 的面积为山地高原,其间有 1 平方公里以上的坝子 1440 多个,占总面积的 6%。地势北高南低,呈阶梯状下降。最高点位于西北部滇藏交界处的太子雪山主峰卡格薄,海拔 6740 米,最低点为东南部河口县元江及其支流南溪河交汇处,海拔 76.4 米,两者高差达 6664 米。

云南属低纬度高海拔山区省份,西部为横断山脉峡谷区,东部为云贵高原,南部为中低山宽谷盆地区,独特的地理位置造就了复杂多变的自然条件。全省以山地为主,山地、高原占全省总面积的 94%。地势西北高、东南低,全省平均海拔 2000 米左右。山地高原间分布着众多的山间盆地和河谷地,全省盆地面积约 2.4 万平方公里,占土地总面积的 6%。云南土地类型多,地域组合复杂,

153

垂直差异明显,高纬度与高海拔、低纬度与低海拔相组合,使南北之间,不同海拔地区之间农业自然条件差异明显,农业自然条件呈现多样性和复杂性。

2. 人口

云南省有人口 4543 万。具有人口增长速度快、农业人口比重大、分布不均匀、少数民族多的特点。农业人口占总人口的85.28%。全省平均人口密度每平方公里 94 人,分布极不均匀,中部、东部人口较密,密度多在 200 人以上,滇西北及南部边缘地区人口稀少,如迪庆州每平方公里不足 12 人,德钦县仅 7 人;同一地区人口又主要集中在坝区及河谷地区,山区居民稀少。如昆明市人口平均密度约 211 人,但城区人口密度却高达 2.5 万人。

3. 耕地

全省农业用地 3010.09 公顷,占全省土地总面积的 78.55%。至 2002 年,全省累计建成了 2511 万亩不同层次的高产稳产农田,有效灌溉面积达到 2105 万亩,旱涝保收面积 1255 万亩。全省土地以山地坡地为主,坡度小于 8 度的土地有 3.4 万平方公里,占全省土地的 8.87%;8—15 度的土地有 5.26 平方公里,占 13.71%;15—25 度的土地有 14.34 平方公里,占 37.41%;全省坡度大于 25度的土地占土地总面积的 39.27%。全省处于可用耕地资源不足、宜农荒地日趋减少的困境中。

4. 气候

云南地处南亚热带季风、东亚季风及青藏高寒气候的结合部位,但大部分地区属亚热带高原型季风气候,全省最热月均温19—22℃,最冷月 5—7℃,年温差仅 10—14℃,日温差较大,冬季温差可达 12—20℃。由于省内地形走势呈低纬度低海拔,高纬度高海拔的特点,致使省内 8 个纬度内呈现寒温热三带,具有相当于中国南部的海南岛到东北的长春的气候差异,且气候带交错分布,北部的气候带沿山脊南伸,南部的气候带逆河谷北上;高纬度高海拔地区长冬无夏,低热河谷长夏无冬。此外,干湿季分明,年均降水量约 1100 毫米,5—10 月为雨季,降水丰沛,几乎集中了全年降水的 85%—90%;11 月—翌年 4 月为干季,降水少,晴天多,日照充足。由于降水季节分配不均,干旱、洪涝和低温、霜冻、冰雹、风灾等自然灾害几乎每年都有发生。根据 1950—1999 年气象灾害资料,云南气象灾害具有种类多、频率高、重叠交错;分布广、季节性、区域性突出;成灾面积小、累积损失大的特征。其中地理环境、气候、人类活动是形成云南气象灾害的主要原因。特殊的低纬高原、邻近热带海洋、地形地貌复杂、山高坡陡、植被少、降雨集中、地质构造复杂、断裂活动强烈是形成云南气象灾害的地理环境因素。季风强弱与冬夏大气环流差异是决定云南气象灾害的主要气候背景。人口剧增、垦殖过度、滥伐森林、水土流失严重是加剧云南气象灾害频繁发生和损失严重的主要人为因素。

根据云南省气象局统计资料,1960—1980 年的 20 年间,全省太阳年总辐射量在 3620.32—6681.71 兆焦耳/m^2,大部分地区 5024.16—5861.52 兆焦耳/m^2,全年日照时数多数地区为 2100—2300 小时,全省大部分地区光能充足,有利于农作物生长,但在季节和地区之间很不平衡,总辐射量以春季、夏季较多,秋、冬季较少。小气候特点十分明显,地区差异十分突出,对大面积推广良种和先进农技措施不利,对农业产业形成规模不利。云南独特的半年干旱半年下雨的气候,造就了冬季农作物属灌溉型农业,夏秋作物属补充灌溉型农业,这是造成果树、旱粮、茶叶、甘蔗等作物大面积低产,牛羊等草食牲畜出栏率低的原因。

5. 水文

云南省内河流具季风性山区河流特点,水位季节变化大,水流湍急,水力资源丰富。受山脉走向控制,滇西北地区怒江、澜沧江、金沙江顺地势自北向南平行流动,其间最近处相隔仅 76 公里,越往南相隔距离逐渐增加。金沙江流至丽江石鼓附近突然折向东

155

流,怒江和澜沧江流至北纬 25°附近呈辐射状散开,流域分布呈扇面形状。全省河流分为伊洛瓦底江、怒江、澜沧江、金沙江、元江和南盘江 6 大水系,分别注入印度洋和太平洋。受巨大断裂影响,省境呈南北向条状分布的断层湖多达 40 余个,如滇池、洱海、抚仙湖、程海、泸沽湖等。全省土地面积 6%的坝区,集中了 2/3 的人口和 1/3 的耕地,但水资源量只有全省的 5%,平均每公顷耕地占有水资源量仅为全省的 16.7%。总体上云南仍属受水资源制约的贫水省。

6. 动植物与土壤

云南处于泛北极植物区系和古热带植物区系交汇地带,植物组成成分从南到北依次有热带雨林、季雨林、热带稀树草原旱生植被;亚热带常绿阔叶林、混交林和针叶林;温带、寒温带针叶林等。动物基本属中国西南区系和华南区系,大部分地区与中国东南部季风区耐温动物群种相同,滇西北则与青藏高原耐寒动物群相似,南部边缘则多栖息中南半岛的动物群种。

7. 自然地理区划

自然地理区在中国综合自然区划中,云南省境分属 3 个自然地理区:

藏东川西山地针叶林、高山草甸区:省境西北属此区,范围不大,属青藏高原的东南边缘,地形高差悬殊,植被、土壤均呈明显垂直分布。

中亚热带云南高原常绿阔叶林区:省境主体属此区,以高原湖盆为主,地貌类型多样,属高原型季风气候,植被类型丰富。可分为 3 个亚区:小江断裂以东为滇东喀斯特高原亚区,干旱为主要不利自然因素;横断山平行岭谷亚区,点苍山、哀牢山以西,高山深谷平行排列,气候、土壤、植被均呈明显垂直变化;两者之间为滇中、川西南高原湖盆亚区,高原面完整,起伏和缓,气候四季如春,农业基础较好。

滇南热带季雨林区:为中国热带的向西延伸,土地利用需强调防止水土流失的各种措施。可分为滇南低热河谷、滇西南高原宽谷及滇东南喀斯特高原等3亚区。

8. 垂直气候变化

农业云南全境为"九分山和原,一分坝和水"。农业生产深受自然条件的制约和影响,水热条件随海拔不同而异,具有突出的"立体农业"特点,地区差异显著。农业中以种植业占主要地位,兼有农区和林牧区畜牧业特色。

全省大部分地区山川相间,垂直高差一般为 1000—1500 米以上。每一区域从山麓到山顶均可划出几个不同的气候类型,民间通常以"山高一丈,大不一样"、"一山有四季,十里不同天"来形容。气候的垂直变化又导致土壤、植被的垂直分布。如哀牢山从东坡海拔 500 余米的元江谷地到海拔 3165.9 米的主峰,相对高差 2600余米,垂直带谱为:①海拔 500—1000 米为南亚热带半干旱气候型,元江河谷灌丛草坡下分布有燥红土。②1000—1600 米为南亚热带半湿润气候型,中山下部思茅松、常绿阔叶林及针阔叶混交林下为赤红壤带。③1600—1900 米为中亚热带半湿润气候型,中山灌丛草坡分布有红壤。④1600—2400 米为中亚热带半湿润气候型和北亚热带湿润气候型,中山中下部云南松及针阔叶混交林下分布有黄红壤。⑤2000—2700 米为北亚热带及暖温带湿润气候型,中山中上部常绿阔叶林及中山湿性常绿阔叶林下分布有黄棕壤。⑥2700—3000 米为暖温带湿润气候,中山上部铁杉林、针阔叶混交林下分布有棕壤。⑦3000 米以上为暖温带湿润气候,亚高山灌丛草甸植被下为棕毡土。但云南西部地区存在植被倒置现象,如西双版纳景洪勐龙坝低盆地边缘分布有热带季节性雨林,中间 700—1300 米坡面则分布有南亚热带常绿栎类混交林带;但至南糯山或勐养1300 多米又重复出现热带雨林树种,这一现象与西部地区常有逆温存在有关。

二、云南省农业结构现状

1. 农业概况

云南是一个以农业为主的省份,全省77%的人口在农村,75%的国民收入、70%的财政收入、60%的创汇收入和80%的轻工业原料都直接或间接地来自农业。改革开放以来,云南坚持以经济建设为中心,不断深化改革,扩大开放,始终把解决"三农"问题作为全省工作的重中之重,全面落实党在农村的各项方针政策,千方百计增加农业投入,按照"围绕增收调结构,突出特色闯市场,依靠科技增效益"的思路,采取切实有效措施,实现了农业和农村经济的较快发展。特别是"十五"以来,云南农业和农村工作取得了显著成效,产业区域布局逐步趋于合理,初步形成了以滇中、滇东北为主的粮食、油料、烤烟、花卉种植区;以滇南、滇西南为主的甘蔗、茶叶、橡胶、咖啡、南药主产区;以滇西、滇西北为主的畜牧业生产区;建立了一批区域性支柱产业。烟、糖、茶产量分别居全国第一、第二、第三位。

2. 产业结构调整状况

"十五"末,云南省农业结构进一步优化,粮食与经济作物种植比例调整为70.3%∶29.7%,优质专用粮食面积突破2000万亩,烤烟、马铃薯和蔬菜(含瓜果)等特色农业面积分别达到572.6万亩、746.7万亩和761.3万亩,冬季农业开发面积达1442万亩,稻田养鱼面积达153.5万亩,名优水产养殖面积达11.4万亩。全省各类农业龙头企业发展到2561家,固定资产总值达到208亿元,销售收入226亿元,全省经国家和省认定的重点龙头企业有96家;农民专业合作经济组织发展到2576个,全省已初步形成了龙头企业、合作组织与农户的利益连接机制。农业标准化生产全面推进,农产品质量综合质检体系逐步完善,无公害农产品生产面积达到1500万公顷,全省"绿色产品"、"无公害农产品"、"有机农产品"认证数累计达到586个。累计转移农村富余劳动力492万人,劳务收入突破 100 亿元,达 108 亿元。农村户用沼气池累计建设 150 万口,农村改灶累计 600 万户。农产品出口大幅增加,全省农产品出口达 4.8 亿美元,农产品出口已占到全省外贸出口总额的 18.2%。农业增加值增幅高于全国平均水平 1.1 个百分点,农民人均纯收入增幅高于全国平均水平 0.3 个百分点。

云南省农业总产值由"九五"末的 680.86 亿元增加到"十五"末的 1068.58 亿元,增长 56.9%,年均增长 9.4%,比"九五"高出 1.88 个百分点;农业增加值由 436.26 亿元增加到 656.18 亿元,增长 50.41%,年均增长 8.5%,比"九五"高出 1.03 个百分点;粮食总产量由 1467.8 万吨增加到 1514.9 万吨,增长 3.2%,年均增长 0.6%;肉类总产量由 205.17 万吨增加到 300.04 万吨,增长 46.24%,年均增长 7.9%;畜牧业总产值由 201.49 亿元增加到 339.68 亿元,增长 68.6%,年均增长 11%,比"九五"高出 1.37 个百分点,畜牧业产值占农业总产值的比重由 29.6% 上升至 31.8%,增加 2.2 个百分点;农民人均纯收入由 1478.6 元增加到 2042 元,增长 38.1%,年均增长 6.6%;农村贫困人口由 1022 万人减少到 732 万人,贫困发生率由 29.63% 下降到 21%。呈现出了农业总产值突破 1000 亿元,肉类总产量突破 300 万吨,肉类总产值突破 300 亿元,农民人均纯收入突破 2000 元,粮食总产量突破 1510 万吨等显著特点。

159

3. 各主要农业部门状况

云南省耕地仅 277 万多公顷,占土地总面积的 7%,但种植业产值却占农业总产值一半以上。林地和荒山荒地虽占土地总面积的 70% 左右,但林、牧业产值却仅占农业总产值的 1/3 左右。耕地利用不尽充分,平均复种指数仅为 145%。在耕地总面积中,水田约占 35.6%,旱地占 64.4%。其中,1/3 耕地集中于平坦的坝区,以水田为主;2/3 散布于起伏的山区,以旱地居多,且多为坡耕地。

（1）种植业以水稻、玉米、小麦和豆类、薯类等粮食作物为主，播种面积约占作物总播种面积的 4/5 以上。其中水稻最多，集中于中、南部热带和亚热带坝区。大致海拔 1750 米以下及南部低纬地区以籼稻为主，1750—2000 米为籼粳交错区，2000 米以上则为粳稻区。玉米全省各县、市均有种植，主要集中分布于 1000—2000 米山区，坝区较少，其垂直分布上限达 2900 米左右。其中，以滇东北种植较多，滇东南、滇西北次之，滇西南较少。小麦垂直分布范围广，300—3000 米地区均能种植，但以 1000—2500 米地区为集中。除滇西北高寒的中甸、维西有少量春小麦外，基本均为冬小麦区。

（2）经济作物主要有甘蔗、烤烟、茶叶等，此外，还有紫胶和橡胶。甘蔗主要产于南盘江、元江、怒江、金沙江、龙川江、大盈江及澜沧江等河谷地带，甘蔗和蔗糖产量在全国均名列前茅。烤烟主要集中于滇中高原的曲靖、玉溪、昭通等地区和楚雄州，种植面积和产量仅次于河南，居中国第二位，是中国"云烟"重要产区。茶叶产量居中国第六位，以大叶茶为云南特有品种。紫胶产量占全国 80% 以上，大部分出口。此外盛产三七、天麻、当归、虫草、杜仲、砂仁、萝芙木、美登木等多种名贵药材。省内盛产多种水果，以宝珠梨、雪梨、"象牙芒果"、石榴等著名。

（3）云南省牲畜有黄牛、水牛、马、驴、骡、猪、绵羊、山羊、兔，高寒山区有牦牛和犏牛。农区畜牧业以生猪饲养为大宗，其次为黄牛、水牛、绵羊、山羊及鸡、鸭、鹅等家禽。其中，坝区以厩养为主，山区则以小群放牧居多。林牧区分布海拔较高，其畜牧业比重高于农区，以定居放牧为其经营特点。牲畜以绵羊、马、山羊、黄牛比重较大，水牛与猪比重较小。牦牛和犏牛则为滇西北高寒山区所特有。

（4）林业为云南省一大优势，但产值仍较低。云南有林地面积 953 万多公顷，约占全国森林面积的 8%，占全省土地面积的

24.9%。森林总蓄积量约9.88亿立方米,仅次于黑龙江、西藏、四川,居全国第四位。但产值仅占农业总产值的9.28%。其中,用材林约占有林地面积的4/5和森林总蓄积量的3/4。用材林资源分布以滇西北最为集中,是云南省目前重点开发的林区,也是中国重要林业基地之一。以经济价值高、材质优良的冷、云杉为主,铁杉、落叶松、高山松、桦木、高山栎等树种混生其间,省境南部出产多种珍贵热带林木。林副产品主要有松香、栲胶、紫胶、栓皮、木耳、香菌等。经济林分布以滇东南、滇东北和滇西较多,而林副产品则集中于滇中和滇西南。

(5)渔业是农业中的薄弱环节。全省现有水域28万公顷,养殖水面5.17万公顷,占可养水面的30%,年总产量仅3万余吨,主要产于湖泊。

4. 农业经济区划分

首先,农业区云南农业生产垂直差异较大,以滇西横断山区为例:①海拔750米以下为热带作物带。②750—1300米为双季稻加冬作一年三熟带。③1300—1750米为籼稻冬作两年五熟带。④1750—2000米为籼粳交错加冬作一年两熟带。⑤2000—2400米为粳稻加冬作一年两熟带。⑥2400—2800米为两年三熟带。⑦再向上是耐寒作物一年一熟带。⑧3600米为农作物种植上限。⑨4000米为森林分布上限。⑩4500米以上为永久积雪的高山冰漠带。

其次,云南省农业生产地域性特征突出,地区差异大。南部河谷地区作物一年三熟,以水稻、旱谷为主,适宜橡胶、可可、咖啡等热带作物及南药的生长,为中国橡胶基地和适宜发展热带林木地区。往北海拔稍高地区,粮食作物两年五熟,为甘蔗、茶叶、紫胶产地。甘蔗产量以德宏、保山、红河3地、州最多,占全省58%;茶叶以临沧地区、保山、思茅、西双版纳为主,4地、州总产量占全省80%;紫胶主要产于思茅、临沧,产量约占全省80%以上。滇中高原地区坝子多,耕地集中,水利条件好,复种指数约可达160%,为全省粮食、烤烟和油菜主要产区,如曲靖、玉溪两地区的烤烟产量几占全省总产的46%,油菜籽占34%。滇东北的昭通、东川等地(市)是玉米、马铃薯、烤烟、油菜产区;生漆、乌桕、油桐发展潜力很大;苹果、柑橘产量居全省前列。柑橘主要产于金沙江河谷地区,可发展为外贸水果基地。

滇西北高海拔地区,作物一年一熟,粮食以青稞,薯类为主,是省内唯一以云杉、冷杉林为主的大面积高山针叶林区,也是绵羊、丽江马、牦牛产区和省境重要药材产地。

根据以上特点,本省可分为以下7个农业区:
①滇中粮、油、烟、经济林区;
②滇西粮、蔗、林、牧区;
③滇东南蔗、粮、林、牧区;
④滇西南茶、紫胶、蔗、林、牧区;
⑤南部边缘热作、热林、蔗、茶区;
⑥滇东北经济林、旱粮、油、烟区;
⑦滇西北林、牧、药材区。

三、云南省主要农业自然灾害

云南省是一个以农业为主的省份,农业在云南省国民经济中处于十分重要的战略基础地位。但由于云南省属边疆地区、民族地区、山区的基本省情,使农业生产方式相对东部地区落后,农业生产受自然条件约束更为明显,对农业自然灾害的承受力相对较弱。据统计,云南省1950年至1990年的40年间,各类自然灾害造成直接经济损失220多亿元,造成人员死亡1400多人,其中因气象灾害造成直接农作物受灾2233万公顷,直接经济损失150多亿元;因水土流失等地质灾害造成直接经济损失60亿元;因生物病虫害造成农作物受灾面积888万公顷,直接经济损失10亿元。

云南省自然灾害中对农业生产有重大影响的主要有干旱、洪涝、霜冻、风灾、水土流失（包括滑坡、泥石流、崩塌等地质灾害）、病虫害等。

1. 旱灾

旱灾在云南的自然灾害中是最为严重的灾害，出现次数最多，持续时间最长，影响范围最大，严重影响云南省农业生产。

云南省旱灾的基本情况：根据统计，1979 年以前平均每 9 年有一次大旱年，从 1979 年以后，几乎每年都属于大旱年。1950—1979 年的 30 年间，大旱年比小旱年多，平均不到 3 年就有一次大旱年。[①] 1950—1997 年全省农经作物受旱面积高达 1479.41 万公顷，占气象灾害总面积的 43%，平均每年有 50% 左右的县（市）受到不同程度的干旱影响，每年受旱面积约 31 万公顷。[②]

云南省旱情具有明显的季节性分布，一般分为春旱、夏旱、秋旱和冬旱。春旱一般发生在 3—5 月，发生频率最高，总体发生地区分布为，多雨地区大旱年少、小旱年多，少雨地区大旱年多、小旱年少。夏旱一般发生在 6—8 月，夏旱持续时间较短，多出现于初夏时节。夏旱多属局部性发生，成灾年份少；秋旱一般发生在 9—11 月，分为初秋旱和晚秋旱。后者影响较前者严重。冬旱一般发生在头年 12 月至次年 2 月，冬旱由于出现年份少，灾情仅限局部地区。云南干旱灾害的地域分布特征明显，从滇西北的梅里雪山起，沿着苍山到哀牢山一带的东部和东北部的迪庆、丽江、大理、楚雄、昆明、玉溪、红河、文山、曲靖、昭通等地是常年易出现旱灾的地区，其中尤以金沙江、澜沧江、怒江、元江及南盘江流域等干热河谷地区和常年少雨地区（如建水、开远、蒙自、陆良、祥云、宾川、元谋、

163

---

① 谢应齐、杨子生：《云南省农业自然灾害区划》，中国农业出版社 1995 年版。
② 解明恩、程建刚、范菠：《云南气象灾害的时空分布规律》，《自然灾害学报》2004 年 10 月。

巧家、永胜等)旱象最为突出。①

表7-1 1950—2008年云南农作物受旱面积及成灾面积统计

（单位：万公顷）

年份	受旱面积（万公顷）		成灾面积（万公顷）	
	合计	年平均	合计	年平均
1950—1959	137.33	13.73	51.28	5.13
1960—1969	199.06	19.91	92.42	9.24
1970—1979	187.16	18.72	83.38	8.34
1980—1989	453.29	45.33	201.34	20.13
1990—1999	901.91	69.38	474.73	36.52
2000—2008	649.70	72.19	373.60	41.51
1950—2008	2409.65	40.84	1218.05	20.64

表7-2 1950—2009年云南年均因旱损失粮食统计

年份	粮食播种面积/万公顷	粮食总产量/万吨	因旱损失粮食/万吨	因旱损失粮食占总产%	单位播种面积因旱损失粮食/（公斤/公顷）
1950—1959	2756.30	—	13.96	—	—
1960—1969	3101.90	—	13.38	—	—
1970—1979	3508.80	7531.05	21.43	0.28	6.10
1980—1989	3448.00	9366.87	45.97	0.49	13.33
1990—1999	3684.70	11882.18	60.00	0.51	16.28
2000—2009	4153.25	14888.09	110.41	1.25	44.29
1950—2009	14794.75	43668.19	265.15	0.71	20.19

注：2000—2009年中不含2000、2004、2005、2009年的旱灾统计。

2. 洪涝

洪涝可分为洪灾和涝灾，前者是指短时间内强度较大的降水

---

① 解明恩、程建刚、范菠：《云南气象灾害的时空分布规律》，《自然灾害学报》2004年10月。

造成山洪暴发或河水陡涨,后者是指较长时间(一般在7天以上)的连续性降水或兼有中到暴雨而造成的水涝灾。洪灾多发生于山区或坡地,涝灾多发生于河谷盆地(云南称坝子)。

云南由于地处低纬度高海拔地区,受季风影响,降水多集中于夏季,极易发生洪涝灾害。云南洪涝灾害除1月份外,各月均有出现,但由于全年降水量80%集中在6—11月,其中又以7、8两月为主,据统计在这段时间全省出现的洪涝灾害占全年的53%。

云南洪涝灾害具有普遍性、季节性、区域性、插花性、交替性的特点。多数洪涝出现在夏季6—8月,其次是秋季9—10月。云南主要洪灾区分布在滇东北,滇东南、滇南和滇西南地区,即昭通、曲靖、文山、红河南部、思茅、临沧南部、保山西部、德宏等地。云南洪涝分布面广,成灾面小,在一个地区甚至一个县、一个乡多呈插花性分布。云南旱涝交替现象尤为突出,先旱后涝或先涝后旱现象经常发生。境内主要的洪泛河段有龙川江楚雄段,小江新村段,昭鲁大河昭通段,牛栏江塘子以下,南盘江沾益、曲靖、陆良、宜良段,华溪河曲江段,泸江开远段,甸溪河竹园段,盘龙河文山段,元江元江段,川河景东段,弥茨河邓川段,澜沧江景洪段,南垒河孟连段,姑老河孟定段,大盈江下拉线段,瑞丽江瑞丽段等,经常受到洪水威胁的县以上城镇有:昆明、楚雄、绥江、文山、河口、元江、景洪、富宁等。

据统计,1950—1997年云南平均每年有50余个县(市)发生洪涝,全省受洪涝灾害影响的农作物面积为748.5万公顷,平均每年受灾面积达15.6万公顷,占气象灾害影响面积的23%左右。

3. 低温霜冻

低温霜冻对云南省农业造成影响的主要有3类,即:霜冻、倒春寒、八月低温冷害。低温冷害指农作物生长期内,因温度偏低,影响正常生长或者使农作物生殖生长过程发生障碍而导致减产的灾害。霜冻灾害指冬作物和果树、林木等在越冬期间遇到0℃以

下或剧烈变温天气引起植株体冰冻或丧失一切生理活力,造成植株死亡或部分死亡的现象。冷灾是云南仅次于旱灾的主要气象灾害。云南冷灾主要指冬季的强寒潮、重霜冻、春季的倒春寒及夏季8月低温等与冷空气活动有关的寒冷天气造成的灾害。1950—1995年全省农作物受冷灾面积为439.23万公顷,占气象灾害面积的15%,成灾面积254.7万公顷,成灾率高达58%,居全省各类气象灾害成灾率之首。一般年份冷灾的影响在0.67万公顷以上,严重时遍及全省大部地区,受灾超过6.67万公顷,而8月低温引发的稻瘟病等灾害链对水稻更是致命的打击。

云南低温冻害的地区分布特征。以近40年的统计资料分析,全省各地出现过低温冻害,但以滇东北的昭通地区、东川市和曲靖地区,滇西北的迪庆、丽江和大理州北部受灾最为频繁;其他地区受灾程度相对较轻,如昆明市、玉溪地区、保山地区北部、丽江地区东部、怒江地区东部、大理地区南部;较少出现低温冻害的地区有德宏州、保山地区南部、临沧地区、思茅地区、红河州南部和文山州南部、西双版纳州。

云南低温冻害的时间分布上各月均有出现,一般每年11月至次年4月较频繁。12月至次年1月全省均有可能出现低温冻害,以后受灾地区逐渐向北移动,1月以后出现在北纬24度以北,4月以后多出现滇东北和滇西北,6—8月主要出现在滇东北、滇东和滇中的高海拔山区。

4. 风雹灾害

风雹灾害包括风灾和冰雹两种。

风灾是大风对农业生产造成的危害,主要使土壤风蚀、沙化,对农作物和树木产生机械损害,影响农事活动,破坏农业设施,传播植物病虫害和输送污染物质。风的机械损害表现为树木和作物的倒伏、折枝、折干、落粒、落果等。风灾是云南常见气象灾害中影响较小的一种,大多在局部地区出现,对农林、房屋、建筑、输电、通讯线路等造成损害。每次风灾中农作物的受灾面积通常在数十至数百公顷之间,受灾面积达到上千公顷的情况极少出现。大风对农业生产造成的损失仅占自然灾害的 1%。云南全年均可出现大小不等的风灾,其中以春季最为严重。云南风灾平均每年约 20 县次,最多年份可达 35 县次,受灾面积达 9.20 万公顷。云南风灾有明显的季节和日变化特征。春季是云南的风季,2—4 月风速较大,午后易出现偏西大风,尤其是南支槽天气过境时,风力更大。3—4 月是云南风灾高频期,年均有 6—8 县次受灾,其次是盛夏 7—8 月,尽管月平均风速小,但因多强对流天气,小范围的局地强风仍有出现,年均 4—6 县次。云南风灾出现次数最多,灾情最严重的地区是滇东北的昭通市,历史上几次严重的大风灾害都发生在这一区域。云南重风灾区主要分布于昭通市北部的大关河、白水河一带的永善、盐津、大关、镇雄;滇东南的屏边;滇南西双版纳州的景洪、勐海、勐腊以及滇北的华坪一带,平均 2—3 年出现一次。中等风灾区主要集中于滇东北的昭阳、东川、宣威、罗平;滇东南的广南、马关、河口;滇南的思茅市、临沧地区的耿马,滇西的大理和贡山,滇西南的德宏州,平均每 5 年出现一次,以春季出现机会最多。云南有时在夏季因受当地地形和下垫面热力作用影响,在有利的天气系统影响下会出现风力极强、破坏性极大的龙卷风灾害,但机会较少,影响范围极小。

　　雹灾是指降雹给农业生产造成的灾害,其主要表现是使农作物、蔬菜和果树遭受机械损伤和冻伤,同时冰雹对牲畜和农业设施也会带来危害。雹灾是一种局地性强、季节明显、来势急、持续时间短,以机械性砸伤为主的气象灾害,对农业的危害最大,常造成局地粮食作物减产甚至绝收。冰雹、大风和雷暴这三种气象灾害一般有相伴群发和突发的特征,有时也可同暴雨同时出现。云南特殊的山地气候使其成为我国的重雹区之一。全省每年约有 60

个县次遭受不同程度的雹灾,受灾农作物约 9.1 万公顷。据统计,1950—1995 年风雹对农作物的危害面积达 568.87 万公顷,占气象灾害损失的 19%,20 世纪 80 年代以来,冰雹灾害频繁,对烤烟、花卉、蔬菜、水果等经济作物所造成的损失增大,1990—1995 年全省风雹危害面积 168.79 万公顷,年均受灾面积 28.13 万公顷,是 20 世纪 50—80 年代的 3 倍。云南较严重的冰雹灾害约 3—4 年出现一次。云南各月均有雹灾出现,其中以 3—5 月雹灾最多,夏季 6—8 月次之,秋季 9—11 月和冬季 12 月至 2 月最少。云南重雹灾区主要分布于昭通市的镇雄、昭阳、鲁甸、大关、彝良等县(区),曲靖市,文山州中部和南部,红河州南部,思茅市南部,临沧地区中西部,保山市,丽江市,迪庆州中北部以及玉溪市的江川、通海、峨山,大理州的鹤庆,西双版纳州的景洪等地,平均每年有雹日 2—4 日以上,最多年在 7 日以上,其中昭通市是云南雹灾最频发的地区,也是重灾区。

第二节　云南省农业保险的发展历史和现状分析

一、云南省农业保险的历史回顾①

农业保险(种植业、养殖业保险)从新中国成立不久,就由中国人民保险公司云南省分公司(以下简称“人保公司”)在全省范围内办理,1959 年随国内保险业务的停办而停办。党的十一届三中全会以后,国内保险业再度兴起。人保公司以国有保险企业的体制,从支援农业的角度出发,于 1982 年开始进行了农险的尝试,到

---

　　① 王力宾:《云南农业保险业的现状、问题与对策研究》,《学术探索》2001 年第 4 期。

2000 年已历经 18 年。在这 18 年中,经过起步试点、艰难曲折的探索过程,由于坚持了积极稳妥的试办方针,业务从无到有,种植业和养殖业保险已初具规模。统计资料显示,1999 年全省农险保费收入达到 5639 万元人民币,占当年财产险保费收入的 3.09%,全省农业保险金额达到 10 亿元,占当年财产险保险金额的 0.312%;农业险已决案赔款金额为 4633 万元,占当年财产险已决案赔款金额的 4.87%。其余年份的各项指标见表 7 - 3。从表 7 - 3 中的统计数字也可以看出,云南的农业保险虽具规模,但进展比较缓慢。从 1995 年至 1999 年的 5 年间,农业险的保险金额一直在 10 亿元附近波动,其金额占财产险保险金额的比重从未超过 1%,且呈逐年下降的趋势;从保费收入看,1995 年至 1999 年,农业险的保费收入也在 5000 万元范围内波动,其金额仅占财产险保费收入的 4% 左右,随时间的变动,农业险保费收入占财产险保费收入的比重也呈萎缩态势。

表 7 - 3　云南省 1995—1999 年农业保险主要统计指标一览表

指标名称 \ 年份		1995	1996	1997	1998	1999
保费金额	财产险(亿元)	1309	1415	2766	3722	3198
	农业险(亿元)	9.00	8.00	13.00	12.00	10.00
	比重(%)	0.69	0.57	0.47	0.32	0.31
保费收入	财产险(亿元)	82580	107608	150277	181259	182283
	农业险(亿元)	4298	5005	6237	5443	5639
	比重(%)	5.21	4.65	4.15	3.00	3.09
已决案赔款金额	财产险(亿元)	41256	69896	74137	91084	95095
	农业险(亿元)	2528	2851	5572	5314	4633
	比重(%)	3.13	4.08	7.52	5.83	4.87

资料来源:《云南统计年鉴 2000 年》,中国统计出版社 2000 年版。

　　从保险险种看,目前试办的农业保险险种不少,但覆盖面很

小。除个别险种(如水稻保险,烤烟保险),几乎没有成气候的险种。对全省经济和社会发展具有重要意义的主要农作物(如油菜、小麦、棉花等)和主要饲养动物(如生猪、奶牛、鸡、耕畜等)在生产过程中的风险,基本上没有或很少提供保险保障。有的边远县区和山区几乎没有涉足农业保险。从市场供给主体看,除人保公司外,其他商业性保险公司不愿意涉足农业保险领域,这主要是经营农险的风险大,农业保险业务赔付率高,商业保险公司难以从农险业务中获得利润。统计资料显示,1995 年至 1999 年云南省农业保险的平均赔付率达到 76.9%,各年份的赔付率如表 7-4 所示。

表 7-4　云南省 1995—1999 年农业保险业务赔付率一览表

指标名称 ＼ 年份	1995	1996	1997	1998	1999
农业险保险收入(万元)	4289	5005	6237	5443	5639
农业险已决案赔款额(万元)	2528	2851	5572	5314	4633
农业险赔付率(%)	58.81	56.96	89.33	97.63	82.16

资料来源:根据表 7-3 中资料整理而得。

二、云南省农业保险的发展历史和现状

1980 年,云南省政府提出"农村保险要抓紧,取得经验,逐步推开,为加速全省经济建设服务"的要求,1982 年 12 月,云南省各级保险公司与畜牧兽医部门联合开展了生猪、耕牛保健保险等养殖业试点工作。同时,在对种植业保险进行充分调研的基础上,制定了橡胶树、烟叶、甘蔗、咖啡树、森林火灾等地方性种植业保险条款,并开展试点。20 世纪 80 年代至 2005 年,共开办过生猪、大牲畜、养鸡、奶牛、水稻、玉米、烟草、甘蔗、森林、三七、蔬菜、橡胶树、咖啡树、花卉等 28 个商业性农业保险险种,累计保费收入 59365.30 万元,赔款支出 46189.10 万元,综合赔付率为 77.88%。

目前,云南省开办农业保险业务的仅有中国人保财险一家,农

险业务与其他产险业务并账统一核算。中国人民财产保险公司主要以烤烟保险为主,涉足农业保险。2005 年,人保财险云南分公司"三农"保险业务涵盖云南 9 个市州、49 个县。在农村种、养两业保险方面,一是在玉溪、曲靖、红河、昆明等地开展烟叶种植保险业务,共承保 213.6 万亩烟田,提供保险风险保障 49822 万元,赔款支出 3521.8 万元。二是开办森林火灾保险业务,共承保 125 万亩林地,提供保险风险保障 17336 万元,赔款支出 134.1 万元。三是在版纳、红河、楚雄等地开办橡胶树保险业务,提供保险风险保障 3322 万元,赔款支出 63.3 万元。四是在版纳等地开办甘蔗种植保险业务,提供保险风险保障 14022 万元,赔款支出 416.8 万元。五是试点开办了部分耕牛保险业务,提供保险风险保障 8.46 万元。在保障农村居民生产生活方面,曲靖、思茅、楚雄、迪庆、玉溪、临沧等地不同程度地开办了农房保险业务。

三、基于云南省农村固定观察点的微观实证研究

国家农村固定观察点系统的形成始于 20 世纪 80 年代中期。根据中办发[1984]37 号文件部署,在 1984 年冬天至 1985 年春中央政府动员了一大批学者在全国 272 个村庄和部分县乡进行了一次农村社会经济典型调查。调查完成后,在一些学者的动议下,中央政府经过慎重考虑,于 1986 年年底同意将这批被调查村庄设为固定观察点,进行长期观察。在二十多年的观察中,观察村与户样本规模与调查指标均有一定的调整。其中,大的调整共两次,一次发生于 1993 年,另一次发生于 2003 年。经调整后,目前全国共跟踪观察村庄 335 个,跟踪观察农户 21000 户左右。有关农户家庭保险问题的调查是 2003 年新添加的。主要内容包括保险支出金额与农民的投保类型。云南省自 2005 年将原来 5 个固定调查点村庄调整为 10 个村庄,共 760 户农民,分布在全省 10 个地区。本部分实证研究主要基于 2006 年的调研数据,对影响农业保险的若

干因素进行描述性分析(见表7-5)。

1. 样本基本情况

表7-5 样本基本情况

村庄	地理位置	对应地级市名称	户数(户)	户平均人口(人)	占比(%)
玉溪市北城镇北城村	中部	玉溪地区玉溪市	100	4.43	13.2
澜沧县竹塘乡云山村	西南部	普洱地区普洱市	100	5.03	13.2
会泽县大海乡绿荫塘村	东北部	曲靖地区曲靖市	100	3.85	13.2
武定县近城镇夭鹰村	中北部	楚雄州楚雄市	100	3.97	13.2
大理市凤仪镇江西村	西部	大理州大理市	100	4.30	13.2
嵩明县嵩阳镇普渡村	中部	昆明市	50	4.14	6.6
大关县天星镇祥云村	东北部	昭通地区昭通市	50	4.66	6.6
弥勒县弥阳镇丫普龙村	南部	红河州蒙自市	50	3.88	6.6
景洪市景洪镇曼沙村	南部	西双版纳州景洪市	50	5.12	6.6
潞西市风平镇那目村	西南部	德宏州潞西市	60	5.40	7.9

注:①普洱市更名前叫思茅市。
　　②红河州原州府所在地是开远市。

所研究的村庄包括玉溪市北城镇北城村、澜沧县竹塘乡云山村、会泽县大海乡绿荫塘村、武定县近城镇夭鹰村、大理市凤仪镇江西村、嵩明县嵩阳镇普渡村、大关县天星镇祥云村、弥勒县弥阳镇丫普龙村、景洪市景洪镇曼沙村、潞西市风平镇那目村。样本共760个农户,每户平均人口4.43人。前五个村庄每村调查100个农户,每个村庄占总样本农户数13.2%。后五个村庄每村调研50—60个农户,每个村庄占总样本户数比例为6.6%—7.9%。10个村庄分布在10个地区,基本上覆盖了云南省各个地理区域,因此具有一定的代表性。由于各个村庄的在总样本中的占比有较大差异,因此在分析过程中,有些采取了分村数据。

表 7-6 农户的基本特征

	样本量(个)	最小值(元)	最大值(元)	均值	方差
总收入	757	1173	6580770	37841.13	285768.341
纯收入	751	−2755	1686720	15086.53	62859.987
总支出	757	941	5007560	32733.27	240538.103
救济救灾	23	10	5000	1004.48	1546.323
年末存款	239	0	130000	86871.00	16895.685
年末现金	561	0	6537985	4942.00	276380.574

从 2006 年固定观测点入户调查的情况可知,2006 年被调查农户的平均总收入为 37841.13 元,纯收入为 15086.53 元,其中得到救灾救济款的农户有 23 个(仅占总样本的 3.02%),最低得到 10 元的救助,最高得到 5000 元的救助,平均得到救助 1004.48 元。农户年末存款平均为 86871 元,年末现金为 4942 元(见表 7-6)。

从样本的纯收入以及年末存款数据可以看出,云南省农户与浙江省农户的收入差距较大,而且被调研样本中,只有 3% 的农户收到救济救灾款,平均保障水平也比较低,保障程度并不高。当然这是政策性农房保险的切入点之一,利用保险在一定程度上替代救济救灾。

被调研村庄中,人均收入低于 2000 元的村庄有 3 个,其中普洱市云山村的人均收入仅为 914.6 元,昆明市普渡村人均收入 1215.7 元,曲靖市绿荫塘村人均收入 1812.5 元。从农业部固定观察点调查的总体数据口径来看,这些地区的收入比较低。而这些地区往往又是以农业生产为主的地区,其中云山村平均耕地面积为 13.4 亩,因而也往往是农业保险防止因灾返贫的重点地区之一。对低收入人口,是采取救济救灾的方式好,还是采取农业保险的方式好,在理论上并没有解决,通常情况下认为,农业保险属于

173

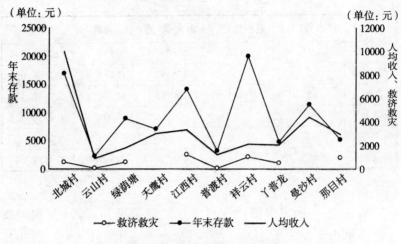

图 7-1　农村低收入人口数量

救灾层面之上的措施,因为在较为贫穷的情况下,农户货币的边际效用很高,难以拿出来购买保险,从而难以形成保险基金。

　　2. 耕地情况及种植业生产情况

表 7-7　耕地情况

	样本量	最小值(亩)	最大值(亩)	均值	方差
经营耕地面积	692	0.10	26.30	6.2513	4.64833
其中:水田	449	0.50	18.90	2.9149	2.79345
旱田	457	0.50	22.00	5.2271	3.84194
经营土地块数	615	1.00	25.00	5.0900	3.24500
经营林地面积	90	0.50	14.00	2.7089	2.08740

　　从样本来看,云南省的户均耕地面积相对国内其他省份较大,为6.25亩,旱田户均5.23亩,水田2.91亩;然而平均每户经营土地的块数有5.09块,则平均每块耕地面积仅为1.22亩左右。

174

表 7 - 8 种植业生产情况

		样本量	最小值（亩）	最大值（亩）	均值	方差
粮食作物	小麦	375	0.20	9.00	2.8536	1.82317
	稻谷	484	0.10	25.80	4.8612	5.34552
	玉米	426	0.10	14.30	2.6031	1.57799
	大豆	81	0.10	3.00	0.5802	0.51634
	薯类	202	0.10	11.00	3.8297	2.76074
	其他	168	0.10	15.00	2.2762	1.86118
经济作物	油料	115	0.00	4.00	0.9922	0.94276
	糖料	21	1.00	5.40	2.7238	1.30610
	烟草	54	0.10	17.00	3.0944	2.68654
	蔬菜	431	0.10	7.00	0.5146	0.66280
园地	水果	52	0.10	14.00	2.3654	2.38943
	其他	14	0.00	6.00	2.1571	1.82408

从样本种植粮食作物和经济作物的情况来看，超过一半的样本主要种植稻谷，户均 4.86 亩，其次是小麦，户均 2.85 亩。在经济作物中，443 个样本（58%）种植蔬菜，然而面积并不大，只有 0.51 亩。

175

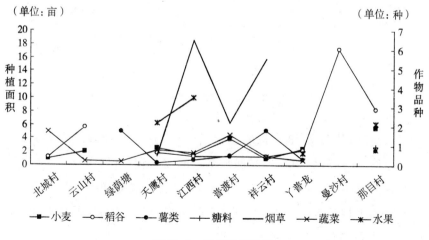

图 7 - 2 种植结构差异

　　从图 7-2 分村列表中可以看出,各个村庄(地区)在种植结构上有较大的差异。曼沙村只有水稻种植,而且规模较大,烟草主要集中在江西村和祥云村。因此可以推断,由于各地区经济条件和种植作物品种的差异(有可能是由于自然条件的差异造成的),实行差别化的农业保险发展模式有着一定的微观基础。

　　从宏观的种植业分布来看,云南省不同地区种植结构也存在显著差异。曲靖、玉溪、红河、昆明的种植业保险主要以烤烟保险为主,其主要灾害是暴雨、洪水、冰雹;西双版纳、思茅的种植业保险主要是针对热带和亚热带经济作物开展,西双版纳以甘蔗和橡胶树保险为主,思茅以森林为主。因此,实行统一的农业保险模式并不现实。

(单位:元)

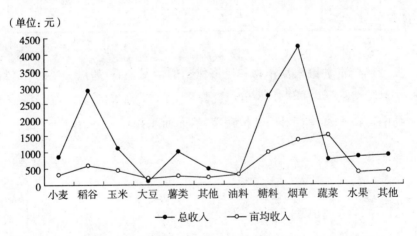

图 7-3　户均粮食作物和经济作物品种收入图

　　同时,从图 7-3 可以看出,大部分农户的农业收入主要来源于稻谷,而部分农户在糖料和烟草上的收入较高(但是这部分农户的数量较少)。从单位亩均收入来看,经济作物烟草、蔬菜、糖料要远远大于稻谷等粮食作物品种。因此,可以想象,对于国家政策性保险的大宗农作物品种,如水稻、小麦,在云南省的亩均收入都很低,收取保费的可能性较小,然而,稻谷又作为超过一半农户的主要种植作物,对农户的生活有很大影响,因此对稻谷的农业保险在一定程度上可以起到保障农户基本生活的作用。同理,对于烟草等作物,由于亩均收入很高,缴纳保险费的可能性大大增加,因此采取商业性农业保险的方法,未必不可行。

3. 养殖业情况(固定生产资料与养殖业生产)

(1)固定生产资料(与农业保险固定生产资料)

表7-9 养殖业情况

	样本量	最小值(头)	最大值(头)	均值	方差
役畜头数	315	1	13	1.69	1.119
种畜、产品畜头数	260	1	56	5.27	8.516
其中:奶牛	7	1	15	3.14	5.242
母猪	156	1	5	1.36	0.834
绵羊、奶山羊	15	1	49	25.73	12.285

从样本可以看出,有大约一半的农户有役畜,1/3 的农户有产品畜。这个比例相对较高,从分村的数据看,这些农户的居住相对集中,既具备了合作保险的一般特征,也具备了开展农业保险的基础。因此,可以考虑通过农业保险的方式进行风险分散。然而,养殖业农业保险的风险相对于种植业要高很多,需要一定的技术要求才能够实现正常的展业和理赔等工作。

(2)畜牧业生产经营收入情况

表7-10 畜牧业情况

	样本量	最小值(元)	最大值(元)	均值	方差
生猪	517	100	91435	3436.88	4882.428
牛	118	153	7000	1762.46	1866.770
禽	244	18	2970	306.88	359.912
禽蛋	76	10	441	83.92	79.841

农户在生猪的生产上,户均收入 3436 元。生猪生产的方差较大,说明生猪的生产规模有很大的差异。对于较为集中的生猪生产基地,可以采用政策性农业保险的方法进行风险分散。从样本的情况看,牛、禽和禽蛋相对来讲不如生猪保险对农户生活更为重要。

4. 农户参与保险的描述性分析

(1)农户生产消费支出结构

表 7-11 农户生产消费支出情况

	样本量	最小值(元)	最大值(元)	均值	方差
食品	734	120	29900	4429.44	2801.168
衣着	730	0	6000	519.28	583.754
住房	676	0	173150	1452.14	9016.365
燃料	688	0	2200	337.68	258.976
用品	711	0	47000	768.86	2885.524
保险支出	148	30	32800	918.42	3124.943
生活服务支出	723	4	29209	932.53	1989.421
文化服务支出	418	0	24029	1446.44	2637.217
旅游支出	41	0	52000	2098.68	8065.244
交通通信支出	649	0	10000	611.24	967.118
其他	260	0	38283	1375.76	4058.363

对农户来讲,保险在一定意义上是一种生活习惯,即是否习惯采用保险的方式分散生产、生活中的风险。云南省保险消费的均值为 918 元,数据上显示与江苏省样本保险消费相当。因此,本书对云南省购买保险的样本进行了聚类分析,分析发现:

表 7 – 12　保险支出情况

	类型				
	1	2	3	4	5
保险支出平均值(元)	150	2946	6393	10335	32800
样本量(共 148 户)	127	15	3	2	1

云南省购买保险的样本中绝大多数(85%)农户的平均保险支出为 150 元,远远低于江、浙、沪省份。只有个别农户的保险需求非常高,尤其是保险支出 32800 元的农户,从结合样本的其他信息来看,这一层次的保险支出应该来自农户经营的企业。因而从样本的总体来看,云南省农户的保险投保率较低,投保能力也较差。这从微观层面上印证了云南省"农业保险展业难、承保难、理赔难",也决定了云南省农业保险必须量力而行,不可操之过急。

(2)农户保险的消费结构

表 7 – 13　农户保险的消费情况

	样本量	最小值(元)	最大值(元)	均值	均值
保险支出	148	30	32800	918.42	3124.94
其中:财产保险	19	30	28000	3395.26	6719.85
其中:生产保险	6	30	1700	316.67	677.81
人身保险	115	30	5540	280.14	699.46
养老保险	20	30	4800	1864.70	1595.51

从表 7 – 13 可以看出,样本中购买保险主要集中于人身保险,而对于养老保险以及一般财产保险的购买非常少。与农业保险相关的财产保险中的生产保险仅有 4%。这进一步说明了农业保险展业的困难。农户对财产保险的有效需求较低,会直接影响农业保险模式的建立。

四、试点地区调研分析

本书根据课题组与相关部门到各地调研的基本资料,对试点地区进行一个描述性的研究,从而归纳出目前云南省农业保险的某些经验和特点。

1．烤烟保险

人保财险经营的农业保险业务中,烤烟保险业务占到80％以上,承保面占云南省烤烟实栽面积的50％左右,主要分布在省内烟草种植发达的曲靖市、玉溪市、昆明市、临沧市、保山市、楚雄州6个市、州。以玉溪市烤烟保险为例,主要是以"龙头企业＋保险公司＋种烟农户"模式为特征的烤烟保险。玉溪的具体做法:一是当地政府提出"三优一特"(烟草业、矿电业、旅游业、县域特色经济)的经济发展重点,并提出"烟草兴市、生态立市、工业强市、农业稳市"的发展战略目标,把烤烟保险作为支持烟草产业发展的一项重要举措。二是政策扶持到位。除国家免征农业保险营业税的政策外,市政府每年都以一号文件安排烤烟生产,明确年度烤烟种植计划、每亩投保标准、每亩应交的保险费等政策指标,从而有力推动了烤烟保险业务的深入开展。例如,2005年市政府1号文件规定:"田地烟规范化种植补助。计划面积65万亩。其中田烟25万亩,每亩补助保险费27元;地烟40万亩,每亩补助保险费18元。"各区、县人民政府也以相同的形式、内容明确烤烟保险发展的相关扶持政策。三是组织推动有力。玉溪市政府每年都召开所有涉农部门参加的烤烟生产专题会,成立烤烟生产领导小组、烤烟生产办公室、人工防雹领导小组,将中国人保玉溪分公司列为三个机构的重要成员单位。每年移栽时节,市县领导都组织保险公司、烟草公司人员深入田间指导移栽、组织验收;当遭受大的自然灾害时,党委、政府领导与保险公司人员最早出现在受灾现场,安抚慰问受灾烟农,核定烤烟损失,组织生产自救。四是多方通力协作。各级烟草公司每年作为烤烟保险的投保人为烟农投保,并按约定的保险费率统一交纳保险费。向保险公司提供烤烟规范种植的资料,包括田地烟每亩种植的株数,每株的有效叶片数,乡、村、组规范化种植验收面积清单,为保险公司准确计算每亩烤烟在一次保险事故中的损失提供了必要依据,还义务参与保险公司烤烟保险查勘定损工作。气象部门及时通报气象情况,提醒烟农搞好防灾防损工作,采取人工发射防雹弹实施人工防雹作业,降低自然灾害发生及损失概率。保监局积极引导玉溪人保通过烤烟保险发挥保险的功能作用,主动承担社会责任,并与公司一道不断总结和完善经营模式,督促公司加强风险管控,坚定了公司持续经营烤烟保险的信心。多次与市政府及烟草公司沟通协调,专题研究解决烤烟保险经营中的问题,争取了相关政策,稳定了承保费率,扩大了承保面积,规范了经营管理。

2. 特色种植业保险

一是甘蔗种植保险业务,主要在版纳勐海县开展,采取全县统保方式,当地政府每年发文安排甘蔗生产相关事宜,由当地糖厂代蔗农缴纳保费,糖厂向蔗农收购甘蔗时再从收购价扣回代缴保费。二是森林火灾保险业务,主要在思茅市开办,采取林业局向森工企业收取费用或从防灾经费中列支部分费用统一向保险公司投保的方式。三是橡胶树保险业务,主要在版纳、思茅等地零星开办,采取橡胶林场或胶农个人投保方式,一般采取每亩定株、每株定额、协议承保的方式开展,如版纳州景洪市的橡胶树保险,农场与保险公司签订保险协议,对定植的橡胶树(含已开割及尚未开割但种植5年以上的橡胶树),约定按每亩60株、每株保额60元的方式,由农场统一向当地公司投保,保障橡胶树因火灾、风灾(暴风)、暴雨、冰雹、泥石流、山体滑坡、低温、含硫等自然灾害造成的损失。在上述种植业保险运作过程中,可归纳为"政府主导,龙头企业+保险公司+农户"运作的主要模式。

3. 养殖业保险

在调研地区中,奶牛保险是由大理州人保剑川县支公司于2003年实验性开办的,大理、洱源、弥渡3个县(市)畜牧局或农业局牵头建立了互助性质的奶牛死亡风险补偿机制,并延续至今,采取的是"保险公司＋职能部门＋农户"的模式。

从经营效益看,烤烟保险基本持平,如果加上成本费用和防雹费等支出,保险公司略有亏损。如人保财险曲靖分公司从1985年至2005年,收取保费24576.9万,支付赔款21097.15万,平均简单赔付率为85.84%;玉溪分公司从1986年至2005年,收取保费16297.5万元,支付赔款10938.3万元,平均简单赔付率为67.1%。甘蔗、奶牛保险亏损运行。临沧市2005年凤庆、永德、云县承保甘蔗种植保险共9万亩,保费收入130.9万元,支付赔款187万元,赔付率142.86%;2006年3县承保甘蔗种植保险共10.7万亩,保费收入149.3万元,支付赔款202.3万元,赔付率135.5%。

由此可以看出,云南省在农业保险的模式方面主要采取"政府主导,龙头企业＋保险公司＋农户和保险公司＋职能部门＋农户"的模式。通常使用的方法是对龙头企业(或者大规模农业企业)进行农业保险,而少有对于小农户直接提供农业保险的,即使有,也往往采取统保的形式(版纳勐海县甘蔗种植保险业务)。云南省在农业保险模式方面的尝试还较为缺乏,尤其在对与小农户的农业保险方面还缺乏相应的经验。然而,"公司＋农户"的保险模式在云南省则较为成熟,这一点对于云南省农业保险模式的选择将有一定的借鉴意义。

第八章 构建云南省农业保险经营模式的路径选择

第一节 云南省农业保险经营模式选择的影响因素分析

一、云南省农业保险模式选择与地区特点

在所有的可供选择模式中,任何一种模式都不可能独立地、完全地适合于一个省所有的农业产业部门和农产品,因此必须根据本省农业自身基础条件、生产经营特点、专业化区域分布特点、农民保险意识、农村基层互助组织发展状况等各种影响因素,选择适合本省省情的农业保险模式,才能真正促进农业产业化的发展,有效开拓本省农业保险市场。云南作为西部省份,具有"山区、边疆、少数民族"的特点,农业生产的自然条件、经济基础以及农业生产布局都呈现巨大的差异性,因此在发展农业保险、促进产业化经营的过程中,应当对农业保险的地区属性有相应的制度安排,由此建立的农业保险才能具有更强的适用性。

云南农业保险制度应当体现地区属性的原因:

第一,经济发展区域性与农业保险地区属性。经济与保险之间存在着非常密切的关系,经济的运行方式和发展水平在相当程

度上对保险的发展起着决定作用,农业保险的发展模式必然要受当地经济发展的决定和影响。由于历史的、自然的和现实的等多种因素的影响,云南是一个经济发展水平较低且十分不平衡的西部省份,全省几个大的经济区域在经济水平、经济结构、意识形态等方面存在较大的差异,经济的区域性必然要求农业保险发展的区域化。不同的经济区域具有不同的农业保险需求特点,也客观存在不同的农业保险供给特点。

第二,灾害损失区域性与农业保险地区属性。农业面临各种各样的风险并遭受各种灾害损失,但是由于农业在区域气候和农业条件上的显著差异,农业保险和灾害损失呈现出典型的区域性特征。一是灾害种类分布具有地域差异性,如冻灾主要在滇东北地区。即使是在同一区域,灾害种类也有显著的差异,如同属滇东北地区的东川,水土流失和泥石流等地质灾害较周边地区严重。二是同一种灾害现象对不同地区、不同农业生产对象的影响不同。农业保险是农业风险损失的管理手段,地域性的农业风险损失决定了农业保险的地域性特征。

第三,农业生产布局的区域差异性与农业保险地区属性。农业生产的布局以及农村产业结构的形成一般要受到农业自然条件与农村生产力水平的影响,云南省的农业生产布局与经济结构具有明显的区域性差异。滇中是粮、油、烟、经济林区;滇西是粮、蔗、林、牧区;滇东南是蔗、粮、林、牧区;滇西南是茶、紫胶、蔗、林、牧区;滇南边缘是热作、热林、蔗、茶区;滇东北是经济林、旱粮、油、烟区;滇西北是林、牧、药材区。随着云南省农业生产的专业化以及农业生产布局的不断调整,农业生产布局以及农业区域化特征将会被不断强化。农业生产布局的区域差异性决定了农业保险的险种设置、费率厘定、组织方式上的区域性。

二、参保主体基本特征差异与保险服务定位

农业保险究竟是定位于种养大户（龙头企业）还是定位于小农户，取决于政策性农业保险的政策目标。然而，从本书的分析来看，被调查农户的收入较低、保险能力较差，如果采取保障小农户的思路，将面临解决农业保险有效需求严重不足的问题，如果统一采取财政补贴的方式，农户的保险支付能力和风险结构问题，需要进一步的深化研究。

农业保险如果定位于种养大户，则需要考虑农业保险的政策目的问题。农业保险究竟是为了解决农业大户的风险问题，还是为了构建农业生产风险安全网的问题。这需要同时考虑农业保险对农业生产的影响问题，需要进行农业保险与作物产量的相关关系研究。

三、政策性农业保险补贴品种的选择

政策性农业保险通常保障大宗农产品，如小麦、水稻、棉花、生猪和奶牛等关系国家经济安全的农产品，而在云南省农业经济中占很大比例的经济作物如烟叶和蔗糖，并不在政策性农业保险的补贴范围之内。因此，云南的政策性农业保险补贴是否可以用于云南特有的经济类农产品，以及具体进行政策补贴的品种和保障范围还需要结合云南财政的实际情况进行进一步研究。

四、农业保险供给主体

农业保险模式研究除了要考虑当地农产品、农户的基本情况之外，还要考虑农业保险可能的组织形式。从目前情况看，云南省可供选择的农业保险供给主体主要是中国人民保险公司。而在其他省份却有更多农保供给主体，如：中华联合、上海安信等新兴农业保险公司。云南是否有可能像发达省份成功引进外资保险公司从事农业保险，或者是在现有中国人保的基础上成立本地股份制

的农业保险公司,使农保供给主体多样化,就目前的情况看,云南尚不具备发达省份的条件。因此,农业保险供给主体多样化是云南今后农保发展的方向,但目前供给主体单一却是影响云南农业保险模式选择的一个重点因素。

五、云南省农村农户收入与农业保险关系研究

农户收入结构与农户保险需求之间的关系也是农业保险模式设计中要考虑的因素。课题组对云南农村居民收入进行调研后,发现云南农村居民主要收入来源为农业生产收入,农业生产收入对农民收入有直接影响,从这一角度分析,可以证明农业保险与农民收入之间的关联性。具体调研分析如下:

调研对象:云南省宣威市直辖的 2 个乡 8 个村委会的 200 户农户。

所研究的村庄包括双河乡大桥村、葛菇村、豁夏村、杨家村、乐丰乡新德村、店子村、乐丰村、三联村。每个村委会随机调查 25 户,共计调查样本总量为 200 户。每个村庄选取的样本量均为样本总量的 12.5%。在这 8 个村庄中,劳动力所占比例在 44.9%—64.6%,当地村民还是主要以本土务农为主。

表 8-1　样本基本情况

村庄	户数(户)	总人口(人)	乡村劳动力(人)	占比(%)
双河乡大桥村	768	2768	1384	50.0
双河乡葛菇村	1183	4487	2900	64.6
双河乡豁夏村	618	2753	1240	45.0
双河乡杨家村	573	2263	1017	44.9
乐丰乡新德村	737	2760	1340	48.5
乐丰乡店子村	1014	3977	2314	58.2
乐丰乡乐丰村	1092	4200	2650	63.1
乐丰乡三联村	1036	4337	2137	49.3

根据统计资料显示,样本村庄中村总收入主要来源于农业产值、工业产值以及服务业产值。在调研中的具体数据如表8-2所示。

表8-2　村庄总收入及各类产值数据

村庄	Y	X_1	X_2	X_3
乐丰	860	650	150	60
新德	580	520	50	10
葛菇	800	600	100	100
大桥	201.5	120	80	1.5
店子	960	660	240	60
杨家	379	205	88	86
豁夏	580	310	190	80
三联	670	670	0	0

其中:Y为村总收入(万元),X_1为农业产值(万元),X_2为工业产值(万元),X_3为服务业产值(万元)。

根据以上经济指标,我们可以构建以下多元回归模型:

$$\ln Y = C + \alpha \ln X_1 + \beta \ln X_2 + \gamma \ln X_3$$

其中,C表示常量,α、β、γ,分别表示标准多元回归系数。

用Eviews软件进行计算后,输出如下结果:

表8-3　模型 $\ln Y = C + \alpha \ln X_1 + \beta \ln X_2 + \gamma \ln X_3$ 的Eviews计算结果

Variable	Coefficient	Std. Error	t-Statistic	Prob.
C	1.386656	0.126632	10.950280	0.001600
LOG(X_1)	0.671378	0.017946	37.410710	0.000000
LOG(X_2)	0.157087	0.021281	7.381674	0.005100
LOG(X_3)	0.062836	0.008576	7.327246	0.005300
R-squared	0.999048	Mean dependent var		6.325408
Adjusted R-squared	0.998095	S.D. dependent var		0.547934

续表

Variable	Coefficient	Std. Error	t—Statistic	Prob.
S. E. of regression	0.023914	Akaike info criterion		−4.333176
Sum squared resid	0.001716	Schwarz criterion		−4.364084
Log likelihood	19.166110	F—statistic		1049.01200
Durbin—Watson stat	2.158975	Prob(F—statistic)		0.000050

由上述输出结果可以得到:可决系数 $R^2 = 0.999048$,调整的可决系数 $R^2 = 0.998095$,DW$=2.158975$,基本满足线性相关的要求。其中:C$=1.39$,$\alpha=0.67$,$\beta=0.16$,$\gamma=0.06$,代入上述多元回归方程:

$$\ln Y = 1.39 + 0.67\ln X_1 + 0.16\ln X_2 + 0.06\ln X_3 \qquad (8-1)$$

(8-1)式说明:农业产值增加 1%,将引起村庄总收入增加 0.67%;工业产值增加 1%,将引起村庄总收入增加 0.16%;服务业产值增加 1%,引起村庄总收入增加 0.06%。按对收入的贡献大小排序,依次是农业、工业、服务业,其中农业对农户收入的贡献权重占 67%。由此可以认为,各个村的收入均主要来源于农业,农业生产的收入直接决定了农民的收入。由此推测出:农业遭遇天灾必将影响农民收入,农业生产保险是保障农民收入稳定的手段之一,农业生产保险在农村具有极大的发展空间。

六、保险公司开展农村保险业务的影响因素分析

为了对农村市场中影响保险公司业务发展的因素进行分析,课题组对云南省江川县上头营村 13 个村民小组的 200 户农户进行了问卷调查。调查的基本情况如下:

调查共计发出 200 份调查问卷,回收 200 份问卷,剔除无效问卷 25 份,有效问卷 175 份,有效回收率为 87.5%。本次调研问卷主要分为两个部分,第一部分是关于农户的基本情况,第二部分是

农户对保险公司的满意度分析。针对第二部分的满意度分析,问卷设计分为非常满意、比较满意、一般、不太满意、不满意五个级别的满意程度,因此我们采用 Likert5 分评分法,对应的分值分别为5 分、4 分、3 分、2 分、1 分。

1. 调研问卷中基本情况的描述性统计分析

在本次调研过程中,主要针对农户家庭的户主进行调研,13个村民小组的农民的文化水平普遍偏低,90%以上处于小学水平,5%以上为初中水平,极少数的个别家庭受过高中教育。家庭收入主要通过种植小麦、玉米等经济作物自产自销的方式来获得,93%以上的家庭月收入都在 1000 元以下,而且收入绝大部分都用于对子女的教育。根据此次调研我们发现,农户为了扩大生产规模,提高生产,增加收入,95%以上的农户还是愿意尝试参加农业保险的,并且愿意用年收入的一部分来参加农业保险(见表 8-4)。

表 8-4　农户参加农保的年收入百分比　　　（单位:%）

农保占年收入的百分比	1—1.9	2—2.9	3—3.9	4—4.9	5—9.9	10—14.9	15 以上
农户的意愿	8	9	43	23	12	4	1

2. 农户对保险公司的满意度分析

(1)数据选取依据

满意是人们的一种感觉状态水平,它来源于对一件产品所感知的绩效或产出与人们的期望绩效所进行的比较。因此,满意是感知的绩效与期望绩效的函数。为此,要研究农户满意的关键点是找出这些绩效指标。一般而言,测量满意度的指标设计涉及保险公司所提供的服务、对保险公司的收支情况、保险公司提供服务的便利性、保险公司员工的满意程度以及对保险公司客户服务满意度的分析等各个方面。

189

（2）因子分析模型概述

因子分析是探讨存在相关关系的变量之间，是否存在不能直接观察到但对可观察变量的变化起支配作用的潜在因子。统计分析理论认为，在相关的一组指标中，每个指标都是由公共因子和特殊因子决定的，因子分析就是要找出一组指标的公共因子。我们结合本次调研的数据，利用因子分析方法，对数据进行以下统计分析：

①KMO 及其 Bartlett 检验

在进行因子分析之前，需要通过 KMO 统计量和 Bartlett 球体检验对指标是否适合采用因子分析进行考察。

KMO（Kaiser—Meyer—Olkim）统计量是用于比较观测相关关系数值和偏相关系数值的一个指标。当所有变量之间的偏相关系数的平方和比相关系数的平方和小时，KMO 值也较小，这就表明对这些变量进行因子分析的结果可能不太好（具体 KMO 值区间及含义见表 8-5）。

190

表 8-5 KMO 值区间及含义

KMO 值	含义	KMO 值	含义
0.90≤KMO<1	结果是极好的	0.60≤KMO<0.70	结果是中等的
0.80≤KMO<0.90	结果是比较好的	0.50≤KMO<0.60	结果是糟糕的
0.70≤KMO<0.80	结果是还好的	KMO<0.50	结果是不可接受的

Bartlett 球体检验可以用来检验变量之间彼此独立的假设，即总体相关矩阵是单位矩阵这一假设。球体检验统计量是根据相关矩阵行列式的平方转换求得的。该统计量取值大时表示拒绝零假设。当不能拒绝原假设时，因子分析就不适合了。

②样本均值及方差分析

对于输出结果中的均值及方差分析，可以简单做出描述性统计,看各个指标是否达到平均水平及样本值偏离均值程度。

③公共因子的提取

对样本数据中的指标采用因子分析法,利用最大方差旋转法进行正交旋轴分析,提取特征根大于 1 的因子,得出特征根大于 1 的因子个数,即为公共因子的个数,并且从输出结果中可以看出公共因子解释的方差变异程度(累计贡献率即所取的公共因子所包含的信息占原始变量包含的总信息)。一般认为,累计贡献率大于等于 80%,是可以提取的公因子个数。

④样本指标的特征值碎石图分析

一般而言,从样本指标的特征碎石图上可以更直观地看出出现公共因子的拐点情况。

⑤公共因子的判别及其公共因子的得分系数

对不相关的公共因子进行分析判别后,根据因子得分系数,列出公共因子的数学表达式。

⑥对公共因子进行解释

根据公共因子原始变量的基本情况及管理知识,对所做出的公共因子做出适当的解释。

(3)满意度数据分析过程

结合本次调查数据(见附录二"江川上头营村问卷满意度分数明细表"),我们使用统计软件 SPSS 13.0,采用主成分分析方法进行因素抽取,选取特征值大于 1 的因素,做出特征碎石图并进行分析。同时,采用最大方差正交旋轴法进行因素旋轴,对各个因素下的指标进行取舍判断。最后,我们将对五大公因子进行解释。

①KMO 及其 Bartlett 检验

因子模型是建立在公共因子彼此不相关并且具有单位方差、特殊因子也彼此不相关且和公共因子也不相关的假定上的,因此需要对样本数据进行检验,主要检验指标为 KMO 值和 Bartlett 值检验。当 KMO 值越大时,表示变量间的共同因素越多,偏相关

191

性越弱,越适合因子分析。Bartlett 统计量用于检验母体中变量之间是否相关,检验这些相关系数是否不同且大于 0。统计结果如表 8-6 所示。

表 8-6　KMO 和 Bartlett's 检验

Kaiser—Meyer—Olkin Measure of Sampling Adequacy	0.713
Bartlett's Test of Sphericity　Approx. Chi—Square	2260.214
DF	105.000
SIG.	0

在本模型统计分析中 KMO=0.713,变量间的相关性很小,适合做因子分析。Bartlett 球形检验的结果为 0.000,结果非常显著,也符合因子分析的条件。

②样本均值及方差分析

本次调查数据来自 175 个样本数据,15 个调查指标中,各自指标中的分数均值均在 3 以上,由此看出,农户对保险公司提供保险业务的满意程度都达到了一般满意的水平(均值及方差见表8-7)。

表 8-7　描述性统计

	V1	V2	V3	V4	V5	V6	V7	V8	V9	V10	V11	V12	V13	V14	V15
均值	3.26	3.53	3.51	3.06	3.28	3.18	3.14	3.11	3.11	3.26	3.25	3.20	3.13	3.18	3.17
标准差	0.43	0.52	0.57	0.51	0.56	0.55	0.47	0.59	0.56	0.50	0.44	0.50	0.51	0.46	0.37
样本数	175	175	175	175	175	175	175	175	175	175	175	175	175	175	175

注:V1—V15 分别表示满意度调查的 15 个调查指标,下同(详见附录二)。

③公共因子的提取

对 175 个样本变量中的 15 个指标采用因子分析法,利用最大方差旋转法进行正交旋轴分析,提取特征根大于 1 的因子,得出特征跟大于1的因子有5个,因此共提取出5个公共因子,这5个公共因子共解释了83.295%的方差变异(方差的解释见表8-8)。

表8-8 总方差说明

因子	初始特征值			提取值		
	总计	方差百分比（%）	累计百分比（%）	总计	方差百分比（%）	累计百分比（%）
V1	6.956	46.375	46.375	6.956	46.375	46.375
V2	2.598	17.320	63.695	2.598	17.320	63.695
V3	1.266	8.443	72.139	1.266	8.443	72.139
V4	0.934	6.228	78.367	0.934	6.228	78.367
V5	0.739	4.929	83.295	0.739	4.929	83.295
V6	0.519	3.458	86.753			
V7	0.472	3.148	89.902			
V8	0.364	2.427	92.328			
V9	0.295	1.964	94.292			
V10	0.242	1.611	95.903			
V11	0.197	1.313	97.217			
V12	0.160	1.069	98.285			
V13	0.125	0.833	99.118			
V14	0.093	0.617	99.735			
V15	0.040	0.265	100.000			

193

④样本指标的特征值碎石图分析

分析特征值碎石图8-1可以看出因子1与因子2、因子2与因子3、因子3与因子4、因子4与因子5之间的特征值之差比较大,而其余因子的特征值差值比较小。通过因子分析,有5个因子的特征值大于1,这5个因子累计解释方差百分比达到了83.295%,而且从碎石图8-1可以看出,从第五个因子开始,曲线的变化趋势开始趋于平稳,因此从调查问卷中的15个指标中通过因素抽取被分为五个因素。下面要做的就是对各个变量进行直角

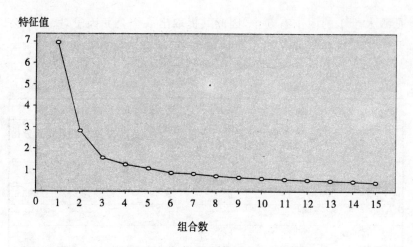

图 8-1　特征值碎石图

转轴，使具有较大因子载荷量的变量个数缩减到最低程度，以便解释因素的潜在意义。

⑤公共因子的判别及其公共因子的得分系数

根据公共因子得分系数和原始变量的标准化值，可以计算每个观测量的各因子的得分数，并可以据此观测量进行进一步的分析。旋转后的因子（主成分）表达式如下（旋转后的因子系数见表8-9）：

公共因子 1：$f_1 = 0.313 \times V1 - 0.175 \times V2 + \cdots - 0.131 \times V14 + 0.021 \times V15$

公共因子 2：$f_2 = -0.065 \times V1 + 0.022 \times V2 + \cdots - 0.142 \times V14 + 0.075 \times V15$

公共因子 3：$f_3 = -0.153 \times V1 - 0.097 \times V2 + \cdots + 0.522 \times V14 + 0.211 \times V15$

公共因子 4：$f_4 = 0.145 \times V1 + 0.073 \times V2 + \cdots - 0.039 \times V14 + 0.050 \times V15$

公共因子 5：$f_5 = -0.039 \times V1 + 0.651 \times V2 + \cdots + 0.002 \times V14 - 0.035 \times V15$

194

表 8 - 9　因子得分系数矩阵

	成分				
	1	2	3	4	5
V1	0.313	−0.065	−0.153	0.145	−0.039
V2	−0.175	0.022	−0.097	0.073	0.651
V3	−0.118	−0.054	0.034	0.005	0.548
V4	0.125	0.406	−0.342	0.029	−0.053
V5	−0.026	−0.064	−0.209	0.624	0.040
V6	0.506	0.170	−0.314	−0.187	−0.122
V7	0.150	0.131	0.273	−0.402	−0.104
V8	0.053	0.434	−0.082	−0.289	−0.027
V9	−0.129	0.255	−0.050	0.106	0.089
V10	0.137	−0.223	0.248	0.069	−0.041
V11	0.230	−0.066	0.058	0.000	−0.032
V12	−0.006	−0.074	0.018	0.396	−0.067
V13	−0.296	0.015	0.324	0.181	0.040
V14	−0.131	−0.142	0.522	−0.039	0.002
V15	0.021	0.075	0.211	−0.050	−0.035

注:提取方法:主成分分析法;转换方法:最大方差(Kaiser 正态)。

我们从估计因子分数的协方差矩阵(见表 8 - 10)不难看出,5
个公共因子之间是彼此不相关的且具有单位方差,因此用提取的
这 5 个因子来概括绝大部分信息是有效的。

表 8 - 10　因子评分协方差矩阵

因子	1	2	3	4	5
1	1.000	0.000	0.000	0.000	0.000
2	0.000	1.000	0.000	0.000	0.000
3	0.000	0.000	1.000	0.000	0.000
4	0.000	0.000	0.000	1.000	0.000
5	0.000	0.000	0.000	0.000	1.000

195

⑥公共因子的解释

经过因子分析共获得5个公共因子,这5个公共因子共解释了83.295%的方差变异,这5个公共因子互不相关,且能够很好的测量农户对保险公司的满意度,即能够很好地表达农户对保险公司满意度的结构。分析各公共因子的内部原始变量情况,依据管理知识,我们将农户对保险公司的满意度的结构要素各公共因子解释命名为:保险公司的服务内容、保险公司的收支情况、服务便利性、保险公司的员工形象和保险公司后期客户服务(归类见表8-11)。

表8-11　满意度结构要素归类表

序号	类型	满意度指标
1	保险公司服务内容满意度	总体服务
		基本服务
		特色服务
		新业务服务
2	保险公司收支情况满意度	保费的收取
		赔付费用的收取
		服务费用的收取
3	服务便利性满意度	相关业务的便利性和快捷性
		营业网点分布情况
4	保险公司员工形象满意度	员工的仪容仪表、工作态度
		员工的专业知识和差错处理服务
5	保险公司后期客户服务满意度	应急情况处理
		客户投诉和差错处理
		客户回访服务
		提供的信息服务

A. 保险公司服务内容满意度(公共因子 f_1)

$$f_1 = 0.313 \times V1 - 0.175 \times V2 + \cdots - 0.131 \times V14 + 0.021 \times V15$$

从公共因子数学表达式中,可以看出公共因子 1 主要与保险公司提供的总体服务、基本服务、特色服务和新业务服务相关程度较高。保险公司服务内容满意度体现了农户对保险公司所提供的总体服务、基本服务、特色服务和新业务服务的满意程度。从正交旋转因子载荷表 8-11 中,可知农户对保险公司服务内容的满意度能单独解释对保险公司的满意度为 52.9%,说明保险公司的服务内容能够对农户选择保险公司的满意程度上产生很大的影响。

B. 保险公司收支情况满意度(公共因子 f_2)

$$f_2 = -0.065 \times V1 + 0.022 \times V2 + \cdots - 0.142 \times V14 + 0.075 \times V15$$

从公共因子数学表达式中,可以看出公共因子 2 主要与保险收取保费、赔偿费用及相关服务费用相关程度较高。保险公司收支情况满意度体现了农户对保险公司收取保费、赔偿费用和相关服务费用的满意程度。从正交旋转因子载荷表 8-12 中,可知农户对保险公司采取的收支费用的满意度能单独解释农户对保险收费标准的满意度为 42.9%,说明保险公司的收支费用标准能够对农户选择保险公司的满意程度产生很大的影响作用。

表 8-12 正交旋转因子载荷表

因子	1	2	3	4	5
1	0.529	0.503	0.517	0.374	0.246
2	0.588	0.429	−0.061	−0.211	0.464
3	−0.282	−0.626	−0.118	−0.477	0.704
4	0.067	0.113	−0.739	0.612	0.249
5	−0.539	−0.399	0.411	0.463	0.409

注:提取方法:主成分分析法;转换方法:最大方差(Kaiser 正态)。

C. 服务便利性满意度（公共因子 f_3）

$$f_3 = -0.153 \times V1 - 0.097 \times V2 + \cdots + 0.522 \times V14 + 0.211 \times V15$$

从公共因子数学表达式中，可以看出公共因子 3 主要与保险公司的网点分布情况、保险公司提供的相关业务的便利性和快捷性相关程度较高。农户对保险公司整体服务便利性满意度取决于农户对保险公司的网点分布情况，保险公司提供的相关业务的便利性和快捷性的满意度。

D. 保险公司员工形象满意度（公共因子 f_4）

$$f_4 = 0.145 \times V1 + 0.073 \times V2 + \cdots - 0.039 \times V14 + 0.050 \times V15$$

从公共因子数学表达式中，可以看出公共因子 4 主要与保险公司员工的仪容仪表、工作态度及员工的专业知识和差错处理服务的相关程度较高。农户对保险公司员工的仪容仪表、工作态度及员工的专业知识和差错处理服务方面的满意度分析，体现了农户对保险公司员工形象满意度为 61.2%，说明保险公司员工形象能够对农户选择某个保险公司产生很大的影响。

E. 保险公司后期客户服务满意度（公共因子 f_5）

$$f_5 = -0.039 \times V1 + 0.651 \times V2 + \cdots + 0.002 \times V14 - 0.035 \times V15$$

从公共因子表达式中，可以看出公共因子 5 主要与保险所提供的应急情况处理、客户投诉和差错处理、客户回访服务和提供的信息服务等指标相关程度较高。保险公司后期客户服务满意度取决于农户对保险公司所提供的应急情况处理、客户投诉和差错处理、客户回访服务以及信息服务等的满意度。从正交旋转因子载荷表 8-11 中，可以看出，农户对保险公司后期客户服务满意度为 40.9%，说明保险公司后期客户服务满意度能够对农户选择某个保险公司产生较大影响。

198

3. 结论

从上述分析可以归纳出 5 个农户满意度的结构要素,即保险公司服务内容满意度、保险公司收支情况满意度、服务便利性满意度、保险公司员工形象满意度、保险公司后期服务满意度。通过本研究,可以了解影响农户对保险公司满意度的主要因素,同时本研究也提出了针对保险公司满意度分析的框架结构,通过这个框架可以分析各个因素对农户选择保险公司的影响程度。

七、云南省农业保险模式选择原则和发展思路

1. 云南省农业保险模式选择的原则

(1)社会效益最大化原则

农业保险的经营目标,不是追求个人效益最大化或是企业利润最大化,而是追求社会效益最大化,是通过保护农业来保障国民经济的顺畅运行。因此,衡量农业保险的收益的着眼点应是整个国民经济的宏观收益。根据该原则,应将农业保险的亏损计入社会总成本当中,运用社会政策性补偿基金来加以补偿。

(2)非营利原则

由于农业保险社会效益高而自身经济效益低这一特性,农业保险公司或组织所从事的农业保险业务的性质是一种不以营利为目的的行为。目前国际上开展农业保险较好的国家无一例外地实施了国家对农业保险的扶持和特殊的政策性倾斜。

(3)促进产业结构调整原则

一方面,农业保险对于保户而言具有稳定预期收益的作用,同时由于有农业保险的保障,农业、农民原先的保险地位得到改善,农业、农民在获得以灾害险为主的保险支持方面更加容易;另一方面,由于农民的收入预期提高,会增加对农业投入的信心,由此引起农业产业投资结构的改变就成为农业保险的政策效益。因此,在设计农业保险模式及制度时,应当结合全省农业

199

产业化发展的战略规划,对不同的专业化区域,设计不同的农业保险模式。

(4)政策支持原则

政府应对农业保险给予经济上、法律上必要的支持。在经济上,应进一步增加相关投入,建立和完善农业风险专项基金;在法律法规上,应尽快制定出台地方性农业保险法规以及相配套的切实可行的实施措施,使农业保险活动的开展有法可依。

2. 云南省农业保险发展的思路

基于前面的分析,农业保险是一种对政策因素依赖较强的特殊险种,农业保险经营模式也不应以单一模式为主。借鉴国外的经验,高效率的农业保险体系应该是包括政策性农业保险机构、商业性保险机构、合作社和相互会社在内的以政策为导向的、多层次、各种模式相互补充的复合体系。结合具体省情,在设计促进云南省农业产业化发展的农业保险模式时,应着重确立以政策性支持与市场化导向相结合、多层次和多元化的互动机制。在现有政府推动的互动结合安排的基础上,重点完善市场机制,建立以政府农业保险为主导的、商业保险机构为补充的多层次和多元化形式的农业保险体系,包括分别建立商业性保险公司代办政策性农业保险模式、农村互助合作保险模式、商业保险公司经营地方政府资助模式,逐步建立多层次的、相互联系的农业保险和灾害补偿机制等,并针对省内经济发展水平不同的地区、不同的农产品产业,分类设计不同类型的保险产品,通过互动机制的创新来加快新农村建设,促进“三农”问题的解决。通过各项措施推动云南农业产业化发展,推动农业产业和农村经济的发展,进一步完善和发展农业保险制度,最终形成农业保险和农业产业发展相互促进的良好机制。

第二节　云南省农业保险的经营模式选择

2003 年,保监会提出五种模式发展农业保险,力争在一到两年实践中,逐步形成符合我国国情的农业保险制度:一是与地方政府签订协议,由商业保险公司代办农业险;二是在经营农业险基础较好的地区如上海、黑龙江等,设立专业性农业保险公司;三是设立农业相互保险公司;四是在地方财力允许的情况下,尝试设立由地方财政兜底的政策性农业保险公司;五是继续引进像法国安盟保险等具有农业险经营的先进技术管理经验的外资或合资保险公司。

由于以上五种模式各有利弊,在实际的农业保险发展过程中,不能单独依靠某一种模式。因此,云南省可以根据省情,建立适合自身的农业保险发展模式。

一、突出政府主导作用,政府主导与政府支持相结合,政策性农业保险与相互制保险相结合

目前,我国正处于新一轮农业保险试点阶段,从国内外的农业保险来看,云南省农业保险要健康发展,必须进行农业保险制度创新。目前情况下,应建立政府主导下的政策性农业保险与政府支持下的相互农业保险相结合的制度模式。

1. 政府主导下的政策性农业保险制度模式

政府主导下的政策性农业保险,就是政府对农业保险经营提供统一的制度框架,各种允许的经营组织要在这个框架中经营农业保险及再保险业务,同时政府对规定的农业保险产品给予经济、行政支持。参照美国发展农业保险的经验,并结合云南省实际情况,特别是农村经济比较落后的现实,政府主导下的政策性农业保

险应具有以下特点：

（1）设立农业保险管理专门机构，统筹农业保险的开展，协调各有关部门的关系

其主要职能是：负责设计和改进全省农业保险制度；设计种植业和养殖业的具体险种；对政策性的农业保险业务进行统一规划，研究制定具体政策；审查和监督参与政策性农业保险业务的各经营主体，并根据各经营主体的农业保险的业务量对其提供经营管理费用补贴。

（2）设定政策性农业保险的实施范围

由于国家财政实力有限，只能对关系到国计民生的主要农作物和畜禽保险采用政策性经营，予以重点扶持；其他保险项目实行商业性经营。政府对经营性农业保险业务的保险公司提供经济支持，主要是给予适度的保费补贴和经营管理费补贴，同时给予财政和保险方面的支持和优惠政策，如免除其营业税和所得税，提供各种形式的优惠保险等。

（3）实行强制保险和自愿保险相结合

政府对少数关系国计民生的农作物和畜禽实行强制保险，以保证承保面和参与率。其他保险项目实行自愿保险。但要处理好强制与自愿的关系，避免产生抵触情绪。

（4）建立政府支持的再保险机制

针对某些特殊的巨灾风险，如洪灾、干旱等，建立由政府管理的巨灾基金，逐步完善中央、地方财政支持的农业再保险体系，保证农业保险的持续稳定经营。

（5）政府给予行政支持与协助

云南省农业生产以小规模个体农户分散经营为主，农村地区交通不便，通信落后，因此农业保险的展业、承保、核保、防灾、查勘、定损、理赔等成本高、难度大，需要各级政府给予支持和协助。

由于农业保险业务的"高风险、高成本、高赔付"，商业性保险公司往往不愿涉足其间,因而这种模式可以有效解决农业保险供给不足的问题;由于有政府的保费补贴及其他优惠政策,农民的投保积极性也能得到很大的提高,从而可以有效拉动农业保险的需求。但这种模式也可能带来政府过度干预,其财政补贴也可能导致效率损失。

2.政府支持下的农业相互保险制度模式

相互制保险是合作制保险的高级形式,保险人和被保险人的利益高度一致,因而能更好地降低运行成本,优化资源配置,维护投保人的根本利益。借鉴国外相互保险的经验,云南省建立农业相互制保险的思路为:

(1)设立全省性的农业相互保险公司

由一定数量的农业龙头企业认购公司经营所必需的部分初始基金,同时通过发行公司债券的方式筹集另一部分资金。公司的最高权力机构是全体会员大会,由会员大会选举公司董事,组成董事会,处理日常事务。初始会员应赋予对公司的经营管理更大的表决权和被选举权,以鼓励投资者设立相互保险公司。

(2)建立多级农业相互保险公司组织体系

在总公司之下,各市区设立分公司,县市设立支公司,乡镇设立营业处。由总公司负责制定公司的经营方针政策以及各项规章制度,及各分支公司的协调与管理,为各分公司提供再保险业务;各分公司根据本地区农业及农业保险的实际情况,制定相应的管理规定及实施细则,独立开展各项保险业务。

(3)扩大农业保险经营范围

公司除经营传统的种植业保险、养殖业险种以外,同时也经营与农业生产资料、农用设备设施、农产品储藏与运输、农产品加工与销售等活动相关的其他财产保险,以及农业生产过程中的雇主责任保险和人生意外伤害保险等,扩展农业保险覆盖面,从而起到"以险养险"的功效,增强公司经营的稳定性。

203

（4）建立有效的多层次农业风险分散机制

一是在农业相互保险公司内部建立分级再保险制度，即基层相互保险公司向上一级公司分保。二是在目前市场条件下，由作为国家再保险公司再保险集团采用事故超赔或赔付率超赔的方式，向相互再保险公司提供再保险安排。三是建立中央、地方财政支持的农业再保险体系，为农业相互保险公司提供再保险支持，保证相互保险公司的经营稳定。

（5）政府应在法律、经济、行政上对相互保险公司给予支持

一是明确相互保险公司的法律地位，鼓励相互保险制的实施。二是政府要在财政、保险、税收上给予优惠政策和必要的支持，如减免税赋、提供贴息或低息保险等。三是组织乡、村干部学习保险知识，再由乡村干部向农户宣传，使农户自觉自愿参加保险。

相互制保险能够降低费用成本，提供价格低廉的险种与服务，能较好地满足低收入农民的保障需求；相互保险中被保险人和保险人利益的一致性，能有效地防范农业保险中严重的逆向选择和道德风险。另外，采用相互保险模式，主要动员的是民间资金，对政府支持的依赖较小，可以减轻政府的财政负担，因此相互制保险比较符合云南省的省情，具有广阔的发展前景。

3. 在建立云南省政府主导型政策性农业保险与政府支持下的农业相互保险结合的制度模式下，应该注意以下五点：

第一，立足于农业产业链，构建多渠道筹措农业保险资金新机制。种养业存在着经济的正外部性，为农产品加工和销售的增值提供了显性和隐性的条件。换句话说，农产品加工、销售和服务行业共享了种养业的利益，它们理所当然应该成为承担农业保险费用的主体之一。这样，农业保险费用的筹集渠道：一是种养业农户；二是农业产业化体系中的龙头企业和营利性中介机构；三是农业纵向一体化产业链中的各类涉农企业，包括农产品加工和销售企业、种子种苗企业、县域农业生产资料供应企业等；四是当地政

府,地级市、县、乡镇三级政府主要筹措基本农业保险费用补贴资金,中央和省级政府主要筹措农业再保险和巨灾风险资金。

第二,以农业产业化组织为依托,构建农业生产者互保机制。农业保险部门在险种开拓和领域选择时,应注重把农业产业化组织当做农业保险的突破口和重点。在具体操作时,可以把农民专业合作社、"龙头企业＋农户"等产业化组织作为一个农业投保组合。产业化组织指派专人兼职办理保险手续,代表投保方与保险公司协商相关的保险业务,增强农户在保险市场的谈判地位。产业化组织内部在保险公司指导下制定相应的互保契约,构建合作抗灾的互助机制。政府在政策性农业保险实施方案中,对产业化组织内部的互保机制给予适当的政策倾斜。

第三,借鉴上海经验。上海自 1982 年恢复开办农业保险以来,经过二十多年的探索,特别是从 1991 年开始,实行了政府推动、公司代理的经营机制,有力地推动了农业保险的稳步发展。在此基础上,2004 年 9 月,上海成立了安信农业保险公司,采取"政府财政补贴推动,商业化运作"的经营模式。

第四,从农民的内在需求出发,逐步发展农村专业合作经济组织。农村专业合作经济组织是由从事同类产品生产经营的农户自愿组织起来,在技术、资金、信息、销售、加工、储运等环节实行自我管理、自我服务、自我发展,以提高市场竞争能力和增加组织成员收入为目的的专业性合作经济组织。当前云南省农业生产经营规模小而分散,造成生产经营的盲目性和无序化,已越来越不适应更加广阔的市场和更加激烈的竞争。促进农业产业化,建设多功能、高层次、大容量的社会化服务系统,必须紧紧依靠农村专业合作经济组织。另外,农村专业合作经济组织还可以把普及和推广农业科技作为其主要服务内容,有助于提高农民的专业技术水平和农产品的质量,使农民获得增产增收。这也是推进农业产业化的一项重要内容。同时,农民的增产增收也提高了农民的保费承受

能力。

第五,合理组织土地流转。土地流转有利于促进土地资源向农村专业合作经济组织流动,实现土地资源优化配置,通过土地使用权流转,使土地相对集中于农业企业或经营大户等农村专业合作经济组织手中,便于统一规划,有利于新技术的运用和新品种的推广,特别是有利于高效经济作物的开发,从而使农业产业结构发生变化,加快农业产业化的进程。

二、构建多元化农业保险市场体系

云南是一个高原山区省份,属青藏高原南延部分。盆地、河谷、丘陵、低山、中山、高山、山原、高原相间分布,各类地貌之间条件差异很大,类型多样复杂。建立一家农业保险公司统一经营农业保险业务,是不现实的。因此,云南省应该建立经营主体多元化的农业保险经营体系,主要形式包括:建立专业性农业保险公司、商业保险公司经营农业保险、农业相互保险公司、外资保险公司经营农业保险、国内商业保险公司与外资保险公司联合经营农业保险。

云南省应根据省内山多地少,以及特殊的地理地貌等特征,鼓励现有的商业保险公司开发农村和农业保险业务,同时引进在农业保险方面有专长的外资保险公司,从而形成多种形式、多种渠道相结合的农业保险体系。

第三节　构建适合云南省农业发展的
农业保险经营模式的举措

一、发挥政府的主导作用
在市场经济条件下,按照转变政府职能的要求,政府在农业产业化与农业保险互动机制的建立过程中,应该将作用定位在弥补市场机制的不足、为市场提供公共物品、进行宏观调控、维护市场秩序、调节收入分配公平方面。

1. 政府与农业产业化风险

发展农业产业化经营是云南省实现农业产业结构调整、增加农民收入、推进社会主义新农村建设的战略选择。政府作为宏观调控主体,在农业产业化过程中应该在市场体系建立、产业规划、风险监控、社会服务体系建立等方面起到主导作用。

(1)政府与市场体系培育

农业产业化要求实现农产品商品化,而商品化必然要求建立发达的市场体系以减少商品流通中的交易成本,发达的市场体系也是政府进行有效宏观调控的前提。云南省农业市场制度还相当不完善,如何有效培育市场体系,建立和完善市场机制,将是政府建立产业化与农业保险良性互动的一个重要方面。培育市场体系主要应从以下几方面进行:第一,根据地区特点建立专业性的农产品批发市场。专业性的批发市场可以发挥农产品集散的作用,形成合理均价,减少交易双方在寻价上花费的成本,促进成交量,加快农产品流通。第二,促进大宗农产品期货市场的建立。农产品的供给与需求存在"蛛网波动"的特性,由于农产品的生产周期长于工业品,其均衡价格的变化与农业生产不同步,价格的形成滞后于实际供给的形成,造成农产品价格波动大。期货市场的完善有助于及时发现市场供求关系变化,发现市场真实价格,并可以通过期货交易转嫁农业市场风险。因此,世界各国都用期货市场来稳定农产品价格。在完善农产品期货方面,政府应着力完善交易法规,加强市场主体的监管,同时引导有条件的合作组织或产业组织参与交易,并向农民普及期货交易相关知识。

(2)政府与农业产业化经营规划

制定产业发展规划是政府的基本职能,找准主导产业、合理制

207

定农业产业化经营规划、发挥区域经济优势是有效推行农业产业化的前提。在进行产业化规划时,第一,必须坚持以市场为导向,根据国内国际市场需求,培育发展主导产业、优势产品和龙头企业。第二,要坚持因地制宜,发挥区域比较优势。尊重农民意愿,充分考虑区域资源禀赋,突破行政区划,引导和鼓励生产要素跨区域流动。扶持和引导农民优先发展比较效益高、市场潜力大、有成熟龙头企业带动的农产品。第三,要突出地区特色,有所为有所不为。重点扶持对农民增收贡献大的优势产业、特色产业、潜力产业,利用经济、行政相结合的多种手段,通过利益诱导,促使农业开发企业和农户集成主导产业的培育主体,做强做优做大,重点培育和引进对农民增收带动力强的龙头企业。第四,要坚持科技创新,推动现代农业发展。用现代农业科技武装农民及农业产业化各环节,建立完善农产品质量安全标准和检测监督体系,加强绿色产品及基地认证,实施品牌化战略,推动标准化生产,鼓励龙头企业发展精深加工,提高科技含量,提升农业现代化水平。第五,注重短期利益与长期规划相结合,加强产业化规划项目的可行性研究,避免盲目决策带来的风险。

(3)政府与风险监测预警机制、信息引导

信息在现代经济中具有减少经营不确定性和风险的作用,正确的信息发布有助于农业产业化经营决策的正确制定。我国农业产业化经营要面对国际国内两个市场,由于市场需求的变化加快,生产经营的不确定性日益增加,在这种状况下,全面、准确、及时的农业市场信息,对于还处在起步阶段的云南省农业产业化有重大意义。为此,政府农业主管部门应定期发布农产品及下游产品的供需信息;提高从业人员特别是决策人员的知识水平和管理能力;逐步建立、完善农业计算机网络信息系统;有针对性地为农户提供信息服务并建立农业产业化风险监测预警指标体系。

(4)政府与农业产业化经营社会服务体系

农业产业化经营要实行布局区域化、生产专业化和农产品商品化,必须打破以家庭为单位的狭小生产规模,实现社会化的大生产,而支撑社会化生产必须有完善的农业社会化服务体系,缺乏必要的社会服务体系会导致产业化过程受阻和风险积累。农村社会化服务体系,是指为农业生产提供社会化服务的成套的组织机构和方法制度的总称。农业产业化服务体系由于服务内容广泛,无论是政府还是经济组织都不可能单独包揽全部服务内容,政府必须根据各种服务机构的特点,划定责任范围,实行分级服务。农业产业化经营的社会服务体系一般可分为:农业基础设施建设体系、农业信息体系、农业物资供销体系、农业技术服务体系、农村金融服务体系等。这些服务体系又可按提供服务的主体分为三个层次:第一层是指国家各级政府部门,主要负责农业政策的制定、农业产业化服务活动的组织和宏观调控,并承担农业基础设施建设,以及从事政策性农业保险、科技推广等项服务。第二层是指乡村集体经济内部的各种服务组织,负责产供销各环节服务量大的服务活动,开展以统一机耕、灌溉、供种、植保、收割、储运为主要内容的内部服务。这层服务体系的组织形式体现了充分发挥集体经济在农村中的组织协调优势,起到内聚广大农户、外联政府经济技术部门和其他服务组织的纽带作用。第三层是指私人工商户承担的农业服务活动,一般只面向一体化生产的某个环节或某几个环节提供服务,服务内容也多根据自身的优势而定。它是农民自愿组成的有偿服务实体,其服务形式灵活多样。

2. 政府与农业保险

(1)政府与农业保险立法

政府立法对于整个社会而言是一种公共产品,政府在市场经济中的一个主要作用就是为全社会提供制度供给。然而,与国外农业保险发展较成熟的国家相比,中国农业保险的法律地位始终没有得到明确界定。在《中华人民共和国保险法》颁布之前,我国

开展农业保险试验业务所依据的规则是 1985 年国务院颁布的《保险企业管理暂行条例》第 5 条所规定的："国家鼓励保险企业发展农业业务，为农民提供保险服务，保险企业应支持农民在自愿的基础上集股设立农村互助保险合作社，其业务范围和管理办法另行制定。"1995 年颁布、2002 年修订的《中华人民共和国保险法》使该条例被废除，而《保险法》依然没有对农业保险做出具体规范。《农业法》虽然规定："国家逐步建立和完善政策性农业保险制度。鼓励和扶持农民和农业生产经营组织建立为农业生产经营活动服务的互助合作保险组织，鼓励商业性保险公司开展农业保险业务。"但如何建立互助合作保险组织，如何鼓励商业性保险公司开展农业保险业务，并没有相应的法律、法规和政策加以明确。有关农业保险的优惠政策，除规定免征营业税外，目前也尚未出台任何其他扶持政策。此外，农业保险管理办法也一直没有制定出来。尽管近年来。中央重要文件及领导人的讲话都一再提出政府要"鼓励"、"提倡"、"支持"农业保险的发展，然而随着改革的深化和保险公司向商业性保险公司的转轨，这些概念化的条文和口号已无法指导农业保险的运作和发展，没有专业的法律法规，农业保险将不可避免地步入困境。由于农业保险法律法规的缺位，造成农业保险的开展缺乏必要的法律规范，其合法性没有法律条文作为依据，造成农业保险的试验处于展业难、收费难、理赔难，业务波动大的尴尬境地。一些地区甚至出现过农业保险试点被行政主管部门以"乱收费"、"加重农民负担"的名义加以取缔，抑或是在发生灾害损失后，行政主管部门要求保险公司承担更多的赔偿责任，用以替代政府在支农资金上的支出。

从农业发达国家的经验看，政府作为制度供给的主体，在为农业保险提供法律保障方面都充分考虑到农业保险的特殊属性，设立农业保险专门法，对农业保险在经营目的、经营方式和管理规则、会计核算、组织制度等方面区别于普通保险的特殊性提供法律依据。目前,在全国人大未出台全国性的《农业灾害补偿法》或《农业保险法》的情况下,云南省农业保险法律缺位的问题,可以根据本省实际以地方性行政法规的形式加以弥补。

(2)政府与农业保险政策支持

对农业保险市场失灵的理论研究表明,农业保险的"准公共产品属性"、"外部性"、"双重性"等原因,造成了农业保险的弱质性,使农业保险商业化运营的前提不充分,农业保险的政策性为多数农业发达国家的成功经验所验证。国外政策性农业保险是建立在国家干预和宏观调控理论基础上的,强调政府利用财政、保险、行政、法律手段纠正市场失灵。政策性农业保险需要政府为农业保险的运转提供多个层面的政策倾斜,主要包括:

财政支持。政府财政支持可以分为财政体系对于经营政策性农业保险的保险公司的经营费用补贴、对于农户的保费补贴,以及对农业保险经营者超额赔付和亏损进行财政补贴。

税收支持。政府对农业保险的税收优惠,除免除经营农业保险的保险公司的营业税外,还应进一步减免所得税,免除经营种植业、养殖业保险业务的全部营业税、企业所得税、城市维护建设税和教育费附加等;对农业保险经营的主体的盈余,可在一定期间内适当减税;允许经营主体从经营盈余中扣除一定比例的资金作为保险准备金,并在税前扣除;盈余的分红不应再纳税。

行政支持。这方面主要是提高农民保险意识,宣传保险政策,推广农业保险以及相关的教育培训工作,协调解决保险纠纷等。主要内容包括:一是协助展业承保。农民的文化素质比较低,缺乏保险的基本知识,需要农村基层干部耐心细致地解释农业保险的意义和作用,解释保险条款特别是保险责任和除外责任,协助办理投保手续。二是协助农险产品的开发与改造。一方面,农业风险区划与定价所需的灾害损失等有关数据资料需要政府协助提供;另一方面,农村基层干部更了解农民的保障需求,可以为开发适合

211

农民收入水平、风险状况的保险产品提出有益的建议。三是协助防灾防损。防灾防损是降低保险成本的重要环节,农村基层干部更了解农民的生产经营状况和潜在风险,政府不仅应该协助保险双方做好防灾防损工作,而且还应该在减灾防灾上承担灾害防治方面的基础设施建设。四是协助定损理赔。定损是理赔的前提,只有准确定损,才能合理理赔。由于动植物受灾后有一定的自我恢复能力,农业保险定损极为复杂,尤其是农作物保险,往往需要收获时二次定损。理赔是保险经营的关键环节,是保险制度存在的价值体现,既要保护农民的合法利益,维护保险信誉;又要严格理赔程序,防范道德风险。如果没有当地政府的参与,难免发生各种理赔纠纷。五是制定农业保险补贴的实施细则,协助具体执行。财政补贴不仅涉及保险公司和投保农民,而且涉及农业、财政等政府部门,需要政府协调各方关系。六是保险监管。对不同性质的保险业务,实施不同的监管规则是国际惯例。政府应设立针对农业保险政策性业务的监管机构,保证监管效率,使政府的扶持政策和优惠措施真正落到实处。

(3)政府与巨灾风险分散

缺乏对巨灾风险有效的分散机制,是另一个制约农业保险发展的重要原因。由于任何一个农业保险经营者无法单独承担巨灾损失,因此建立巨灾的再保险机制是有效化解巨灾风险的有效手段。通过农业保险的再保险业务,可以降低原保险人的经营成本,分散风险,增强承保人的承保能力,扩大业务范围。西方农业发达国家在巨灾风险管理方面的普遍做法都是以政府为主导、以行政手段推动建立多层次的再保险体系,并且对再保险亏损进行财政补贴。云南省也应加快建立农业保险再保险机制,在不同的灾害地理区划之间建立巨灾风险分散机制,通过对不同险种制定不同的分保比例,引导保险公司的农险经营,并提高其经营积极性。

对于通过再保险也无法化解的巨灾风险,建立政府主导下的农业巨灾风险基金,对遭遇巨灾损失的农业保险供给主体提供一定程度的补偿,将是维持农业保险持续发展的另一重要制度保障。农业巨灾风险基金的来源可以是多渠道的,包括政府财政预算拨款、从农业保险供给主体的年度经营盈余中按一定比例提取、采用巨灾风险证券化的方式从资本市场上筹集资金等。农业巨灾风险基金,除了对遭遇巨灾损失的农业保险供给主体提供补偿外,还可用于其他方面:如巨灾风险的预防,通过兴修水利设施来预防洪涝和干旱的发生,通过疫苗注射来预防禽畜传染病的发生与扩散。又如支持设立农业灾情研究机构,分析和研究我国农业灾害发生的规律,以便建立起农业风险预警系统,加强农业风险管理,同时为国家制定农业保险政策,构造有效的农业保险制度体系提供科学依据。

(4)政府与农业保险监管

对市场和行业的有效监管是政府职能的重要方面,由于农业保险具有不同于普通商业性保险的特殊属性,因此对其进行的市场监管必然也是一个相对专业的领域,政府应当设立独立的农业保险监管体系,对农业保险的经营管理机构进行监管,以保证农业保险机构的顺利经营,保护投保人的利益。这一独立的农业保险监管体系,应该包括的主要功能有:对农业保险制度进行设计和改进,对农业保险业务范围进行界定;对政策性农业保险业务进行统一的规划,研究制定具体政策;协调各行政和事业单位对经营农险业务的保险公司给予支持和配合;设计种植业和养殖业的具体险种,依据本区域具体情况调整保费率和农险计划;审查、批准和监管商业性保险公司开展农业保险业务的申请和业务实施状况;管理专项农险基金,并根据业务量向开展农业保险的保险公司提供经营补贴和保费补贴、承担农作物保险推广、提供技术支持、统一组织人员进行培训等,以及负责提供超额损失再保险;地方性经营发展策略由地方监管机构自主确定,地方监管机构作为中间层次,

对上获得中央保险监管机构的再保险,对下向农业保险公司或农业保险合作社提供再保险业务,起到承上启下的作用。

二、构建多层次、多元化的农业保险体系

农业保险是一种对政策因素依赖较强的特殊险种,农业保险经营模式也不应以单一模式为主。借鉴国外的经验,高效率的农业保险体系应该是包括政策性农业保险机构、商业性保险机构、合作社和相互会社在内的以政策为导向的、多层次、各种模式相互补充的复合体系。目前全国农业保险的试点模式大体有:政策性公司经营模式、相互制公司模式、商业性公司代办模式、商业保险公司经营模式、外资公司经营模式。

基于云南省各地州在产业结构、农产品品种、产业化程度、微观组织方式、农户保险意识、农民收入水平、政府财力等方面的差异,我省在构建农业保险体系时,不可能以单一的模式支撑全省农业保险体系,必须考虑地区差异,有针对性地在不同地区探索符合当地条件,多层次、多元化的农业保险发展模式,逐步确立以政策性支持与市场化导向的多层次和多元化结合的互动机制,建立以政府农业保险为主导的、商业保险机构为补充的多层次和多元化形式的农业保险体系。结合云南省实际情况,本书认为,目前云南开展以商业性保险公司代办政策性农业保险模式、农村互助合作保险模式、商业保险公司化经营、政府资助模式具有较高的可行性。

1. 商业性保险公司代办政策性农业保险

政府主导下的商业保险公司经营模式的涵义是,在政府统一制定的政策性农业保险经营总体框架下,由各个商业性保险公司自愿向政府申请经营农业保险和再保险。在政府支持下和监管下,由商业性保险公司来经营政策性农业保险。这一模式有如下优势:第一,商业保险公司具有从事保险经营管理的技术力量和专

业人才,其经营管理的效率比由政府直接经营高得多,这一模式可使政府摆脱繁杂的具体经营事务,节省制度建立的成本,不用直接进行微观经营,而是在宏观层面进行管理。第二,商业性保险公司有了政府政策性补贴,还可以开发市场广泛的农村保险市场,保证了商业保险公司经营政策性保险的积极性。第三,商业性保险公司从制度到技术都比较规范,销售渠道广泛,可以很好地发挥其作为专业公司进行专业营销的优势,扩大农业保险在农村的深度。但是,这种模式的主要弊病也不可忽视:第一,政府对农业保险的补贴数额并不容易测算,过多补贴会使商业性保险公司受益,降低补贴效率,过少会使商业性保险公司积极性下降,农业保险供给减少。第二,如果运行机制设计不当,利益分配不兼容,就很难平衡商业性保险公司、基层政府、投保农户之间的利益博弈,投保农户的道德风险与逆向选择问题将难以防范。

2. 农村互助合作保险

该模式是由各级政府帮助组织和建立以被保险农民为主体的民间农业保险合作组织或农业保险相互会社。这种模式的优点在于:第一,由于保险合作社社员在自愿互利的基础上自主建立的自负盈亏、风险共担、利益共享的农业保险组织,这种方式经营灵活,可因地制宜设立险种,保险费不会很高,同时在保险费收取、防灾防损、灾后理赔等方面具有其他形式保险企业和组织不具备的优势。第二,由于保险人和被保险人集中于一身,利益高度一致,信息比较完全,可以有效防止被保险人的道德风险和逆向选择现象发生。第三,保险合作社一般设在当地,无需支付手续费、代理费等业务费用开支,农民参加保险比较便利。第四,合作保险具有非营利性,目的在于建立农村的风险保障机制,经营费用按实际成本分摊,保费没有利润因素,并且年度节余归合作农民所有,积累起来用于大灾赔付。但是,这种模式的弊端也很明显:第一,农业保险合作社规模一般比较小,地域范围相对集中,容易同时受灾,风

215

险比较集中,保险补偿能力有限。第二,由于农业保险具有很强的专业性和技术性,合作社在经营管理方面没有专业保险公司优势,会遇到人才缺乏、管理粗放等问题,资金筹集也会相对困难。第三,由于受经济、文化和其他因素的影响,我国很多地方的农民缺乏合作意识,也缺乏自我组织的能力,因此在没有政府介入的情况下,由农户自发建立运营规范的合作社是比较困难的。

3. 商业保险公司化经营、政府资助

农业保险的经营成本高、获利少、风险大,商业保险公司的赢利最大化目标与农业保险亏损性的矛盾,致使绝大多数商业保险公司都不愿经营农业保险,这决定了涉农的商业保险的供给十分有限。从国际经验看,只要政府对农业保险给予足够的支持,商业保险公司仍然乐于开拓农业保险市场。为支持商业保险公司经营农业保险,实现分散风险、降低经营成本的目的,政府可以通过补贴部分经营管理费用或给予一些税赋的优惠;设立政策性保险公司为商业保险公司提供再保险业务,超赔部分由政府负担等办法鼓励其经营农险业务。商业保险公司也可以与地方政府合办农业保险事业。保险公司按照法规来经办业务,有利于促进农业保险和农村经济的健康、稳定发展。

在促进保险组织发展方面,各级政府应当给予必要的政策支持。为了保证农业保险达到合理的经济规模,为农业提供最基本的风险补偿,有必要对农业实行一定程度的强制保险。根据农业和农村发展的经济和社会目标,对关系国计民生的少数几种农林牧渔产品的生产实行法定保险,如在种植业为主的地区,可以对小麦、水稻、玉米、大豆等主要农作物和棉花、油菜、甘蔗、甜菜等主要经济作物实行强制性保险。费率按农作物品种的不同和风险等级确定,费率宜相对较低,应使每个农业生产经营者都有足够的保费承受能力,以此扩大投保参保的规模。法定保险的险种和保险标的不宜多,保险责任应明确简单。政府对法定保险险种提供保费补贴。农民按照国家强制性要求参加基本农业保险后,可以根据自身的经济能力和风险程度不同,自主选择投保其他农险。

三、政策性农业保险公司和商业性保险公司合理分工

政府在构建农业保险体系时,可考虑首先选择一些目前农险业务开展较好的地区进行试点,可将人保公司的农险部门分立成农业保险公司,在该地区开展农业或农村保险业务,既可以经营种、养两业保险,也可以经营农村其他财产保险,使其经营具有可持续发展的可能性,其种植、养殖两业保险进行独立核算,以便对其进行监管和补贴。在实际经营中,政策性农业保险公司不应替代商业性保险公司的农险业务,二者应形成合理分工、相互补充的关系,这种分工互补关系体现在依保险标的经济属性和重要性不同,分别采取强制保险与自愿保险相结合、政策性保险与商业性保险相结合的方式。其中,对于关系国计民生的重要农产品,如水稻、棉花、橡胶等应实行法定保险,统一投保,主要由政策性农业保险公司及其指定的农村合作组织垄断经营。除法定政策性农业保险外的商业性农险项目,全部实行自愿投保。其他商业性保险公司自愿选择一定的农业险种,按照商业化原则进行经营。同时允许商业性的保险公司自愿申请经营政府提供补贴的农业保险中的非法定农险业务,在同等的政策、平等的条件下进行竞争。在未设立政策性农业保险公司的地区,法定农险业务可以暂时由人保公司试营。

四、先行试验,找准突破点

先在云南省具备条件的地区和市场开展试点,摸索总结经验,进而在全省进行推广。试点地区的选择,可选择信用环境好、农业基础较好、资源丰富和经济活跃等条件较为完备的地区。具体可采取“政府推动、市场运作、财政补贴、农民自愿”的做法,由商业保

险公司承保,各级财政对农民交纳保费给予补贴,由各级财政和承保公司共同承担。省、市、县财政部门将分别设立巨灾风险准备金,并纳入财政预算,实行专户管理、专账核算。种植业的试点保险品种可优先考虑为烟、糖、茶、胶、花卉、中草药材、马铃薯等云南省有潜力的特色优势产业。对于畜牧业及其延伸的加工产业,我们可考虑在大理等地区开展奶牛养殖保险等。针对农村特点和农民需求,开发保费低廉、保障适度、报单通俗、交费灵活、投保简便的保险品种。

养殖业可以成为地方农业保险业务的突破口,其主要原因有三:第一,养殖业很少存在种植业在防灾防损中的"搭便车"问题,外部性小;第二,养殖业较种植业来说对土地的要求少,相对集中,理赔也相对容易;第三,养殖业面临的巨灾风险相对较小,靠天吃饭的成分少,经营比较稳定。

218

五、建立农产品库存储备制度、农产品市场支持风险基金

为降低农业的市场风险,提高农民抵御市场风险的能力,政府可以通过农产品储备数量来调节和平抑市场价格的非正常变化,在市场价格低于保护价时增加储备,并在市场价高于保护价时抛售储备以平衡市场供求,平抑农产品价格的过度波动,减少农产品经营者因价格波动而带来的损失。政府也可以帮助农民建立市场支持风险基金,通过市场支持基金所具有的农民"收入蓄水池"的功能,减轻农民因价格波动对收入造成的影响。政府可以根据对风险补偿程度需求的不同,帮助农民设立层次不同的风险基金,如重大市场风险基金、附加市场风险基金、一般市场风险基金。重大市场风险基金用于对遭受重大市场价格波动影响的农业生产经营者进行赔偿;附加市场风险基金用于对投保附加险的农业生产经营者所遭到重大市场价格波动进行高额赔偿;一般市场风险基金则用于对农民遭受的一般性价格风险给予有限额度赔偿。

六、完善市场服务体系

加强各级政府在建立现代农业所需市场服务体系中的作用，完善包括农业科研、病虫害控制、农技培训、推广和咨询、检验检疫、市场服务和基础设施建设等内容的市场服务体系。主要内容有：

1. 现代农业气象与灾害预报服务

各级政府须积极兴建防御农业自然风险的大型基础工程，如建设水库、灌溉工程、改造土壤、建立气象预报中心等。加强自然灾害和重要动植物病虫害预报和预警体系建设，有效提高预警、预报自然灾害和动植物疫情的能力。

2. 现代农业信息服务

加快农业信息化建设，建立省、市、县三级农业信息网络互联中心。各级政府要加强对农户的信息服务，及时收集国内外市场农产品的供求信息和价格信息，不断把有价值、实用的信息传递给农户，指导农户进行现代农业的生产和经营，增强农民制定生产计划、核算生产成本、安排销售活动和调整生产结构的科学性与合理性，减少由于信息不对称或匮乏所引起的经营盲目性与不确定性，从而降低市场风险对农民的损害程度。

3. 现代农业技术服务

政府要把农村科技工作摆在更加突出的位置，大幅增加农村科技投入，组织农业科技人员对农户进行技术培训和技术指导，让农户全面、准确地掌握新项目、新品种的技术要领和技术要求，以减少、避免和防范现代农业中的技术风险。

4. 现代农业市场体系建设

政府应制定相应法规，发展现代流通方式和新型流通业态，培育多元化、多层次的市场流通主体，构建开放统一、竞争有序的市场体系，降低现代农业的生产成本和市场风险。

5. 完善农村金融服务体系

大力发展农村金融市场，鼓励各种形式农村资本融通，鼓励金

219

融资本向农村流动。

七、支持和鼓励商业保险公司经营农业保险

充分利用商业保险公司现有的经营技术和专业人才,提高商业保险公司经营农险的积极性,政府给予适当的财政、税收支持其经营商业性农业保险,同时鼓励商业保险公司申请经营政策性农险业务,对财产险、人身险实行自愿保险,拓展农业保险范围,实行"大农险"的运作方式。可以尝试逐步扩展农业保险的范围,把农户的一些家庭财产险、农户健康寿险等保险产品纳入农险范畴,单独列账、独立核算;确定此类家庭财产险、寿险等与农业生产保险之间的保险关系,以险促险,以险养险,由政策性农业保险公司提供再保险。经济条件好的较发达地区,可考虑由地方政府和商业保险公司合办专业保险公司经营农险业务。

八、基于产业链进行风险管理

农业化风险来自产业链的各个环节,对风险的化解也需要在产业链的不同环节进行风险管理,这是由于在不同的产业链环节,主要风险存在一定的差异,而且风险的作用方式也不相同。通过剖析不同风险的作用机制,确定各个环节的主要风险,寻求有针对性的管理方式,然后科学地进行风险管理方式组合,最终实现有效风险管理的目标。风险管理方式的选择必须满足三个要求:有针对性地解决该环节的主要风险、保证该环节的风险管理方式的协调、实现与其他环节风险管理方式的关联。农业经营属于链式经营组织,其风险的管理也应体现不同阶段的特点,基于产业链进行风险管理。

1. 产业链上游风险管理

产业链上游的风险管理方式以服务于农业生产组织准备为主,如生产资料补贴、供应链体系建立、市场信息服务等。生产资

料补贴可以稳定农户购买能力、缓解价格波动的冲击,供应链体系可以保证原料、化肥、种苗、农机等各种生产资料的供应渠道、降低交易成本,重点解决该环节可能出现的主要风险;生产资料补贴可利用供应链体系降低操作成本、提高补贴效率,市场信息服务作为软要素也可与供应链体系结合,保证风险管理方式之间的协调;生产资料补贴通过稳定农户投入又可以提高农业保险的需求,供应链体系能够带动技术推广体系的完善,这实现了与产业链中游风险管理方式的紧密联结。

2. 产业链中游风险管理

产业链中游的风险管理方式主要以保障农产品的正常生长、提高作物及畜禽抵御灾害的能力,以及保障农民在灾后迅速恢复生产能力为主,如农业保险、技术推广服务体系、风险基金等。农业保险结合农业风险基金重点应对自然风险,技术推广服务体系重点稳定农业技术的供给、降低技术风险的冲击;风险基金可协调农业保险的政策性问题,技术推广和应用则能推动农业保险的创新,提高农业保险的需求,风险基金也可配合新技术的推广和应用;农业保险通过稳定收益水平以保障产业下游环节的原料供应;技术推广则为农业产业化、规模化经营提供了基本条件。

221

3. 产业链下游风险管理

产业链下游的风险管理方式主要以分散和转移市场风险为主,防止农产品价格波动对农业生产的影响。可用的风险管理方式有农产品期货交易、订单式农业、价格支持等。农产品期货交易以套期保值的方式转移市场风险,同时可考虑创立政府引导型的期货投资基金来解决分散农户难以利用期货市场的问题;订单农业①与农产品期货市场结合,能够实现农业企业套期保值的目的,

---

① "订单农业"是指以合同方式将农业生产与市场进行连接,农户按订单生产、加工企业按订单收购。也称合同农业或契约农业。

也使农户在订单生产的过程中间接利用了期货市场,从而锁定了价格,降低了订单农业的违约风险;价格支持也能很大程度上保证订单农业的稳定运行;订单农业可以利用产业上游环节的供应链体系,价格支持能够与下一周期的生产资料补贴相互协调,期货市场和基金通过转移价格风险、稳定农业收益、提高农业生产者"净值",降低了发生在产业中游的农业保险的道德风险,并为农业保险的设计和优化提供了条件。

九、完善农村保险服务体系

为农业提供充足的保险保障与资金支持可以有效支持农业和农业保险的发展。

1. 发展小额保险

为广大农村提供比较充足的小额保险是提高农村生产力的有效途径之一,在对农民进行小额保险时,可以考虑逐步引用信用制制度,对初次保险的农户进行严格的保险项目审查,并要求保险人做出保险用途的保证;并对保险人的情况进行登记,成立农业人口保险信用记录,大力开展"信用乡"、"信用村"、"信用户"的示范活动,建立健全"失信惩戒"机制,并根据信用记录决定以后是否向同一保险人保险。并且,对单笔、初次保险的金额应当有严格的规定,可设置较低的保险的幅度,降低保险机构的自身风险;对多次保险人,则可以根据信用纪录情况逐步提高保险幅度,以对农业人口提供更充分的资金支持。

2. 建立和完善农村保险服务体系

地方政府应加大政策扶持力度,在对农村保险的有关改革、资金来源、税收优惠、保险监管、上市公司核准、保险条件等方面给予大力支持,让农村保险机构或保险机构经营的农村保险业务有一个良好的保险环境,以调动保险机构的积极性,增强其发展后劲。从地方政府的层面上,也要从有限的财力中安排一些资金支持农村保险业务,如对农业保险的补贴、对保险机构给予奖励等。

农村保险服务体系的建立和完善,一是要在社区保险机构和小额保险组织上用制度进行调整,完善地方政府、保险监管部门和保险机构三位一体共同推进的农村保险生态调节机制,从制度上既要求农村保险机构符合保险机构自身的要求,在要求上又能要充分考虑到农村人口的保险习惯;二是要加强保险监管,对农村保险机构的资金流转情况做出严格的审查,对较大金额的保险应由上级保险机构进行审批,强化农村基层保险机构权力与责任对等;三是要科学制定价格,国家给农村保险的定价机制要用好、用活,既充分维持农业保险机构的正常运作,同时又能充分提高农民的抗风险能力,为农业生产和农民生活提供保险保障。

第四节　云南省农业保险经营模式的功能

一、有利于加快农业保险业务的创新

云南省采取上述农业保险发展模式后,将打破原有的农业保险模式,对农业保险的业务进行创新:一是组织形式创新:鼓励成立专业性保险公司、相互制农险公司、地方政策性农险公司、商业保险公司、引进外资保险公司,形成多种组织形式并存的农业保险市场体系;二是产品创新:鼓励保险公司积极开发适合农业生产实际、适销对路的农业保险产品;三是服务创新,使农业保险尽力覆盖农业生产、加工、流通、销售及农民生产生活的各个环节;四是渠道创新,鼓励保险公司将直接销售与间接销售相结合,创新销售形式,扩大保险产品的覆盖范围;五是农业保险范围的创新,将实行强制性与自愿性相结合的经营模式,并实行政府补贴和再保险制度。对于主要粮食、经济作物(水稻等)实行强制性保险(可给予保险优惠支持),对于其他农产品(果树、蔬菜、林业等)实行自愿性

保险。

二、有利于加速政策性与商业性农业保险经营的结合

加大对商业保险公司开办农业保险的扶持力度,逐步化解政策性与商业化经营的矛盾:一是给商业保险公司一定补贴(大于1%),以促进农业生产和农村产业结构的调整;二是合理确定农业保险费率(结合区域 GDP、农村居民人均纯收入、人均年消费性支出等指标);三是积极支持农民参加农业保险。对参保的农民提供一定的保费补贴,将小额农业保险与推行农业保险结合起来,从政策上引导农民参加农业保险的自觉性。

三、有利于促进农村保险体系的稳定

农业保险可以使个人风险得到转移、分散,将原来不稳定的风险转化为稳定的收益。有农业保险做保障,农业生产趋于稳定,经营者的收益保障程度提高,这种状况有利于改善农业和经营主体的经济地位,从而改善其保险地位,便于其获得保险,引导农业保险资本流入,促进农业生产扩大规模、提高集约化生产水平、降低农业生产成本。

农业保险不仅是稳定农业生产、保障经营者利益的有力手段,由于它对农业起到配套保障作用,因此还是一国农村保险体系的重要组成部分,其发展关系到一国农村保险体系的完整性和稳健性。

四、有利于加强对农业的支持和保护,促进农业和农村经济的稳定发展

可以说,随着我国加入 WTO 和经济的发展,农业保险是市场和开放经济条件下政府进行农业支持的有力工具。WTO 的规则要求成员逐步开放农产品市场并减少对农业的补贴,但与农业生

产相关的自然灾害保险则不予限制。农业保险已经成为 WTO 成员支持本国农业的基本手段和方式之一。因此,大力发展农业保险,建立政策性和商业性相结合的农业保险制度,是我国合理运用 WTO 规则、完善农业保护体系、提高我国农业的生产经营水平和国际竞争实力的必要措施。

农业产业与其他产业具有高度联动性,农业生产的发展会直接带动农业产前、产中、产后和相关服务业的发展,农民收入的提高可以直接促进其对工业品、服务业的消费。由于农业保险稳定了农业投资收益,会促进资金流向农业,增加全社会在现代农业上的投入,因此农业保险可以通过促进农业生产的稳定来促进农村相关产业的稳定和发展。

农业是母体性产业,是国民经济的基础,是人们最主要的生活来源,"三农"问题不仅直接关系到本部门的产业发展、就业增长和区域稳定,还是拉动内需的核心力量,是实现经济持续发展的根本保障。因此,通过农业保险促进农业的稳定与发展,使广大农民从容面对天灾人祸,有利于国民经济和社会的稳定、发展,从而也有利于云南省经济的稳定发展。

五、开发设计适销对路的农业保险险种,展现积极的营销创新

保险险种设计应充分考虑到城市和农村市场的不同需求,注意研究农村保险标的风险单位的划分、农民付费能力、保险需求和保险费率的制定,对险种的开发必须以适应农村经济需求为前提,不断扩大服务领域,为农村经济和农民生活提供全方位服务。对于险种开发的要求应该充分考虑到农村工业、建筑业、运输业及服务业的需求,不断开发适销对路的险种。

积极主动地进行营销创新是保险公司化解不利因素的有效措施。农村保险市场发展缓慢的一个重要原因就是保险营销手段落

后,因此要发展农村保险市场,就要改变这种状况,积极进行保险营销创新。在经营中,保险公司首先要转变的就是营销理念。保险业属于服务业,保险公司要树立起市场经济中的营销服务意识,只有最了解客户期望的公司,才能提供最受欢迎的服务,尤其在农村市场,由于农民居住较分散,更应强化服务意识,拓展服务渠道,以满足农民需要。在管理上,以人为本,建立优秀的保险企业文化,以充分调动全体员工的积极性、创造性,最大限度地发挥他们的潜力,形成合力。保险公司要善于分析、研究市场,紧紧盯住市场的需求,努力探索和开发较新颖的、低成本而且便利客户的营销方式,了解农民的切实需要,选择有前途的新型营销领域。

六、预防巨灾风险带来的损失,保护农民的利益

相互保险公司要与有关部门共同建立自然灾害风险信息系统,根据气象、水文、台风以及灾害信息,报告重大灾害损失,帮助决策层及时掌握灾情,迅速决策,指导救灾工作。对于巨灾风险,不仅一般企业和老百姓无法抗拒,对政府来说也是一个沉重的负担。因此,农民向农业保险公司投保,不仅可以预防巨灾风险所带来的损失,也有效地保护了自己的利益。云南省可以借鉴国内外以及省外成功预防巨灾风险的成功案例,有效预防巨灾风险,尽可能地降低损失,分散风险。

七、促进政策性农业保险制度的建立

农业是一个准公共部门,农业保险的发展具有极强的公共性和外部性,因此建立对农业的支持保护体系需要探索建立政策性农业保险制度。建立科学的政策性农业保险制度既能解决农民抵御风险力量过弱的问题,又能弥补仅靠国家救助导致财政压力过重的不足,有利于调动各方面的积极性,是市场经济条件下一种有效的农业风险补偿制度。云南省应根据本省的经济发展水平、财

政水平、农业生产力水平较低以及自然灾害特殊的情况,因地制宜地选择经营主体形式,开展农业保险。开展农业保险不可能照搬其他的现成做法,也不可能完全依赖国家的财政补贴,应该最终建立多层次体系、多渠道支持、多主体经营的政策性农业保险制度。

附录一:数据统计资料

一、2006 年云南省农户家庭基本情况

	样本量(户)	最小值(元)	最大值(元)	均值(元)	方差
总收入	757	1173	6580770	37841.13	285768.341
纯收入	751	−2755	1686720	15086.53	62859.987
总支出	757	941	5007560	32733.27	240538.103
救济救灾	23	10	5000	1004.48	1546.323
年末存款	239	0	130000	10612.21	16895.685
年末现金	561	0	6537985	17490.34	276380.574

二、2006 年浙江省农户家庭基本情况

	样本量(户)	最小值(元)	最大值(元)	均值(元)
总收入	499	895	2200428	94783.17
纯收入	498	−9215	1910180	56291.46
总支出	499	2800	2014480	82498.46
救济救灾	10	100	6000	2588.00
年末存款	359	0	3650000	86871.47
年末现金	449	20	120000	4942.71

三、2006 年云南省农村固定观察点收入支出基本情况分村数据

村码		样本量（户）	最小值（元）	最大值（元）	均值（元）	方差
1	总收入	100	3610	6580770	162610.63	771984.128
	纯收入	100	3560	1686720	44036.09	166935.713
	总支出	100	2629	5007560	140788.28	648892.279
	救济救灾	1	1152	1152	1152.00	—
	年末存款	84	0	130000	16919.38	25027.541
	年末现金	99	0	6537985	73865.27	656620.094
2	总收入	100	1585	27045	7518.61	4539.961
	纯收入	100	882	18901	4600.31	2947.508
	总支出	100	1572	23360	6712.36	3427.653
	救济救灾	9	10	650	172.78	247.653
	年末存款	61	70	15000	2260.98	2758.933
	年末现金	88	20	550	142.24	129.802
3	总收入	99	1173	83578	10537.81	9611.975
	纯收入	99	553	23382	6978.16	4896.916
	总支出	99	1605	83607	11415.22	9652.306
	救济救灾	5	20	5000	1168.00	2146.840
	年末存款	3	2391	20000	8891.00	9667.025
	年末现金	96	4	15987	1514.25	2317.851
4	总收入	100	3529	192142	25243.95	30982.496
	纯收入	100	2006	72624	12003.87	10047.214
	总支出	100	3433	166403	22043.39	25957.291
	救济救灾	0	—	—		
	年末存款	4	0	25000	7106.25	12002.576
	年末现金	88	0	42559	6234.17	7724.345
5	总收入	98	2784	887233	24488.73	88504.071
	纯收入	98	2550	266270	14275.23	26544.733
	总支出	98	2526	765646	21041.90	76738.472
	救济救灾	2	100	5000	2550.00	3464.823
	年末存款	21	0	50000	14161.43	13586.125
	年末现金	82	0	262786	19524.26	37490.064

续表

村码		样本量（户）	最小值（元）	最大值（元）	均值（元）	方差
6	总收入	50	2569	97589	18067.52	21171.002
	纯收入	44	−2755	26616	5032.84	6318.177
	总支出	50	941	85694	14118.04	17985.251
	救济救灾	1	100	100	100.00	—
	年末存款	4	2000	4000	3225.00	932.291
	年末现金	0	—	—	—	—
7	总收入	50	1573	42331	14411.66	6471.927
	纯收入	50	1013	28715	9859.52	4689.437
	总支出	50	1398	19275	9470.34	3363.305
	救济救灾	3	216	3036	2084.00	1617.836
	年末存款	2	10000	30000	20000.00	14142.136
	年末现金	3	500	10000	3833.33	5346.338
8	总收入	50	7761	57589	19727.48	10227.614
	纯收入	50	4330	12449	7866.46	2282.664
	总支出	50	7486	57357	20703.78	11403.823
	救济救灾	1	1124	1124	1124.00	—
	年末存款	11	2000	8000	4727.27	1751.623
	年末现金	50	102	7402	2116.30	1471.247
9	总收入	50	7870	57011	31254.64	11381.288
	纯收入	50	4414	42329	22483.54	8993.147
	总支出	50	8846	39387	19737.26	5263.466
	救济救灾	0	—	—	—	—
	年末存款	43	1000	25000	11372.09	6883.463
	年末现金	44	200	4000	1348.86	1052.875
10	总收入	60	9865	52912	24870.25	8964.337
	纯收入	60	5382	43554	15737.03	6605.973
	总支出	60	7802	118235	23850.03	15278.222
	救济救灾	1	1980	1980	1980.00	—
	年末存款	6	1000	10000	5130.33	3499.440
	年末现金	11	200	5214	1388.27	1579.311

四、2006 年云南省农村国家观察点土地情况

	样本量	最小值	最大值	均值	方差
经营耕地面积（亩）	692	0.10	26.30	6.2513	4.64833
其中:水田	449	0.50	18.90	2.9149	2.79345
旱田	457	0.50	22.00	5.2271	3.84194
经营土地块数	615	1	25	5.09	3.245
经营林地面积（亩）	90	0.50	14.00	2.7089	2.08740

五、2006 年云南省农村固定观察点土地情况分村数据

村码		样本量	最小值	最大值	均值	方差
1	经营耕地面积（亩）	36	0.40	5.60	1.3667	1.13440
	其中:水田	20	0.50	4.10	1.2100	0.83092
	旱田	0	—	—	—	—
	经营土地块数	20	1	3	1.65	0.587
	经营林地面积（亩）	0				
2	经营耕地面积（亩）	100	3.10	26.30	13.4430	5.78653
	其中:水田	96	0.50	11.00	2.4490	1.51914
	旱田	85	1.00	22.00	10.2553	4.74270
	经营土地块数	93	2	9	4.29	1.388
	经营林地面积（亩）	4	0.50	6.00	2.3250	2.50782
3	经营耕地面积（亩）	100	1.50	15.20	5.7810	3.02887
	其中:水田	0	—	—	—	—
	旱田	98	1.50	15.20	5.8418	2.97796
	经营土地块数	94	2	25	7.71	4.536
	经营林地面积（亩）	0	—	—	—	—
4	经营耕地面积（亩）	97	2.00	9.20	5.1103	1.51764
	其中:水田	86	0.50	4.10	1.7128	0.71320
	旱田	96	1.00	7.00	3.4406	1.25510
	经营土地块数	90	3	17	7.56	2.482
	经营林地面积（亩）	44	1.00	6.00	2.2273	1.29154

续表

村码		样本量	最小值	最大值	均值	方差
5	经营耕地面积（亩）	99	0.10	8.10	2.0111	0.95125
	其中:水田	85	0.60	18.90	2.3388	2.22636
	旱田	3	1.00	2.00	1.3333	0.57735
	经营土地块数	83	1	16	3.30	2.088
	经营林地面积（亩）	26	1.00	14.00	4.2885	2.77191
6	经营耕地面积（亩）	50	1.00	10.00	4.8400	1.63333
	其中:水田	41	0.50	3.00	1.2195	0.53676
	旱田	47	2.00	12.00	3.9787	2.06933
	经营土地块数	41	1	10	6.02	2.080
	经营林地面积（亩）	0	—	—	—	—
7	经营耕地面积（亩）	50	2.00	11.00	4.8620	2.31877
	其中:水田	11	0.80	3.00	1.3909	0.60076
	旱田	49	2.00	10.50	4.4041	2.02751
	经营土地块数	50	2	6	4.30	0.886
	经营林地面积（亩）	0	—	—	—	—
8	经营耕地面积（亩）	50	0.80	11.00	5.3220	2.51195
	其中:水田	50	0.60	6.20	2.3820	1.01894
	旱田	42	0.60	8.00	3.5071	1.99198
	经营土地块数	45	2	16	7.16	3.045
	经营林地面积（亩）	13	0.50	3.00	1.5231	0.68210
9	经营耕地面积（亩）	50	2.40	12.90	6.5080	2.10595
	其中:水田	0	—	—	—	—
	旱田	0	—	—	—	—
	经营土地块数	45	1	5	2.02	0.892
	经营林地面积（亩）	0	—	—	—	—
10	经营耕地面积（亩）	60	4.00	18.70	9.7150	2.94018
	其中:水田	60	3.50	16.70	8.6500	2.52248
	旱田	37	0.50	5.00	1.6270	0.84480
	经营土地块数	54	1	6	2.70	1.075
	经营林地面积（亩）	3	0.70	3.00	1.7333	1.16762

六、2006 年云南省农村固定观察点与农业保险相关的固定资产情况

	样本量(头)	最小值(头)	最大值(头)	均值(头)	方差
役畜头数	315	1	13	1.69	1.119
种畜、产品畜头数	260	1	56	5.27	8.516
其中:奶牛	7	1	15	3.14	5.242
母猪	156	1	5	1.36	0.834
绵羊、奶山羊	15	1	49	25.73	12.285

七、2006 年云南省农村固定观察点与农业保险相关的固定资产情况分村数据(9 村没有相关资产)

村码		样本量(头)	最小值(头)	最大值(头)	均值(头)	方差
1	役畜头数	0				
	种畜、产品畜头数	1	17	17	17.00	—
	其中:奶牛	1	15	15	15.00	—
	母猪	0				
	绵羊、奶山羊	0				
2	役畜头数	75	1	3	1.43	0.574
	种畜、产品畜头数	45	1	4	1.51	0.815
	其中:奶牛	0	—	—	—	—
	母猪	22	1	2	1.14	0.351
	绵羊、奶山羊	0	—	—	—	—
3	役畜头数	74	1	4	1.97	0.936
	种畜、产品畜头数	28	1	11	1.50	1.953
	其中:奶牛	1	1	1	1.00	—
	母猪	26	1	1	1.00	0.000
	绵羊、奶山羊	0	—	—	—	—

233

续表

村码		样本量（头）	最小值（头）	最大值（头）	均值（头）	方差
4	役畜头数	78	1	3	1.47	0.552
	种畜、产品畜头数	39	1	56	13.74	17.488
	其中:奶牛	0	—	—	—	—
	母猪	26	1	2	1.12	0.326
	绵羊、奶山羊	13	10	49	28.38	10.469
5	役畜头数	26	1	4	1.27	0.724
	种畜、产品畜头数	20	1	4	1.45	0.826
	其中:奶牛	4	1	2	1.25	0.500
	母猪	10	1	4	1.30	0.949
	绵羊、奶山羊	0	—	—	—	—
6	役畜头数	9	1	1	1.00	0.000
	种畜、产品畜头数	6	1	4	1.83	1.169
	其中:奶牛	0	—	—	—	—
	母猪	5	1	2	1.20	0.447
	绵羊、奶山羊	1	1	1	1.00	
7	役畜头数	9	3	5	4.11	0.782
	种畜、产品畜头数	50	1	6	4.00	1.262
	其中:奶牛	0	—	—	—	—
	母猪	21	1	1	1.00	0.000
	绵羊、奶山羊	0	—	—	—	—
8	役畜头数	24	1	13	1.96	2.476
	种畜、产品畜头数	42	1	21	6.62	5.818
	其中:奶牛	1	1	1	1.00	—
	母猪	30	1	5	1.63	0.964
	绵羊、奶山羊	1	16	16	16.00	—
10	役畜头数	20	1	6	1.90	1.518
	种畜、产品畜头数	29	2	33	6.55	5.992
	其中:奶牛	0	—	—	—	—
	母猪	16	1	5	2.69	1.352
	绵羊、奶山羊	0	—	—	—	—

八、2006 年云南省农村固定观察点种植业生产情况

		样本量（亩）	最小值（亩）	最大值（亩）	均值（亩）	方差
粮食作物	小麦	375	0.20	9.00	2.8536	1.82317
	稻谷	484	0.10	25.80	4.8612	5.34552
	玉米	426	0.10	14.30	2.6031	1.57799
	大豆	81	0.10	3.00	0.5802	0.51634
	薯类	202	0.10	11.00	3.8297	2.76074
	其他	168	0.10	15.00	2.2762	1.86118
经济作物	油料	115	0.00	4.00	0.9922	0.94276
	糖料	21	1.00	5.40	2.7238	1.30610
	烟草	54	0.10	17.00	3.0944	2.68654
	蔬菜	431	0.10	7.00	0.5146	0.66280
园地	水果	52	0.10	14.00	2.3654	2.38943
	其他	14	0.00	6.00	2.1571	1.82408

九、2006 年云南省农村固定观察点种植业情况分村数据

村码		样本量（亩）	最小值（亩）	最大值（亩）	均值（亩）	方差
1	小麦	10	0.50	2.70	1.0100	0.63849
	稻谷	23	0.10	4.10	1.2087	1.01485
	玉米	0	—	—	—	—
	大豆	0	—	—	—	—
	薯类	0	—	—	—	—
	其他	0	—	—	—	—
	油料	33	0.00	3.40	0.6727	0.69339
	糖料	0	—	—	—	—
	烟草	0	—	—	—	—
	蔬菜	3	1.20	2.50	1.7333	0.68069
	水果	0	—	—	—	—
	其他	0	—	—	—	—

村码		样本量(亩)	最小值(亩)	最大值(亩)	均值(亩)	方差
2	小麦	64	0.80	4.00	2.0141	0.76571
	稻谷	98	2.00	13.00	5.6286	2.42104
	玉米	100	1.00	6.00	2.3770	1.29754
	大豆	36	0.30	3.00	0.9750	0.52119
	薯类	0	—	—	—	—
	其他	87	0.20	15.00	3.0057	1.99099
	油料	12	0.30	4.00	1.0667	0.96232
	糖料	0	—	—	—	—
	烟草	2	0.10	0.20	0.1500	0.07071
	蔬菜	98	0.10	1.00	0.2418	0.14986
	水果	0	—	—	—	—
	其他	5	0.00	6.00	1.8600	2.40790
3	小麦	0	—	—	—	—
	稻谷	0	—	—	—	—
	玉米	0	—	—	—	—
	大豆	0	—	—	—	—
	薯类	96	1.40	11.00	4.9844	2.40488
	其他	8	0.10	1.00	0.3625	0.28754
	油料	0	—	—	—	—
	糖料	0	—	—	—	—
	烟草	0	—	—	—	—
	蔬菜	77	0.10	0.40	0.1688	0.06541
	水果	0	—	—	—	—
	其他	0	—	—	—	—
4	小麦	91	0.40	5.20	2.5022	0.98036
	稻谷	87	0.20	6.00	1.7954	0.89272
	玉米	94	0.10	5.20	2.9734	1.07914
	大豆	32	0.10	0.50	0.2031	0.15342
	薯类	40	0.10	2.00	0.3400	0.33344
	其他	24	0.10	4.00	1.3500	1.19091
	油料	9	0.10	1.00	0.5000	0.25495
	糖料	0	—	—	—	—
	烟草	1	0.50	0.50	0.5000	—
	蔬菜	95	0.10	4.00	0.7811	0.64533
	水果	2	0.40	4.00	2.2000	2.54558
	其他	0	—	—	—	—

村码		样本量（亩）	最小值（亩）	最大值（亩）	均值（亩）	方差
5	小麦	35	0.70	3.00	1.4743	0.55431
	稻谷	60	0.20	3.00	1.2683	0.59046
	玉米	53	0.20	14.30	1.8604	2.31735
	大豆	0	—	—	—	—
	薯类	1	0.70	0.70	0.7000	
	其他	49	0.60	9.40	1.7469	1.40284
	油料	14	0.20	0.90	0.3786	0.17177
	糖料	0	—	—	—	—
	烟草	8	4.00	17.00	6.4750	4.43452
	蔬菜	51	0.10	7.00	0.6373	1.12160
	水果	16	0.50	14.00	3.5000	3.63318
	其他	6	1.50	5.00	3.0000	1.37840
6	小麦	48	1.00	8.00	3.9583	1.16616
	稻谷	43	0.50	3.00	1.2791	0.55957
	玉米	47	1.00	4.00	2.0319	0.83669
	大豆	0	—	—	—	—
	薯类	6	1.00	3.00	1.3333	0.81650
	其他	0	—	—	—	—
	油料	0	—	—	—	—
	糖料	0	—	—	—	—
	烟草	37	0.50	5.00	2.2027	1.02374
	蔬菜	21	1.00	5.00	1.5714	1.07571
	水果	0	—	—	—	—
	其他	0	—	—	—	—
7	小麦	24	0.20	2.00	1.0083	0.44907
	稻谷	13	0.50	3.00	1.3077	0.62244
	玉米	50	1.00	8.40	4.1900	1.72984
	大豆	0	—	—	—	—
	薯类	50	1.50	9.00	5.1420	1.84037
	其他	0	—	—	—	—
	油料	0	—	—	—	—
	糖料	0	—	—	—	—
	烟草	6	4.00	10.00	5.5000	2.34521
	蔬菜	50	0.10	0.90	0.4640	0.10053
	水果	0	—	—	—	—
	其他	0	—	—	—	—

村码		样本量(亩)	最小值(亩)	最大值(亩)	均值(亩)	方差
8	小麦	44	0.50	6.20	2.4818	1.19656
	稻谷	50	0.60	4.90	2.2480	0.95024
	玉米	49	0.20	5.90	2.2204	1.24983
	大豆	1	0.40	0.40	0.4000	—
	薯类	3	0.60	1.00	0.8000	0.20000
	其他	0	—	—	—	—
	油料	29	0.40	3.50	2.0483	0.96311
	糖料	0	—	—	—	—
	烟草	0	—	—	—	—
	蔬菜	23	0.10	0.80	0.2739	0.19357
	水果	7	0.10	2.00	0.6429	0.72768
	其他	0	—	—	—	—
9	小麦	0	—	—	—	—
	稻谷	50	6.80	25.80	17.2320	5.32849
	玉米	0	—	—	—	—
	大豆	0	—	—	—	—
	薯类	0	—	—	—	—
	其他	0	—	—	—	—
	油料	0	—	—	—	—
	糖料	0	—	—	—	—
	烟草	0	—	—	—	—
	蔬菜	0	—	—	—	—
	水果	0	—	—	—	—
	其他	0	—	—	—	—
10	小麦	59	0.60	9.00	5.5661	2.02600
	稻谷	60	2.00	14.20	8.2517	2.30044
	玉米	33	0.30	4.80	2.4030	1.28998
	大豆	12	0.10	1.00	0.4167	0.22896
	薯类	6	0.50	5.60	2.2167	1.85840
	其他	0	—	—	—	—
	油料	18	0.10	1.20	0.5500	0.35355
	糖料	21	1.00	5.40	2.7238	1.30610
	烟草	0	—	—	—	—
	蔬菜	13	0.10	2.10	0.8231	0.60160
	水果	27	0.50	5.00	2.1519	1.25372
	其他	3	0.40	2.00	0.9667	0.89629

十、2006 年云南省农村固定观察点户均粮食作物和经济作物品种收入

	样本量（户）	最小值（元）	最大值（元）	均值（元）	方差
小麦	374	56.00	4639.00	850.7674	790.58012
稻谷	484	65.00	18760.00	2874.3017	3102.42014
玉米	425	19.00	13000.00	1111.5765	1043.18979
大豆	81	20.00	428.00	113.7407	82.08529
薯类	196	15.00	4500.00	994.9949	742.59865
其他	168	13.00	4550.00	474.8393	488.65349
油料	104	2.00	1962.00	302.3750	312.68105
糖料	18	306.00	5806.00	2704.1111	1761.92498
烟草	54	30.00	45000.00	4209.3333	6567.31764
蔬菜	427	5.00	13125.00	772.5012	1411.34953
水果	65	9.00	8560.00	860.3538	1307.10658
其他	17	20.00	2600.00	897.8824	801.86960

十一、2006 年云南省农村固定观察点畜牧业生产经营收入情况

	样本量（户）	最小值（元）	最大值（元）	均值（元）	方差
生猪	517	100	91435	3436.88	4882.428
牛	118	153	7000	1762.46	1866.770
禽	244	18	2970	306.88	359.912
禽蛋	76	10	441	83.92	79.841

十二、2006 年云南省农村固定观察点农户生活消费支出结构

	样本量（户）	最小值（元）	最大值（元）	均值（元）	方差
食品	734	120	29900	4429.44	2801.168
衣着	730	0	6000	519.28	583.754
住房	676	0	173150	1452.14	9016.365
燃料	688	0	2200	337.68	258.976
用品	711	0	47000	768.86	2885.524
保险支出	148	30	32800	918.42	3124.943

续表

	样本量(户)	最小值(元)	最大值(元)	均值(元)	方差
生活服务支出	723	4	29209	932.53	1989.421
文化服务支出	418	0	24029	1446.44	2637.217
旅游支出	41	0	52000	2098.68	8065.244
交通通信支出	649	0	10000	611.24	967.118
其他	260	0	38283	1375.76	4058.363

十三、2006 年云南省农村固定观察点农户保险支出的聚类分析结果

	Cluster				
	1	2	3	4	5
保险支出平均值(元)	150.	2946	6393	10335	32800
样本量(148 户)	127	15	3	2	1

十四、2006 年江浙沪农户生活消费支出

SM		样本量(户)	最小值(元)	最大值(元)	均值(元)	方差
上海	生活消费支出	250	1795	452526	23245.06	32481.255
	1. 食品	250	1380	29028	7833.89	4569.787
	2. 衣着	243	10	8100	1187.72	1166.679
	3. 住房	250	40	430650	3900.68	28165.437
	4. 燃料	250	60	1660	531.38	339.620
	5. 用品	247	15	70000	3193.00	6995.562
	6. 保险支出	188	36	9000	1392.30	1828.904
	7. 生活服务支出	248	60	35300	1825.92	3362.243
	8. 文化服务支出	120	0	25000	3640.00	4534.411
	9. 旅游支出	36	50	6000	765.00	1147.951
	10. 交通通信支出	224	0	5500	1456.62	1200.415
	11. 其他	50	0	40230	3245.72	5821.742

240

续表

SM		样本量（户）	最小值（元）	最大值（元）	均值（元）	方差
江苏	生活消费支出	810	1625	209068	14277.93	13181.995
	1. 食品	810	870	17140	5402.14	2394.612
	2. 衣着	809	20	4132	835.08	691.918
	3. 住房	676	5	200650	2339.61	11197.137
	4. 燃料	809	50	806	277.68	148.768
	5. 用品	804	24	45200	1625.27	3305.125
	6. 保险支出	395	10	7020	715.02	863.303
	7. 生活服务支出	810	10	62066	1116.77	3016.187
	8. 文化服务支出	609	7	25100	2217.72	3614.181
	9. 旅游支出	65	100	5000	622.23	846.854
	10. 交通通信支出	773	5	12500	833.60	722.440
	11. 其他	451	0	30200	395.67	1635.072
浙江	生活消费支出	499	2773	845405	39613.43	74627.227
	1. 食品	499	1000	85800	10055.95	8756.790
	2. 衣着	489	10	35000	2028.57	3000.651
	3. 住房	479	0	653180	9443.41	47017.084
	4. 燃料	490	16	5260	428.96	329.489
	5. 用品	487	10	500000	6324.45	34133.452
	6. 保险支出	326	20	36786	2098.48	3930.986
	7. 生活服务支出	489	12	202000	2384.43	9949.371
	8. 文化服务支出	389	0	55000	4057.29	6181.787
	9. 旅游支出	102	0	60000	1520.29	6414.510
	10. 交通通信支出	472	0	30000	1993.96	3411.606
	11. 其他	157	0	800000	9038.42	64448.966

241

十五、2006 年云南省农村固定观察点农户保险消费结构

	样本量(户)	最小值(元)	最大值(元)	均值(元)	均值
保险支出	148	30	32800	918.42	3124.94
其中:财产保险	19	30	28000	3395.26	6719.85
生产保险	6	30	1700	316.67	677.81
人身保险	115	30	5540	280.14	699.46
养老保险	20	30	4800	1864.70	1595.51

附录二:江川县上头营村问卷
满意度分数明细表

上头营村调查问卷满意度分数明细表

指标 序号	v1	v2	v3	v4	v5	v6	v7	v8	v9	v10	v11	v12	v13	v14	v15
No. 1	3	3	3	3	3	3	3	3	3	3	3	3	3	3	3
No. 2	3	3	3	1	3	1	3	3	3	3	3	3	3	3	3
No. 3	3	3	3	3	3	3	3	3	3	3	3	3	3	3	3
No. 4	3	3	3	3	3	3	3	3	3	3	3	3	3	4	3
No. 5	4	2	4	3	5	4	2	1	4	3	3	5	4	3	3
No. 6	3	4	1	3	3	3	2	4	3	3	3	4	4	3	3
No. 7	4	3	3	4	5	3	2	3	3	4	3	2	3	3	3
No. 8	3	4	2	5	3	3	2	4	4	3	4	3	4	1	3
No. 9	3	3	4	3	5	2	3	4	2	3	4	3	4	3	3
No. 10	4	3	3	3	4	4	2	3	4	4	3	5	4	3	3
No. 11	3	4	3	3	4	2	1	3	4	3	3	3	3	4	3
No. 12	4	4	4	3	5	3	3	3	3	3	3	4	3	3	3
No. 13	3	3	3	3	4	3	3	4	3	3	3	4	3	3	3
No. 14	4	4	4	4	5	3	3	4	3	3	3	3	3	3	3
No. 15	3	3	3	3	4	3	4	4	4	3	3	3	3	4	3
No. 16	4	4	4	4	3	4	4	4	3	3	3	3	3	4	3

续表

序号 \ 指标	v1	v2	v3	v4	v5	v6	v7	v8	v9	v10	v11	v12	v13	v14	v15
No. 17	3	3	3	3	4	4	4	4	3	3	3	3	3	3	3
No. 18	3	3	4	3	5	3	3	3	4	3	3	3	3	3	3
No. 19	4	4	4	3	5	4	3	3	3	3	4	3	3	3	3
No. 20	3	4	3	2	4	1	3	1	3	5	3	3	5	4	3
No. 21	4	3	4	3	2	3	4	3	2	3	3	1	4	4	3
No. 22	3	2	3	4	5	3	4	1	1	4	3	5	3	4	3
No. 23	3	3	3	3	3	3	3	3	3	3	3	3	3	3	3
No. 24	3	3	3	3	3	3	3	3	3	3	3	3	3	3	3
No. 25	3	3	3	3	3	3	3	3	3	3	3	3	3	3	3
No. 26	3	3	3	3	3	3	3	3	3	3	3	3	3	3	3
No. 27	3	3	3	3	3	3	3	3	3	3	3	3	3	3	3
No. 28	3	3	3	3	3	3	3	3	3	3	3	2	3	3	3
No. 29	3	3	3	3	3	3	3	3	3	3	3	3	3	3	3
No. 30	3	3	3	3	3	3	3	3	3	3	3	3	3	3	3
No. 31	3	3	3	3	3	3	3	3	3	3	3	3	3	3	3
No. 32	3	3	3	3	3	3	3	3	3	3	3	3	3	3	3
No. 33	3	3	3	3	3	3	3	3	3	3	3	3	3	3	3
No. 34	3	3	2	2	2	2	3	3	3	3	2	3	3	2	3
No. 35	3	3	2	3	3	2	3	2	3	2	2	3	3	2	3
No. 36	3	3	2	3	3	2	2	3	2	2	3	3	3	2	3
No. 37	3	3	3	3	3	3	3	3	3	3	3	3	3	3	3
No. 38	3	3	3	3	3	3	3	3	3	3	3	3	3	3	3
No. 39	3	3	3	3	3	3	3	3	3	3	3	3	3	3	3
No. 40	3	3	3	3	3	3	3	3	3	3	3	3	3	3	3
No. 41	3	3	3	3	3	3	3	3	3	3	3	3	3	3	3
No. 42	3	3	3	3	3	3	3	3	3	3	3	3	3	3	3
No. 43	3	3	3	3	3	3	3	3	3	3	3	3	3	3	3
No. 44	4	4	4	4	4	4	4	4	4	4	4	4	4	4	4
No. 45	4	4	4	4	4	4	4	4	4	4	4	4	4	4	4

续表

序号\指标	v1	v2	v3	v4	v5	v6	v7	v8	v9	v10	v11	v12	v13	v14	v15
No. 46	4	4	4	4	4	4	4	4	4	4	4	4	4	4	4
No. 47	4	4	4	4	4	4	4	4	4	4	4	4	4	4	4
No. 48	4	4	4	4	4	4	4	4	4	4	4	4	4	4	4
No. 49	4	4	4	4	4	4	4	4	4	4	4	4	4	4	4
No. 50	4	4	4	4	4	4	4	4	4	4	4	4	4	4	4
No. 51	4	4	4	4	4	4	4	4	4	4	4	4	4	4	4
No. 52	4	4	4	4	4	4	4	4	4	4	4	4	4	4	4
No. 53	4	4	4	4	4	4	4	4	4	4	4	4	4	4	4
No. 54	4	4	4	4	4	4	4	4	4	4	4	4	4	4	4
No. 55	4	4	4	4	4	4	4	4	4	4	4	4	4	4	4
No. 56	4	4	4	4	4	4	4	4	4	4	4	4	4	4	4
No. 57	4	4	4	4	4	4	4	4	4	4	4	4	4	4	4
No. 58	4	4	4	4	4	4	4	4	4	4	4	4	4	4	4
No. 59	4	4	4	4	4	4	4	4	4	4	4	4	4	4	4
No. 60	4	4	4	4	4	4	4	4	4	4	4	4	4	4	4
No. 61	3	3	3	3	3	3	3	3	3	3	3	3	3	3	3
No. 62	3	3	3	3	3	3	3	3	3	3	3	3	3	3	3
No. 63	3	3	3	3	3	3	3	3	3	3	3	3	3	3	3
No. 64	4	4	4	4	4	4	4	4	4	4	4	4	4	4	4
No. 65	4	4	4	4	4	4	4	4	4	4	4	4	4	4	4
No. 66	3	3	3	3	3	3	3	3	3	3	3	3	3	3	3
No. 67	3	3	3	3	3	3	3	3	3	3	3	3	3	3	3
No. 68	4	4	4	4	4	4	4	4	4	4	4	4	4	4	4
No. 69	4	4	4	4	4	4	4	4	4	4	4	3	3	3	3
No. 70	4	4	4	4	4	4	4	4	4	4	4	3	3	3	4
No. 71	3	3	3	3	3	3	3	3	3	3	3	3	3	3	3
No. 72	3	3	3	3	3	3	3	3	3	3	3	3	3	3	3
No. 73	3	3	3	3	3	3	3	3	3	3	3	3	3	3	3
No. 74	3	3	3	3	3	3	3	3	3	3	3	3	3	3	3

序号\指标	v1	v2	v3	v4	v5	v6	v7	v8	v9	v10	v11	v12	v13	v14	v15
No. 75	3	3	3	3	3	3	3	3	3	3	3	3	3	3	3
No. 76	3	3	3	3	3	3	3	3	3	3	3	3	3	3	3
No. 77	3	3	3	3	3	3	3	3	3	3	3	3	3	3	3
No. 78	3	3	3	3	3	3	3	3	3	3	3	3	3	3	3
No. 79	3	3	3	3	3	3	3	3	3	3	3	3	3	3	3
No. 80	3	3	3	3	3	3	3	3	3	3	3	3	3	3	3
No. 81	3	3	3	3	3	3	3	3	3	3	3	3	3	3	3
No. 82	3	3	3	3	3	3	3	3	3	3	3	3	3	3	3
No. 83	3	3	3	3	3	3	3	3	3	3	3	3	3	3	3
No. 84	3	3	3	3	3	3	3	3	3	3	3	3	3	3	3
No. 85	3	3	3	3	3	3	3	3	3	3	3	3	3	3	3
No. 86	3	3	3	3	3	3	3	3	3	3	3	3	3	3	3
No. 87	3	3	3	3	3	3	3	3	3	3	3	3	3	3	3
No. 88	3	3	3	3	3	3	3	3	3	3	3	3	3	3	3
No. 89	3	3	3	3	3	3	3	3	3	3	3	3	3	3	3
No. 90	3	3	3	3	3	3	3	3	3	3	3	3	3	3	3
No. 91	3	3	3	3	3	3	3	3	3	3	3	3	3	3	3
No. 92	3	3	3	3	3	3	3	3	3	3	3	3	3	3	3
No. 93	3	3	3	3	3	3	3	3	3	3	3	3	3	3	3
No. 94	3	3	3	3	3	3	3	3	3	3	3	3	3	3	3
No. 95	3	3	3	3	3	3	3	3	3	3	3	3	3	3	3
No. 96	3	3	3	3	3	3	3	3	3	3	3	3	3	3	3
No. 97	3	3	3	3	3	3	3	3	3	3	3	3	3	3	3
No. 98	3	3	3	3	3	3	3	3	3	3	3	3	3	3	3
No. 99	3	3	3	3	3	3	3	3	3	3	3	3	3	3	3
No. 100	4	4	4	2	3	4	3	2	2	4	4	3	2	3	3
No. 101	4	4	4	2	3	4	3	2	2	4	4	3	2	3	3
No. 102	4	4	4	2	3	4	3	2	2	4	4	3	2	3	3
No. 103	4	4	4	2	3	4	3	2	2	4	4	3	2	3	3

续表

序号 \ 指标	v1	v2	v3	v4	v5	v6	v7	v8	v9	v10	v11	v12	v13	v14	v15
No. 104	4	4	4	2	3	4	3	2	2	4	4	3	2	3	3
No. 105	4	4	4	2	3	4	3	2	2	4	4	3	2	3	3
No. 106	4	4	4	2	3	4	3	2	2	4	4	3	2	3	3
No. 107	4	4	4	2	3	4	3	2	2	4	4	3	2	3	3
No. 108	4	4	4	2	3	4	3	2	2	4	4	3	2	3	3
No. 109	4	4	4	2	3	4	3	2	2	4	4	3	2	3	3
No. 110	4	4	4	2	3	4	3	2	2	4	4	3	2	3	3
No. 111	4	4	4	2	3	4	3	2	2	4	4	3	2	3	3
No. 112	3	3	3	3	3	3	3	3	3	3	3	3	3	3	3
No. 113	3	4	3	3	3	3	3	3	3	3	3	3	3	3	3
No. 114	3	3	3	3	3	3	3	3	3	3	3	3	4	4	3
No. 115	3	3	4	3	3	3	3	3	3	3	3	3	4	4	3
No. 116	4	4	4	3	3	4	3	4	4	3	4	3	4	4	4
No. 117	4	3	4	3	3	3	4	3	3	5	3	4	4	4	4
No. 118	3	4	4	4	3	4	4	4	4	4	4	4	4	4	4
No. 119	3	4	4	4	3	4	4	4	4	4	4	4	4	4	4
No. 120	3	4	4	4	3	4	4	4	4	4	4	4	4	4	4
No. 121	3	3	3	3	4	2	3	4	4	3	4	4	4	4	4
No. 122	3	3	3	3	4	2	3	4	4	3	4	4	4	4	4
No. 123	3	3	3	3	4	2	3	4	4	3	4	4	4	4	4
No. 124	3	4	4	3	3	3	3	3	3	3	3	3	3	3	3
No. 125	3	4	4	3	3	3	3	3	3	3	3	3	3	3	3
No. 126	3	4	4	3	3	3	3	3	3	3	3	3	3	3	3
No. 127	3	4	4	3	3	3	3	3	3	3	3	3	3	3	3
No. 128	3	4	4	3	3	3	3	3	3	3	3	3	3	3	3
No. 129	3	4	4	3	3	3	3	3	3	3	3	3	3	3	3
No. 130	3	4	4	3	3	3	3	3	3	3	3	3	3	3	3
No. 131	3	4	4	3	3	3	3	3	3	3	3	3	3	3	3
No. 132	3	4	4	3	3	3	3	3	3	3	3	3	3	3	3

247

续表

序号 \ 指标	v1	v2	v3	v4	v5	v6	v7	v8	v9	v10	v11	v12	v13	v14	v15
No. 133	3	4	4	3	3	3	3	3	3	3	3	3	3	3	3
No. 134	3	4	4	3	3	3	3	3	3	3	3	3	3	3	3
No. 135	3	4	4	3	3	3	3	3	3	3	3	3	3	3	3
No. 136	3	4	4	3	3	3	3	3	3	3	3	3	3	3	3
No. 137	3	4	4	3	3	3	3	3	3	3	3	3	3	3	3
No. 138	3	4	4	3	3	3	3	3	3	3	3	3	3	3	3
No. 139	3	4	4	3	3	3	3	3	3	3	3	3	3	3	3
No. 140	3	4	4	3	3	3	3	3	3	3	3	3	3	3	3
No. 141	3	4	4	3	3	3	3	3	3	3	3	3	3	3	3
No. 142	3	4	4	3	3	3	3	3	3	3	3	3	3	3	3
No. 143	3	4	4	3	3	3	3	3	3	3	3	3	3	3	3
No. 144	3	4	4	3	3	3	3	3	3	3	3	3	3	3	3
No. 145	3	4	4	3	3	3	3	3	3	3	3	3	3	3	3
No. 146	3	4	4	3	3	3	3	3	3	3	3	3	3	3	3
No. 147	3	4	4	3	3	3	3	3	3	3	3	3	3	3	3
No. 148	3	4	4	3	3	3	3	3	3	3	3	3	3	3	3
No. 149	3	4	4	3	3	3	3	3	3	3	3	3	3	3	3
No. 150	3	4	4	3	3	3	3	3	3	3	3	3	3	3	3
No. 151	3	4	4	3	3	3	3	3	3	3	3	3	3	3	3
No. 152	3	4	4	3	3	3	3	3	3	3	3	3	3	3	3
No. 153	3	4	4	3	3	3	3	3	3	3	3	3	3	3	3
No. 154	3	4	4	3	3	3	3	3	3	3	3	3	3	3	3
No. 155	3	4	4	3	3	3	3	3	3	3	3	3	3	3	3
No. 156	3	4	4	3	3	3	3	3	3	3	3	3	3	3	3
No. 157	3	4	4	3	3	3	3	3	3	3	3	3	3	3	3
No. 158	3	4	4	3	3	3	3	3	3	3	3	3	3	3	3
No. 159	3	4	4	3	3	3	3	3	3	3	3	3	3	3	3
No. 160	3	4	4	3	3	3	3	3	3	3	3	3	3	3	3
No. 161	3	4	4	3	3	3	3	3	3	3	3	3	3	3	3

序号\指标	v1	v2	v3	v4	v5	v6	v7	v8	v9	v10	v11	v12	v13	v14	v15
No. 162	3	4	4	3	3	3	3	3	3	3	3	3	3	3	3
No. 163	3	4	4	3	3	3	3	3	3	3	3	3	3	3	3
No. 164	3	4	4	3	3	3	3	3	3	3	3	3	3	3	3
No. 165	3	4	4	3	3	3	3	3	3	3	3	3	3	3	3
No. 166	3	4	4	3	3	3	3	3	3	3	3	3	3	3	3
No. 167	3	4	4	3	3	3	3	3	3	3	3	3	3	3	3
No. 168	3	4	4	3	3	3	3	3	3	3	3	3	3	3	3
No. 169	3	4	4	3	3	3	3	3	3	3	3	3	3	3	3
No. 170	4	3	3	3	3	3	3	3	3	3	3	3	3	3	3
No. 171	3	3	3	3	3	3	3	3	3	3	3	3	3	3	3
No. 172	3	3	3	3	3	3	3	4	4	2	3	3	3	3	3
No. 173	3	3	3	3	3	3	3	3	3	3	3	3	3	3	3
No. 174	3	3	3	3	3	3	3	3	3	3	3	3	3	3	3
No. 175	3	3	3	3	3	3	3	3	3	3	3	3	3	3	3

备注：表格中分数是根据"非常满意：5分；比较满意：4分；一般：3分；不太满意：2分；不满意：1分"来评判的分数。行指的是每份问卷，列指的是各个指标的分数，各个指标分别与问卷调查的问题——对应。

249

江川县上头营村问卷调查内容

1. 您对该保险公司保险服务的总体满意程度如何？

□不满意　　□不太满意　　□一般　　□比较满意　　□非常满意

2. 您对该保险公司的基本服务功能满意程度如何？

□不满意　　□不太满意　　□一般　　□比较满意　　□非常满意

3. 您对该保险公司的特色服务功能（如理财）满意程度如何？

□不满意　　□不太满意　　□一般　　□比较满意　　□非常满意

4. 您对该保险公司保费收取满意程度如何?

□不满意　□不太满意　□一般　□比较满意　□非常满意

5. 您对该保险公司赔付满意程度如何?

□不满意　□不太满意　□一般　□比较满意　□非常满意

6. 您对办理该保险公司相关业务的便利性和快捷性满意程度如何?

□不满意　□不太满意　□一般　□比较满意　□非常满意

7. 您对该保险公司的营业网点分布情况满意程度如何?

□不满意　□不太满意　□一般　□比较满意　□非常满意

8. 您对该保险公司服务收费情况满意程度如何?

□不满意　□不太满意　□一般　□比较满意　□非常满意

9. 您对该保险公司应急处理情况满意程度如何?

□不满意　□不太满意　□一般　□比较满意　□非常满意

10. 您对该保险公司员工的仪容仪表、工作态度满意程度如何?

□不满意　□不太满意　□一般　□比较满意　□非常满意

11. 您对该保险公司员工的专业知识和处理问题的效率满意程度如何?

□不满意　□不太满意　□一般　□比较满意　□非常满意

12. 您对该保险公司客户投诉和差错处理服务满意程度如何?

□不满意　□不太满意　□一般　□比较满意　□非常满意

13. 您对该保险公司的客户回访服务满意程度如何?

□不满意　□不太满意　□一般　□比较满意　□非常满意

14. 您对该保险公司为您提供的信息服务满意程度如何?

□不满意　□不太满意　□一般　□比较满意　□非常满意

15. 您对该保险公司提供的新业务满意程度如何?

□不满意　□不太满意　□一般　□比较满意　□非常满意

附录三：试点设计

一、选择试点地区

先在云南省具备条件的地区和市场开展试点，摸索总结经验，在试点中实现理论和实践的完善和创新，最终建立起多层次体系、多渠道支持、多主体经营的政策性农业保险制度。同时，通过对推动云南农业产业发展的促进措施的研究，促进农业和农村经济的发展，并可检验和进一步完善农业保险制度，以形成农业保险与农业产业发展的良性互动。通过发挥试点地区成功经验的示范作用，向相关决策部门提出具体的政策建议，进而在全省进行推广。试点地区的选择标准是：资源丰富和农业基础等条件较为完备。

1. 资源丰富

云南省江川县位于云南中部偏东，全县由湖泊、盆地、中低山脉组成，四周高、中部低，西部九溪略向玉溪倾斜。总面积850平方公里，其中山区、半山区占71.67%，坝区占15.96%，湖面占12.37%，形成"七山一水二分田"的格局。土地肥沃，水利条件优越，适种作物广，尤其烤烟优质高产，素有"鱼米之乡"和"云烟之乡"的美称。烤烟、磷化工、纸制品、建材、文化旅游、农产品加工是当前的经济支柱产业。

水利资源丰富。江川属珠江流域西江水系南盘江支流,境内控制径流面积大于 10 平方公里的河流有 16 条,全长 208.2 公里,河流的径流量以降水补给为主,河流多年平均径流量 10158 万立方米。水资源总量多年平均为 2.4143 亿立方米,其中:地表径流量 1.8068 亿立方米(不含两湖静态储水量),地下水 0.6075 亿立方米(地下水不包括地下动态和静态储量)。水资源地区分布不均,人均占有水资源量为 969 立方米。星云湖为南北向不规则的椭圆形,南北长 10.5 公里,东西平均宽 3.8 公里,湖岸线长 36.3 公里,容水量 1.84 亿立方米,面积 34.71 平方公里,最大水深 10 米,平均水深 7 米,正常水位海拔 1722 米。县境内还辖有全国第二深高原淡水湖泊抚仙湖,形如葫芦状,南北长约 30 公里,东西宽约 10 公里,湖岸线长 90.6 公里,总容水量 201.2 亿立方米,总面积 216.6 平方公里,江川占水面总面积的 32.5%,共 70.39 平方公里,最大水深约 158.9 米,平均水深 95 米。以两湖为主的丰富水资源条件,在全省均属少有。星云湖、抚仙湖同属淡水湖,是天然水产品养殖场。年产鲜鱼约 6000 吨,星云湖的大头鱼、白鱼和抚仙湖的抗浪鱼、金线鱼、青鱼久负盛名。

土矿资源丰富。2006 年年底,全县有耕地 131430 亩,占土地面积的 10.3%。土壤状况多属红壤、棕壤、紫色土、水稻土 4 个土类。已探明的矿产有石灰岩矿、白云岩矿、磷块岩矿、石英砂岩矿、黏土矿、含钾岩矿和褐煤矿等 12 种之多。其中,磷矿石储量大、品位高,据 1988 年地质报告表明,总储量为 3 亿多吨,其中一级品矿 4800 多万吨,一级富矿 2500 多万吨。江川磷矿石不仅品位高,而且是少有的低砷、低油粉、覆土薄、易开采的矿体。

2. 农业基础好

2007 年,农业总产值 117202 万元,比 2006 年增加 16282 万元,增长 16.1%。全年种植业总产值 69987 万元,增加 6329 万元,增长 9.9%。烤烟种植面积 9.4 万亩,累计收购烟叶 1438.5 万千克,收购金额达 19360.4 万元,上等烟比重达 71.69％,平均收购单价 13.46 元(居全市第一)。蔬菜种植面积 102781 亩,总产量 19712.57 万千克,增长 10.9％。全年林业总产值 2797 万元,比 2006 年增加 229 万元,增长 8.9％。全年造林 28252.3 亩,森林覆盖率达到 41.5％,增加 0.8 个百分点。畜牧业总产值 35581 万元,增加 9699 万元,增长 37.5％。肉类总产量 19293.6 吨,增加 1260.8 吨,增长 7％。禽蛋产量 3877.8 吨,增加 301 吨,增长 8.4％,奶产量 24 吨,增加 2 吨,增长 9.1％。年末生猪存栏 250568 头,增加 22745 头,增长 10％,其中:能繁殖母猪 64878 头,增加 10032 头;生产营销仔猪 99.7 万头,增加 29212 头,增长 3.0％。渔业总产值完成 5269 万元,比 2006 年减少 244 万元,下降 4.4％。全年水产品总产量 3550 吨,比 2006 年减少 210 吨,下降 5.6％,其中:星云湖产量达到 1925 吨,增加 20 吨。新农村建设稳步推进,2007 年共投资 16459.65 万元,完成了 2869 件农田水利工程建设。其中:投资 2566 万元,实施了 4.2 万亩基本烟田建设;投资 649 万元,改造了 0.8 万亩中低产农田;投资 1445 万元新建改建乡村公路 43 公里及安化和前卫两个农村客运站;投资 179 万元,完成了 9 个自然村的扶贫开发整村推进、招益村人畜饮水工程,启动了大石洞河村异地搬迁。完成了 11 个试点村新农村建设规划,启动了"清洁农村"综合整治行动。

253

二、选择试点保险品种

根据江川县的优势农业产业,我们可以尝试开展种植业和养殖业保险。种植业保险以大豆、水稻、玉米三大粮食作物保险为主,经济作物保险为辅。养殖业保险开办生猪、能繁母猪保险养殖保险以及渔业保险等险种。并针对农村特点和农民需求,开发保费低廉、保障适度、报单通俗、交费灵活、投保简便的保险品种。这是财政支农方式的重大创新,对于完善农业支持保护体系、建立有

效的农业防灾减灾新机制具有重要意义,以此推进云南省农业产业化经营,带动农民增收,实现云南省农业农村经济快速、健康和稳定发展。

1. 开办农作物种植业保险

农作物可以分为粮食作物和经济作物两大类,根据保险标的的不同,我们也将种植业保险分类为粮食作物保险和经济作物保险。根据江川县的主要农作物产品,来强制设立农作物种植业保险。其中,粮食作物保险主要包含了蔬菜、稻谷、小麦和包谷,而经济作物保险主要包含了烤烟、油菜料和水果。赔付险种扩大到可能发生的所有灾害,包括洪水、内涝、旱灾、雹灾、暴风、暴雨、火灾险和冰冻雪灾等基础责任险,以及广大果农普遍关心的低温冷害责任险。农业保险实行强制险,必须具备一个前提条件,那就是政府财政要承担一定比例的保费补贴。事实上,所有实行农业强制险的国家,都对保费进行大量的财政补贴。譬如,美国保费补贴比例因险种不同而有所差异,2000 年平均补贴额为纯保费的 53%(保费补贴额平均每英亩为 6.6 美元)。其中,巨灾保险补贴全部保费,多种风险农作物保险、收入保险等保费补贴率为 40%。日本保费补贴比例依费率不同而高低有别,费率越高,补贴越高,如水稻补贴 70%(费率超过 4%),早稻最高补贴 80%(费率为 15%以上),小麦最高补贴 80%。

2. 开办养殖业农业保险

(1)开办生猪、能繁母猪保险养殖保险

结合国务院发布的《国务院关于促进生猪生产发展稳定市场供应的意见》(以下简称《意见》),将能繁母猪保险纳入强制保险体系,建立养殖户、政府相关职能部门、保险公司风险责任共担协作激励机制。该《意见》要求各地区、各有关部门建立保障生猪生产稳定发展的长效机制,稳定市场供应、满足消费需求、增加农民收入。《意见》中明确提出由国家建立能繁母猪保险制度,保费由政府负担 80%,养殖户(场)负担 20%。为贯彻落实《意见》要求,保监会下发了《关于建立生猪保险体系促进生猪生产发展的紧急通知》(以下简称《通知》)。《通知》规定,能繁母猪保险的保险责任应包括洪水、台风、暴雨、雷击等自然灾害,蓝耳病、猪瘟、猪链球菌、口蹄疫等重大病害及泥石流、山体滑坡、火灾、建筑物倒塌等意外事故。同时,"鼓励各保险公司根据地方实际情况增减保险责任"。此外,《通知》还明确规定,能繁母猪保险的保险金额定为每头1000 元,保费为每头 60 元。其中,中央及地方各级政府负担 48元,占比 80%;保户自负 12 元,占比 20%。为进一步落实相关方针政策,2008 年 2 月财政部出台了《中央财政养殖业保险保费补贴管理办法》,明确了能繁母猪保险保费补贴的范围、预算编制、预算执行及监控管理等事宜,加大了风险保障措施的力度,为保险保费补贴管理体制的完善奠定了坚实基础,也为能繁母猪保险的进一步发展提供了有力的支持。

対于生猪保险责任来说,一般分三方面。第一,自然灾害,包括洪水、泥石流、暴雨等天灾造成的损失,保险公司负责赔偿。第二,属于各种疫病,包括蓝耳病、口蹄疫、猪链球菌等各种各样疫病,保险公司负责赔偿。第三,意外事故,如猪舍倒塌等意外事故造成的损失,保险公司负责赔偿。现在生猪保险承保范围基本涵盖了养猪场、养猪户在生产养殖过程中的各种自然风险。

(2)开办渔业保险

在渔业系统进行渔船保险、渔民平安保险、养殖业保险、海域污染保险、抢险求助补贴险、渔村救济和渔民福利等业务,为渔业经济发展提供良好保障。渔业在大农业中属于一个高投入、高风险的行业,渔业开发利用的自然资源是海洋和内陆水域游动性的生物资源,这就决定了它的生产活动环境,较陆地有更大的自然风险。有关专家指出,国家对于渔业保险给予政策性扶持是国际通行的做法。渔业经济发达国家如日本、韩国都是国家进行保险,经

255

过立法保障、国家财政补助、政府渔业行政主管部门指导,由民间渔业互助保险组织具体实施。日本有渔船保险中央会,韩国有水产业协同组合中央会共济保险部,走的都是国家财政扶持和渔业互助保险相结合的路子。而我国目前还没有专门的渔业或农业保险。前些年涉足渔业保险的商业保险失败,也说明仅靠商业保险是行不通的。

参考文献

[1]Ahsan, S. M. , Ali A. , and N. Kurian: "Toward a Theory of Agricultural Insurance", *American Journal of Agricultural Economics*, Vol. 64, August 1982.

[2] Chenery, Hollis B. : "Patterns of Industrial Growth", *The American Economic Review*, Vol. 50, No. 4, 1960.

[3]Coble, Keith H. , Hanson, Terry, Miller, J. Corey and Saleem Shaik: " Agricultural Insurance as an Environmental Policy Tool", *Journal of Agricultural and Applied Economics*, Vol. 35, No. 2, August 2003.

[4]Dixit, Avinash K. : "Growth Patterns in a Dual Economy ", Oxford Economic Papers, Vol. 22, No. 2, 1970.

[5]Glauber, J. W. and Keith J. Collins: "Crop Insurance, Disaster Assistance, and the Role of the Federal Government in Providing Catastrophic Risk Protection ", *Agricultural Finance Review*, Fall 2002.

[6]Goodwin, B. K. and M. Vandeveer: "An Empirical Analysis of Acreage Distortions and Participation in the Federal Crop Insurance Program ", Paper presented at the Economic Research Service Workshop Titled Crop Insurance, Land Use,

and the Environment ,Washington. D. C. ,September 2000.

[7]Goodwin, B. K. and V. H. Smith. ；*The Economics of Crop In-surance and Disaster Aid* , Washington, D. C. ： The AEI Press,1995.

[8]Goodwin,B. K. ："An Empirical Analysis of the Demand for Crop Insurance", *American Journal of Agricultural Economics*, No. 75,May 1993.

[9] Gregory, Paul and James M. Griffin： "Secular and Cross — Section Industrialization Patterns ： Some Further Evidence on the Kuznets — Chenery Controversy", *The Review of Economics and Statistics*,Vol. 56,No. 3,1974.

[10] H. Holly . Wang："Zone — Based Group Risk Insurance", *Journal of Agricultural and Resource Economics*,No. 25, December 2000.

[11] Harris, John R. and Michael P. Todaro："Migration, Unemployment and Development；A Two Sector Analysis", *American Economic Review*, Vol. 60.

[12] Harwood, J. , Heifner, R. , Coble, K. , Perry, J. and A. Somwaru："Managing Risk in Farming：Concepts, Research, and 100 the Role of the Federal Government in Providing Risk Protection Analysis", *Agricultural Economics*, Reprint, No. 774,USDA/Economic Research Service, Washington, D. C. , March 1999.

[13] Hazell, Peter and Alberto Valdes：*Crop Insurance for Agricultural Development： Issues and Experience*, Baltimore,The John Hopkins University Press, 2000.

[14] Holmstrom, B. ：" Moral Hazard and Observability", *Bell Journal of Economics*,No. 10, Spring 1979.

[15]J. C. H. FEIand G. RANIS：Development of The Labor Surplus

Economy: Theory and Policy, Homewood, Ⅲ. ; Richard D. Irwin,1964.

[16]Jain,Shri. R. C. A. ; " Challenges in Implementing Agriculture Insurance and Reinsurance in Developing Countries ", *The Journal of Insurance Institute of India* ,January—June 2004.

[17]Jorgenson, Dale W. ; "Surplus Agricultural Labor and the Development of a Dual Economy" ,*Oxford Economic Papers*, Vol. 19,No. 3,1967.

[18]Just, R. E. ,Calvin,L. and J. Quiggin; " Adverse Selection in Crop Insurance ", *American Journal of Agricultural Economics*, No. 81,November 1999.

[19]Kuznets, Simon; "National Income and Industrial Structure", *Econometrica*, No. 17,1949.

[20] Kuznets, Simon; "Quantitative Aspects of the Economic Growth of Nations;Industrial Distribution of National Product and Labor Force", *Economic Development and Culture Change*, Vol. 5,No. 4,1957.

[21]Lewis,W. A. ;"Economic Development with Unlimited Supply of Labor", *Manchester School of Economic and Social Studies* ,Vol. 22,No. 2,1954.

[22] Marshall; *Principles of Economic*, 8th. Edn. London; Macmillan Co,1920.

[23]McIntosh, James; "Growth and Dualism in Less Developed Countries",*The Review of Economic Studies* ,1975.

[24] Mechanism Design Theory, Scientific Background on theSveriges Riksbank Prize in Economic Science in Memory of Alfred Nobel 2007.

[25]Sarris, Alexander; "The Demand for Commodity Insurance by Developing Country Agricultural Producers; Theory and an

Application toCocoa in Ghana", *Working Paper*, University of Athens.

[26] Shri Nicolas Chatelain："Challenges in Implementing Agricultural Insurance & Reinsurance in Developing Counties", *The Journal of Insurance Institute of India*, January—June 2004.

[27] Skees, Jerry R.："Agricultural Insurance Programs：Challenges and Lessons Learned, Workshop on Income Risk Management", Session 4：From risk—Pooling to Safety Nets：Insurance Systems OECD, May 2000.

[28]Smith：*An Inquiry into the Nature and Causes of the Wealth of Nations*, Reprint, edited by E. Cannan, Chicago：University of Chicago Press, 1976.

[29] The 2007 Bank of Sweden Prize in Economic Sciences in Memory of Alfred Nobel (Information for the public).

[30]Todaro, Michael P.："A Model of Labor Migration and Urban Unemployment in Less Developed Countries", *The American Economic Review*, Vol. 59, No. 1, 1969.

[31] Young , Allyn A.："Increasing Returns and Economic Progress", *The Economic Journal*, Vol. 38 , No. 152, 1928.

[32]白树明、黄中艳:《云南旱灾特点和未来 10 年干旱趋势预测》,《人民珠江》2003 年第 6 期。

[33]鲍金红:《试论中国农业保险中的政府角色和作用》,《统计与决策》2005 年第 8 期。

[34]蔡文远:《农业灾害与农业保险的国际比较》,陕西科学技术出版社 1992 年版。

[35]曹前进:《农业保险创新是解决农业保险问题的出路》,《财经科学》2005 年第 3 期。

[36]常保平:《保险支持农业结构调整的创新路径》,《济南保险》2002

年第 6 期。

[37]陈佳贵、黄群慧、钟宏武:《中国地区工业化进程的综合评价和特征分析》,《经济研究》2006 年第 6 期。

[38]陈佳贵、黄群慧:《工业发展、国情变化与经济现代化战略——中国成为工业大国的国情分析》,中国社会科学出版社 2005 年版。

[39]程大中:《中国服务业增长的特点、原因及影响——鲍莫尔—富克斯假说及其经验研究》,《中国社会科学》2004 年第 2 期。

[40]丁少群、庹国柱:《国外农业保险发展模式及扶持政策》,《世界农业》1997 年第 8 期。

[41]杜彦坤:《农业政策性保险体系构建的基本思路与模式选择》,《农业经济问题》2006 年第 1 期。

[42]范剑勇、杨丙见:《美国早期制造业集中的转变及其对中国西部开发的启示》,《经济研究》2002 年第 8 期。

[43]费友海:《我国农业保险发展困境的深层根源——基于福利经济学角度的分析》,《保险研究》2005 年第 3 期。

[44]冯文丽、林宝清:《我国农业保险短缺的经济分析》,《福建论坛》(经济社会版)2003 年第 6 期。

[45]冯文丽:《我国农业保险市场失灵与制度供给》,《保险研究》2004 年第 4 期。

[46]冯文丽:《中国农业保险制度变迁研究》,厦门大学出版社 2004 年版。

[47]付俊文、赵红:《农业保险经济学分析》,《西安保险》2005 年第 5 期。

[48]高帆、秦占欣:《二元经济反差:一个新兴古典经济学的解释》,《经济科学》2003 年第 1 期。

[49]高帆:《论二元经济结构的转化趋向》,《经济研究》2005 年第 9 期。

[50]高铁梅:《计量经济分析与建模:EViews 应用及实例》,清华大学

261

出版社 2006 年版。

[51]古扎拉蒂:《计量经济学基础》,费剑平、孙春霞等译,中国人民大学出版社 2004 年版。

[52]顾海英、张跃华:《政策性农业保险的商业化运作——以上海农业保险为例》,《中国农村经济》2005 年第 6 期。

[53]郭克莎:《中国工业化的进程、问题与出路》,《中国社会科学》2000 年第 3 期。

[54]郭克莎:《总量问题还是结构问题?——产业结构偏差对我国经济增长的制约及调整思路》,《经济研究》1999 年第 9 期。

[55]郭树华、付庆华:《现代保险与云南新型投融资方式研究》,云南大学出版社 2005 年版。

[56]郭晓航、姜云亭:《农业保险》,中国保险出版社 1987 年版。

[57]郭晓航:《农业保险》,中国保险出版社 1992 年版。

[58]郭永利:《对制定和实施农业保险计划几个问题的反思》,《上海保险》1999 年第 5 期。

[59]郭永利:《关于农业保险现状与体制改革方案的思考》,《中国软科学》1996 年第 6 期。

[60]何德旭、王朝阳、张捷:《机制设计理论的发展与应用》,《中国经济时报》2007 年 10 月 23 日。

[61]何广文:《中国农村保险转型与保险机构多元化》,《农村经济观察》2004 年第 2 期。

[62]胡亦琴:《论农业保险制度的基本框架与路径选择》,《农业经济问题》2003 年第 10 期。

[63]黄公安:《农业保险的理论及其组织》,商务印书馆 1937 年版。

[64]霍利斯·钱纳里、莫伊思·赛尔昆:《发展的型式:1950—1970》,李新华、徐公理、迟建平译,经济科学出版社 1988 年版。

[65]纪玉山、吴勇民:《我国产业结构与经济增长关系之协整模型的建立与实现》,《当代经济研究》2006 年第 6 期。

[66]江成会、吴楚平:《保险供求非均衡状态下农户保险模式的理性选择——京山县农户保险模式个案研究》,《保险研究》2006年第4期。

[67]姜春海:《我国农业风险管理的问题与对策》,湖南经济出版社1999年版。

[68]解明恩、程建刚、范菠:《云南气象灾害的时空分布规律》,《自然灾害学报》2004年第10期。

[69]康云海、张士强:《云南农业产业化发展研究》,云南民族出版社1999年版。

[70]冷晓明、王铁生、叶英斌:《农业产业化概论》,中国农业出版社1998年版。

[71]黎已铭:《农业保险性质与农业风险的可保性分析》,《保险研究》2005年第11期。

[72]李秉龙、薛兴利:《农业经济学》,中国农业大学出版社2003年版。

[73]李秉龙:《将农业保险纳入国家农业政策保护体系》,《中国农村经济》1994年第4期。

[74]李京文:《中国产业结构的变化与发展趋势》,《当代财经》1998年第5期。

[75]李军:《农业保险的性质、立法原则及发展思路》,《中国农村经济》1996年第1期。

[76]林存吉、秦庆武、李超群:《农业产业化概论》,山东人民出版社1998年版。

[77]林存吉、秦庆武、李超群:《农业产业化概论》,山东人民出版社1998年版。

[78]林理升、王晔倩:《运输成本、劳动力流动与制造业区域分布》,《经济研究》2006年第3期。

[79]刘京生:《中国农村保险制度论纲》,中国社会科学出版社2000年版。

[80]刘宽:《我国农业保险的现状、问题及对策》,《中国农村经济》1999 年第 10 期。

[81]刘民权:《中国农村保险市场研究》,中国人民大学出版社 2006 年版。

[82]刘培林、宋湛:《服务业和制造业企业法人绩效比较》,《经济研究》2007 年第 1 期。

[83]刘庆国、武银祥、尚一雷:《农业产业化简论》,河北科学技术出版社 1997 年版。

[84]刘荣茂、李岳云、刘妍:《建立中国政策性农业保险的对策研究》,《南京农业大学学报》2004 年第 3 期。

[85]刘蓉:《中国农业保险现状的统计分析》,《统计研究》2004 年第 11 期。

[86]刘素春:《论中国农业保险的发展状况》,《经济论坛》2005 年第 14 期。

[87]刘伟、李绍荣:《产业结构与经济增长》,《中国工业经济》2002 年第 5 期。

[88]刘伟:《工业化进程中的产业结构研究》,中国人民大学出版社 1995 年版。

[89]刘锡良、洪正:《多机构共存下的小额保险市场均衡》,《金融研究》2005 年第 3 期。

[90]柳翠:《中国政策性农业保险发展问题及对策》,《保险与经济》2005 年第 10 期。

[91]龙文军、张显峰:《农业保险主体行为的博弈分析》,《中国农村经济》2003 年第 5 期。

[92]龙文军、吴良:《美国农业保险的历程和经验》,《世界农业》2002 年第 3 期。

[93]龙文军:《试论我国推进政策性农业保险的深层障碍》,《南方农村》2006 年第 4 期。

[94]龙文军:《谁来拯救农业保险:农业保险行为主体互动研究》,中

国农业出版社 2004 年版。

[95]卢鸿鹏:《农业产业化风险和农业保险》,《江西农业大学学报》2004 年第 3 卷第 2 期。

[96]卢中原:《西部地区产业结构变动趋势、环境变化和调整思路》,《经济研究》2002 年第 3 期。

[97]陆文聪、西爱琴:《农业产业化中农户经营风险特征及有效应对措施》,《福建论坛》(人文社会科学版)2005 年第 7 期。

[98]罗东明:《我国农业产业化经营风险问题研究》,东北农业大学出版社 2005 年版。

[99]罗杰·B.迈尔森:《博弈论:矛盾冲突分析》,于寅、费剑平译,中国经济出版社 2001 年版。

[100]马斌:《现代农业呼唤现代农业保险》,《调研世界》2002 年第 2 期。

[101]马晓河、蓝海涛、黄汉权:《工业反哺农业的国际经验及我国的政策调整思路》,《管理世界》2005 年第 7 期。

[102]皮立波、李军:《我国农村经济发展新阶段的保险需求与商业性供给分析》,《中国农村经济》2003 年第 5 期。

[103]普兰纳布·巴德汉、克里斯托夫·尤迪:《发展微观经济学》,陶然等译,北京大学出版社 2002 年版。

[104]钱立秀、黄晓东:《中国设立农业保险合作社的构想》,《市场周刊:财经论坛》2004 年第 7 期。

[105]任素梅:《农业保险概论》,中国农业出版社 1995 年版。

[106]石秀和:《建立我国农业风险保险保障体系的思考》,《中国农村经济》1996 年第 7 期。

[107]史建民、孟昭智:《我国农业保险现状、问题及对策研究》,《农业经济问题》2003 年第 9 期。

[108]史清华、顾海英、张跃华:《农民家庭风险保障从传统模式到商业保险》,《管理世界》2003 年第 11 期。

[109]孙天琦:《结构差异:西部与全国工业化的一个比较研究》,《金

融研究》2004 年第 1 期。

[110]滕锡尧、常承国:《中国农业产业化及其现代化发展道路》,中国农业出版社 1999 年版。

[111]田国强:《现代经济学与保险学前沿发展》,商务印书馆 2002 年版。

[112]庹国柱、C. F. Framingham:《农业保险:理论、经验与问题》,中国农业出版社 1995 年版。

[113]庹国柱、李军:《农业保险》,中国人民大学出版社 2005 年版。

[114]庹国柱、丁少群:《论农作物保险区划及其理论根据》,《当代经济科学》1994 年第 3 期。

[115]庹国柱、李军:《外国农业保险立法的比较与借鉴》,《中国农村经济》2001 年第 1 期。

[116]庹国柱、王国军:《中国农业保险与农村社会保障制度研究》,首都经贸大学出版社 2002 年版。

[117]庹国柱、杨翠迎、丁少群:《农民的风险,谁来担?——陕西、福建六县农村保险市场的调查》,《中国保险》2001 年第 3 期。

[118]王德文、王美艳、陈兰:《中国工业的结构调整、效率与劳动配置》,《经济研究》2004 年第 4 期。

[119]王芳:《中国农村保险需求与农村保险制度:一个理论框架》,《金融研究》2005 年第 4 期。

[120]王凤山、王永文:《促进和完善中国的农业保险事业》,《保险理论与实践》2005 年第 2 期。

[121]王和、皮立波:《论发展中国政策性农业保险的策略》,《保险研究》2004 年第 2 期。

[122]王力宾:《云南农业保险业的现状、问题与对策研究》,《学术探索》2001 年第 4 期。

[123]王新亮、汪延法:《美国农业保险的历程及启示》,《农村经济》2004 年第 11 期。

[124]温铁军:《农户信用与民间借贷研究——农户信用与民间借贷

课题主报告》,中经网,2001 年 7 月 5 日。

[125]吴扬:《从"负保护"到积极的政策性农业保险运作》,《上海经济研究》2003 年第 3 期。

[126]西蒙·库兹涅茨:《各国的经济增长》,常勋等译,商务印书馆 1985 年版。

[127]谢家智、林涌:《论加快中国农业保险经营技术创新》,《保险研究》2004 年第 5 期。

[128]谢家智、蒲林昌:《政府诱导型农业保险发展模式研究》,《保险研究》2003 年第 11 期。

[129]谢家智:《农业保险区域化发展问题研究》,《南方农村》2003 年第 6 期。

[130]谢应齐、杨子生:《云南省农业自然灾害区划》,中国农业出版社 1995 年版。

[131]胥嘉国、汪增群:《积极推进现代农业风险防范体系建设》,《光明日报》2007 年 2 月 1 日。

[132]徐佳宾:《产业视角的宏观调控》,《经济理论与经济管理》2007 年第 5 期。

[133]杨文钰:《农业产业化概论》,高等教育出版社 2005 年版。

[134]杨小凯:《经济学原理》,中国社会科学出版社 1998 年版。

[135]虞锡君:《农业保险与农业产业化互动机制探析》,《农业经济问题》2005 年第 8 期。

[136]袁志刚、范剑勇:《1978 年以来中国的工业化进程及其地区差异分析》,《管理世界》2003 年第 7 期。

[137]岳希明、张曙光:《我国服务业增加值的核算问题》,《经济研究》2002 年第 12 期。

[138]张惠茹:《中国农业保险研究观点综述》,《经济纵横》2005 年第 5 期。

[139]张甲习:《中国农业保险面临的问题及对策分析》,《理论导刊》2005 年第 11 期。

[140]张健:《农村金融供给多元化与保险需求》,《农村金融研究》2004 年第 4 期。

[141]张杰:《中国农村保险制度:结构、变迁与政策》,中国人民大学出版社 1998 年版。

[142]张杰:《中国农村保险制度调整的绩效:保险需求视角》,中国人民大学出版社 2007 年版。

[143]张景华:《城市化驱动经济增长的机制与实证分析》,《财经科学》2007 年第 5 期。

[144]张少权:《农业保险的理论与实际》,《上海农村》1937 年第 1 卷第 2 期。

[145]张维迎:《博弈论与信息经济学》,上海人民出版社 2004 年版。

[146]张文武:《中国农业保险的难点与对策》,《保险研究》2005 年第 9 期。

[147]张叶:《论农业生产风险与农业产业化经营》,《浙江学刊》2001 年第 3 期。

[148]张跃华、顾海英:《上海农业保险状况分析与对策探讨》,《上海农村经济》2003 年第 11 期。

[149]张跃华、顾海英、史清华:《农业保险需求不足效用层面的一个解释及实证研究》,《数量经济技术经济研究》2005 年第 3 期。

[150]张跃华、顾海英、万皓:《新疆建设兵团农业保险调查报告》,《新疆大学学报》2005 年第 2 期。

[151]张跃华、顾海英:《准公共产品、外部性与农业保险的性质》,《中国软科学》2004 年第 9 期。

[152]张跃华:《农村互助统筹保险模式分析——以河南省为例》,《金融理论与实践》2004 年第 12 期。

[153]张跃华:《农业保险、粮食"直补"对农民福利的影响及比较——以上海长兴岛为例》,《上海农业学报》2005 年第 4 期。

[154]张跃华:《农业保险团体保险(区域保险)与中国农业保险发展》,《中国保险》2005 年第 6 期。

[155]张跃华:《上海、新疆、河南农业保险制度的分析与比较》,《中国保险》2004年第24期。

[156]张震宇、王文楷、胡福森:《河南自然灾害及对策》,气象出版社1993年版。

[157]赵黎明、邱佩华:《河南省抗灾救灾系统研究》,天津人民出版社1997年版。

[158]赵勇、陈登泉主编:《农村救灾合作保险》,湖南科学技术出版社1989年版。

[159]郑迥:《泛论农业保险》,《中农月刊》1944年第5卷第11期。

[160]中国保险史编审委员会:《中国保险史》,中国保险出版社1998年版。

[161]朱慧明、韩玉启:《产业结构与经济增长关系的实证分析》,《运筹与管理》2003年第12期。

[162]朱晓青:《北京现代服务业发展现状及其核心产业群探讨》,《北京社会科学》2007年第4期。

[163]庄树雄:《可保风险条件和现代保险经营》,《中山大学学报论丛》2005年第3期。

后　记

　　本书是在云南省省院省校教育合作研究项目"农业保险与农业产业发展的互动机制及其对策研究"的基础上,进一步拓展研究而形成的。该书得到云南省哲学社会科学规划办著作出版资助,对此深表感谢。同时,也要真诚感谢云南省省院省校合作办公室和云南省哲学社会科学规划办公室相关领导和老师的支持和帮助。

　　此外,还要感谢云南大学经济学院院长施本植教授、院党委书记张荐华教授、院党委副书记陈炳生副教授,云南大学发展研究院院长杨先明教授,以及罗美娟教授、马子红博士、程士国教授、张林教授的热忱关心与帮助。感谢合作方复旦大学金融研究院刘红忠教授所做的大量工作。此外云南大学经济学院硕士研究生张敬肖、周欲飞、杨发琼、高祖博、禄晓龙、张小志以及王健康博士也参与了本书文字整理,在此一致表示感谢。

策划编辑:郑海燕
封面设计:周文辉
责任校对:张杰利

图书在版编目(CIP)数据

中国农业保险经营模式的选择研究/郭树华 等著.
-北京:人民出版社,2011.9
ISBN 978-7-01-010192-7

Ⅰ.①中… Ⅱ.①郭… Ⅲ.①农业保险-经济管理-研究-中国
Ⅳ.①F842.66

中国版本图书馆 CIP 数据核字(2011)第 170723 号

中国农业保险经营模式的选择研究

ZHONGGUO NONGYE BAOXIAN JINGYING MOSHI DE XUANZE YANJIU

郭树华 蒋冠 王旭 著

人民出版社 出版发行
(100706 北京朝阳门内大街 166 号)

北京龙之冉印务有限公司印刷 新华书店经销

2011 年 9 月第 1 版 2011 年 9 月北京第 1 次印刷
开本:710 毫米×1000 毫米 1/16 印张:17.25
字数:230 千字

ISBN 978-7-01-010192-7 定价:45.00 元

邮购地址 100706 北京朝阳门内大街 166 号
人民东方图书销售中心 电话 (010)65250042 65289539